职业教育物流类专业产教融合创新教材

物 流 法 律 法 规

第 3 版

主　编　李明玉　赵　阳

副主编　陈基臣

参　编　宁铁娜　杨双幸　毛雨婷　梅　洁

机 械 工 业 出 版 社

本书依据职业院校对学生培养方向的定位编写，注重培养学生的动手能力和工匠精神，力争做到理论联系实际。本书共分十一个单元，包括物流法律法规概述、物流合同法律法规、物流采购与销售法律法规、货物运输法律法规、物流配送法律法规、仓储法律法规、物流包装法律法规、装卸搬运法律法规、流通加工法律法规、物流保险法律法规、国际物流法律法规。

本书具有以下特点：①通俗易懂，难度适中，让学生能够学有所得、学有所用。②具有较强的趣味性、生动性和启发性。可以提高学生学习兴趣，帮助学生树立自信心，确立学习目标。③有别于传统的"轻理论、重实践"的职业教育方法。通过每个单元的学习，学生能够明确"该怎么做、如何去做"。④本书每单元备有"巩固提高"模块，可供教师考核和学生课后练习使用。

本书可作为职业院校物流类相关专业、电子商务等专业的教材，也可作为物流及相关行业从业人员学习法律法规的参考用书。

图书在版编目（CIP）数据

物流法律法规/李明玉，赵阳主编. —3版. —北京：机械工业出版社，2024.4（2025.8重印）
职业教育物流类专业产教融合创新教材
ISBN 978-7-111-74626-3

Ⅰ．①物…　Ⅱ．①李…　②赵…　Ⅲ．①物流-物资管理-法规-中国-
高等职业教育-教材　Ⅳ．①D922.29

中国国家版本馆CIP数据核字（2024）第054903号

机械工业出版社（北京市百万庄大街22号　邮政编码100037）
策划编辑：宋　华　　　　　　责任编辑：宋　华　张美杰
责任校对：李可意　王　延　　封面设计：鞠　杨
责任印制：任维东
唐山三艺印务有限公司印刷
2025 年 8 月第 3 版第 4 次印刷
184mm×260mm・13.75印张・319千字
标准书号：ISBN 978-7-111-74626-3
定价：43.00元

电话服务　　　　　　　　　网络服务
客服电话：010-88361066　　机　工　官　网：www.cmpbook.com
　　　　　010-88379833　　机　工　官　博：weibo.com/cmp1952
　　　　　010-68326294　　金　书　网：www.golden-book.com
封底无防伪标均为盗版　　机工教育服务网：www.cmpedu.com

前　言

党的二十大报告指出，要着力提升产业链供应链韧性和安全水平，着力推进城乡融合和区域协调发展，推动经济实现质的有效提升和量的合理增长。这一重要论述为新时代物流行业发展擘画了深远蓝图，坚定了行业从业者深耕物流行业的信心。

随着新经济时代的到来，市场竞争的加剧，管理观念的更新以及法律意识的增强，第三方物流企业正在蓬勃兴起，国际物流企业也更趋活跃。社会需要大量兼备物流技术和法律知识的操作型人才，这对职业教育的人才培养提出了更高的要求，对学生的法律观念水平、分析和解决潜在问题的能力也提出了更高的要求。

当前，国家"一带一路"经济建设的快速推进和全球电子商务的迅猛发展，有力促进了我国物流产业的国际化和快速发展，同时也对广大物流从业者提出了更高的要求。社会流通和物流产业发展急需大量具有扎实理论知识与实际应用技能的复合型人才。加强物流法律法规从业者与管理者的实务培训，强化其综合业务素质，加速推进物流产业化进程，提高我国国际物流运营与管理水平，更好地为我国物流经济和物流教学实践服务，这既是物流企业可持续发展的战略选择，也是我们积极推出本书的目的和意义。

本书由河南对外经济贸易职业学院李明玉和吉林建筑大学质量评估中心赵阳担任主编，深圳市宝安职业技术学校陈基臣担任副主编，天津市物资贸易学校宁铁娜、山西交通技师学院杨双幸、河南测绘职业学院毛雨婷、河北石油职业技术大学梅洁担任参编。本书具体编写分工如下：李明玉编写单元一、单元四、单元六；赵阳编写单元二、单元八；宁铁娜编写单元三；陈基臣编写单元五；杨双幸编写单元七；毛雨婷编写单元九、单元十一；梅洁编写单元十。全书由李明玉统稿，毛雨婷负责电子课件的制作。在本书编写过程中，得到了北京络捷斯特科技发展股份有限公司李花婷和河南润之新物流有限公司张志强的帮助、指导及多方面的鼎力支持，在此表示感谢！

根据"职业院校教材管理办法"对立德树人根本任务的要求，本书设立知识、技能、素养三维学习目标，每个单元设置"情景导入"模块，重点突出，实用性强。全书在编写过程中参考并借鉴了一些文献资料，并得到业界专家的具体指导，在此向文献作者及专家们一并致谢。

物流是一个迅速发展的行业，新理论、新思想、新技术不断产生，相关的法律法规也在不断地调整与完善，由于编者水平所限，书中难免存在不足之处，敬请读者提出宝贵意见。

为方便教学，本书配备电子课件、模拟试卷等教学资源。凡选用本书作为教材的教师均可登录机械工业出版社教育服务网（http://www.cmpedu.com）或加入职业院校物流教师交流群（QQ 群号：170211876）免费下载相关资源。

编　者

二维码索引

目　录

单元一

物流法律法规概述

学习目标

知识目标

→ 了解法的定义、渊源、特征及作用

→ 了解物流法的定义、渊源、特征及作用

→ 熟悉物流、物流企业的基本概念及分类

→ 明确我国物流企业的类型和法律地位

→ 熟悉物流法律法规的含义、相关的法律法规框架及作用

技能目标

→ 能够根据所学的物流企业相关知识，掌握物流企业设立的程序，知道如何设立物流公司

素养目标

→ 培养学生对物流行业的法律认知，提升学生的法律素养

→ 引导学生立志做有理想、敢担当、能吃苦、肯奋斗的新时代好青年

→ 培养学生成为德智体美劳全面发展的社会主义建设者和接班人

情景导入

小学生小涛今年九岁，他用妈妈的手机偷偷为一款游戏买了装备，充了很多钱。后来被妈妈发现，找到游戏平台，要求退款，游戏公司拒不退款。小涛妈妈诉至法院，因小涛未成年，法院判定小涛妈妈胜诉，游戏公司退回全部款项，小涛妈妈追回了这笔钱。

情景要求

结合以上案例，完成下列问题：

1. 像小涛这样的孩子，你身边有吗？

2. 为什么小涛妈妈能追回这笔钱？

以上问题的完成要求以小组为单位，使用 PPT 的形式进行成果展示，每小组上交一份。

模块一 ▶ 法的基础知识

　　法是人类社会发展到一定历史阶段的产物，它是随着私有制、阶级和国家的产生而产生，随着生产力和生产关系的发展变化而不断发展的。即使在原始社会，全体氏族成员也要遵守共同的行为规范。

　　法和国家一样，是随着社会的发展而逐步产生的。法的发展经历了由习惯到习惯法再到制定法的发展过程。法是不断发展、不断进步和不断完善的，合理化、科学化是法律制度发展的方向。

能力知识点 1 ▶ 法的定义、渊源、效力和法律关系构成要素

一、法的定义

　　法是由国家制定或认可并由国家强制力保证实施的，反映由特定社会物质生活条件所决定的（在阶级对立社会中）统治阶级意志或（在社会主义社会中）人民意志，以权利和义务为内容，以确认、保护和发展对统治阶级或人民有利的社会关系、社会秩序和社会发展目标为目的的行为规范体系。

二、法的渊源

　　法的渊源，是指法的各种具体表现形式，即由不同国家机关依法制定或认可的具有不同法律效力的法的类别。

　　法的渊源分为正式渊源和非正式渊源两大类：

　　正式渊源即由具体的法律规范、法律条文所形成的法的渊源，也就是各种成文法。当代中国法的正式渊源主要有八个，包括宪法、法律、行政法规、地方性法规、自治法规、经济特区的经济法规、特别行政区的法律法规、国际条约与协定和法律解释。

　　非正式渊源即指那些具有法律意义的准则和观念。这些准则和观念都尚未在正式的法律中得到权威性的明文体现，故也叫不成文法。当代中国法的非正式渊源有五个，包括习惯、政策、指导性案例、道德规范和正义观念、法理。

三、法的效力

　　法的效力是指法的效力范围，即法在什么时间、什么空间、对什么人发生法律效力。具体而言，法的效力范围包括三种。

　　（1）法的对象效力，是指法律适用于什么人、什么组织。

　　（2）法的时间效力，是指法律何时生效、何时终止生效以及法律对其颁布实施前的事件和行为是否具有溯及力的问题。

　　法律溯及力，又称法律溯及既往的效力，是指新的法律颁布后，对其生效前的事件和行为是否适用的问题。如果适用，则具有溯及力；如果不适用，则不具有溯及力。

（3）法的空间效力，是指法律在什么地域范围内发生效力。

四、法律关系构成要素

法律关系构成要素是指在法律关系中相互依存、相互制约、缺一不可的组成部分。法律关系由主体、客体、内容三要素构成。

1. 法律关系主体

法律关系主体是指法律关系的参加者，即在法律关系中享有权利和承担义务的人，法律上所称的"人"主要包括自然人和法人。

2. 法律关系客体

法律关系客体是指权利和义务所指向的对象，又称权利客体、义务客体。它是将法律关系主体之间的权利与义务联系在一起的中介，没有法律关系的客体作为中介，就不可能形成法律关系。

3. 法律关系内容

法律关系内容是指法律关系主体在一定条件下依照法律或约定所享有的权利和承担的义务，是人们之间利益的获取或付出的状态。

能力知识点 2 ▶ 法的特征和作用

一、法的特征

（1）法是调整社会关系的行为规范。
（2）法是由国家制定或认可的行为规范。
（3）法是规定权利和义务的社会规范。
（4）法是由国家强制力保证实施的社会规范。

> **资料卡**
>
> 所谓国家制定和认可，是指法律产生的两种方式。
> 国家制定形成的是成文法，国家认可形成的通常是习惯法。

二、法的作用

法的作用一般表现为法的规范作用和法的社会作用。

1. 法的规范作用

法的规范作用是指法作为行为规则直接对人们的行为所产生的影响。法的规范作用分为以下几种。

（1）指引作用。
（2）评价作用。
（3）教育作用。

（4）预测作用。

（5）强制作用。

2. 法的社会作用

法的社会作用是指法为达到一定的社会目的或政治目的而对一定的社会关系产生的影响。法的社会作用包括政治作用和社会公共作用两个方面。

能力知识点 3 → 物流法的定义、渊源和物流法律关系构成要素

一、物流法的定义

物流法是物流活动所涉及的各类法律规范的总称。根据我国国家标准《物流术语》（GB/T18354—2021）的定义，整个物流活动包括运输、储存、装卸、搬运、包装、流通加工、配送、信息处理等基本环节。每一个环节都有相应的法律加以规范，其中所涉及的法律制度包括物流合同法律制度、物流采购与销售法律制度、货物运输法律法规、物流配送法律法规、仓储法律法规、物流包装法律法规、装卸搬运法律法规、流通加工法律法规、物流保险法律法规、国际物流法律法规。

二、物流法的渊源

法律渊源是法律的来源，是国家机关、公民和社会组织为寻求行为的根据而获得具体法律的来源，有时简称"法源"。物流法的渊源也是物流法律的来源，是物流法借以表现和存在的形式。它是对物流行为有约束力的法律规范效力的来源，是物流活动的法律依据。

物流法律的渊源包括以下几种。

（1）法律。

（2）行政法规。

（3）地方性法。

（4）规章。

（5）国际条约。

（6）国际惯例。

（7）技术标准。

（8）其他渊源。

三、物流法律关系构成要素

物流法律关系是指物流法律法规在调整物流活动中所形成的具体权利义务关系。物流法律关系由物流法律关系主体、物流法律关系客体、物流法律关系内容构成。

1. 物流法律关系主体

物流法律关系主体是指参加物流法律关系，依法享有权利和承担义务的当事人。

2. 物流法律关系客体

物流法律关系客体是指物流法律关系的主体享有权利和承担义务所共同指向的对象。

3. 物流法律关系内容

物流法律关系内容是指物流法律关系的主体在物流活动中享有的权利和承担的义务。

能力知识点 4 → 物流法的特征和作用

一、物流法的特征

1. 广泛性

物流法的广泛性表现为物流运行的过程、物流活动的内容、物流活动的表现形式、物流活动涉及的行业以及参与者的多样性。

2. 复杂性

即使在同一类法律规范中，由于物流活动所涉及的领域多、环节多、参与的人数多，同一物流服务提供者常常处于双重或多重法律关系中，因而导致产生各种法律规范来约束不同的主体。随着国际物流的发展，跨国公司的物流活动会涉及很多国家，各国将针对物流国际立法问题进行协调和平衡。

3. 技术性

整个物流活动过程都需要运用现代信息技术和电子商务，物流活动自始至终都体现出较高的技术含量。物流法律法规作为调整物流活动的法律规范，涉及物流活动的专业术语、技术标准等。

4. 国际性

国际物流的出现和发展，使得物流超越了国家和区域的界限走向国际化。与之相适应，物流法律法规也呈现出国际化的趋势，这具体表现在一些领域内出现了全世界通用的国际标准。

二、物流法的作用

（1）保护物流当事人合法权益。
（2）规范各种物流行为。
（3）促进物流业健康发展。
（4）增强我国市场经济活力。

模块二 ▶ 物流和物流企业

社会生产力的发展不断地推动着社会的发展，推动着物流行业的发展。互联网技术又促使电商平台迅猛发展，加快了信息网络技术与物流业融合。随着时代步伐的前进，计算机和信息技术的飞速发展，社会对物流行业人才和技术的要求越来越高。对于即将步入这一行业的人员来说，首先要对这个行业有所了解，要懂得这个行业的"行规"——物流法律法规，这是对从事物流工作人员的最起码要求，也是今后能成为物流行业专业人员的前提条件。因此，要学好物流法律法规，知道在这个行业中哪些事情能做、哪些事情不能做，应该如何去做。为此，必须先认识和了解这个行业，了解物流和物流企业所从事的活动。

能力知识点 1 ▶ 物流相关概念及物流活动

一、物流相关概念

1. 物流

在人类社会商品交易过程中，随着商品所有权的转移，商品实体转移的物流活动必然会发生。我国国家标准《物流术语》（GB/T18354—2021）对物流的定义为："根据实际需要，将运输、储存、装卸、搬运、包装、流通加工、配送、信息处理等基本功能实施有机结合，使物品从供应地向接收地进行实体流动的过程。"

2. 物品

我国国家标准《物流术语》（GB/T18354—2021）对物品的定义为："经济与社会活动中实体流动的物质资料。"

物流包含运输、储存、装卸搬运、包装、流通加工、配送、信息处理等七个环节，通常将这七个环节称为物流的"七要素"。物流就是物品实体的流动，是物品从供应地向接收地的实体流动，即只要符合这个条件的实体流动过程都可以看成物流。

3. 物流企业

我国国家标准《物流术语》（GB/T18354—2021）对物流企业的定义为："从事基本功能范围内的物流业务设计及系统运行，具有与自身业务相适应的信息管理系统，实行独立核算、独立承担民事责任的经济组织。"

4. 物流中心

我国国家标准《物流术语》（GB/T18354—2021）对物流中心的定义为："具有完善的物流设施及信息网络，可便捷地连接外部交通运输网络，物流功能健全，集聚辐射范围大，存储、吞吐能力强，为客户提供专业化公共物流服务的场所。"

> **资料卡**
>
> 物流的概念起源于第二次世界大战时期美军的"Logistics"一词，意即"后勤"，属于军事范畴，原意是指将战时生产、采购、运输、配送等活动作为一个整体进行统一布置，以求战略物资补给的费用更低、速度更快、服务更好。

物流中心是能够经营较完整的物流环节，并能将物流集散、信息和控制等功能实现一体化运作的物流据点或物流场所。物流中心处于交通枢纽或重要地位，通常是以大、中城市为依托，具有一定规模，能够完成商品储存、运输、包装、加工、装卸、搬运各个环节的工作。物流中心一般配有先进的物流管理信息系统，其主要功能是促使商品更快、更经济地流动；集中储存，提高物流调节水平；有机衔接，加快物流速度，缩短流通时间，降低流通费用；

根据需要适当加工，合理利用货源，提高经济效益。

物流中心按其作用可分为集货中心、分货中心、发运中心、配送中心、储备中心和加工中心。物流中心的作用范围广，包括集货、分货、发运、配送、储备和加工。配送中心，也可以称之为"物流配送中心"；集货中心，也可以称之为"物流集货中心"。也就是说，物流中心其实包含各个配送网点、配送快递点。

物流中心的基本功能包括运输功能、储存功能、装卸搬运功能、包装功能、流通加工功能、物流信息处理功能。

二、物流活动的内容

物流活动包括物品从原材料经过生产环节的半成品、产成品，最后经过流通环节到达消费者手中的全过程；同时，还包括物品的回收和废弃物的处理过程，涉及运输、储存、装卸、搬运、包装、流通加工、配送、信息处理等诸多环节。物流活动是物质资料从供给者到需求者的空间位置转移，是创造时间价值、空间价值和一定加工价值的活动。

能力知识点 2 ▶ **物流企业的特征、物流的分类，以及物流和快递的关系**

一、物流企业的特征

1. 专业性

物流企业是专门从事与物质资料流通有关的各种经营活动的组织单位。它承担着供给商（包括生产商、供应商）和消费者（包括生产消费者、生活消费者）之间的储存、运输、加工、包装、配送、信息服务等全部活动，并通过促进相关的制造作业和营销作业来满足客户需求。

2. 营利性

物流企业是自主经营、自负盈亏，以获取盈利、增加积累和创造社会财富为目的的营利性组织。物流企业的一切活动以"利益最大化"为目的，它必须以最优的方式考虑物流供应的问题。

3. 合法性

物流企业是具备为物质资料提供流通服务能力的企业法人。它具有权利能力和行为能力，依法独立享有民事权利和承担民事义务，在市场经济的运行和发展过程中平等地参与和竞争。

二、物流的分类

1. 按物流活动的业务范围划分

按物流活动的业务范围，可将物流分为单一物流和综合物流。

（1）单一物流。单一物流是指仅包括储存、运输、包装、装卸等一项或几项服务的物流，包括以下几种类型：①仓储服务型物流；②运输服务型物流；③装卸服务型物流；④包装服务型物流；⑤信息服务型物流。

（2）综合物流。综合物流是指对原材料、半成品从生产地到消费地之间所进行的运输、储存、装卸、包装、流通加工、配送、信息处理等全部服务的物流。

2. 按物流活动的空间范围划分

按物流活动的空间范围，可将物流分为地区物流、国内物流和国际物流。

（1）地区物流。地区物流是指在某一地区内的物流活动，以单一的物流服务方式或几种服务方式相结合的形式为主。

（2）国内物流。国内物流是指在某一国家境内的物流活动，以单一的物流服务方式或几种服务方式相结合的形式为主。

（3）国际物流。国际物流是指跨越不同国家（地区）之间的物流活动。既有单一的物流服务，又有综合的物流服务。它是国际贸易活动中一个重要的组成部分。

3. 按物流过程划分

按物流过程，可将物流分为供应物流、生产物流、销售物流、回收物流和废弃物物流。

（1）供应物流。供应物流是指为生产企业提供原材料、零部件或其他物料时所发生的物流活动。

（2）生产物流。生产物流是指生产企业内部进行的涉及原材料、在制品、半成品、产成品等的物流活动。

（3）销售物流。销售物流是指企业在销售商品过程中所发生的物流活动。

（4）回收物流。回收物流是指不合格品的返修、退货以及周转使用的包装容器，从需方返回到供方所形成的物品实体流动的过程。

（5）废弃物物流。废弃物物流是指将经济活动或人民生活中失去原有使用价值的物品，根据实际需要进行收集、分类、加工、包装、搬运、储存等，并分送到专门处理场所的物流活动。

4. 按物流活动的组织者划分

按物流活动的组织者，可将物流分为自主物流、第三方物流和第四方物流。

（1）自主物流。自主物流是指生产企业或货主企业为满足自身的需要，自己提供人工、机械设备和场所，安排全部物流计划，亲自从事整个货物流程的物流活动。

（2）第三方物流。第三方物流是指由独立于物流服务供需双方之外且以物流服务为主营业务的组织提供物流服务的模式。

（3）第四方物流。第四方物流是指建立在第三方物流基础上的，对不同的第三方物流企业的管理、技术等物流资源作进一步整合，为用户提供全面意义上的供应链解决方案的一种更高级的物流模式。

5. 按物流的系统性质划分

按物流的系统性质，可将物流分为微观物流和宏观物流。

（1）微观物流。微观物流又称小物流或企业物流，是从企业或消费者角度出发的物流，主要解决具体的物流问题，即主要解决制造商、流通业者、运输企业等在企业经营中的物流操作问题，也包括解决将不同的商品送到不同的消费者手中的问题。

（2）宏观物流。宏观物流又称大物流或社会物流，是从社会经济的角度、从全社会的整体角度讨论物流问题的，这些问题包括运输结构、流通结构、物流政策、产业物流布局等。

三、物流和快递的关系

物流是一项系统的工作，包括运输、储存、装卸搬运、包装、流通加工、配送、信息处理等环节。物流服务的对象主要以工厂、商贸企业为主。

快递就是通过火车、汽车和飞机等交通工具，对客户货物进行快速投递。其特点是点到点、快速方便，是一种兼有邮递功能的门对门物流活动。快递服务对象主要以个人为主，比如网络购物。

快递与物流的关系见表1-1。

表1-1　快递与物流的关系

关系		快递	物流
区别	运送对象	少量、小件货物、文件类	大量、大件货物
	服务对象	主要为个人服务，也承接公司的单据派送业务	主要为企业服务，也有一些个人物品会发物流
	收费标准	较贵，按重量收取	重货以重量计价，泡货以体积计价
	取货方式	送货上门	一般情况下客户自提，如需送货上门需支付费用
	运送速度	较快	较慢
	网上查询、追踪	有快递单号，可以按照单号在网上查询	无快递单号，不能网上查询
	服务网点数量	全国有很多服务网点	仅在比较大的地区设点
联系		快递与物流都是将货物从一个地方送到另外一个地方。快递是一种特殊形态的物流，属于物流业的一个分支	

能力知识点 3 ➜ 我国现有的物流企业类型和法律地位

一、我国现有的物流企业类型

1. 传统的仓储企业、物资企业

这类企业实行资产重组和流程再造，利用原有仓储设施建设配送中心，向用户提供配送、流通加工等物流服务。其主要代表有中储物流、中铁物流等。

2. 国有交通运输企业和货运代理企业

这类企业立足运输，开展"门到门"的运输服务，提供运输代理，并且利用信息网络技术，与物流链上的其他企业进行合作，为用户提供集货、配送、包装、流通加工、仓储等服务。其典型代表有中远物流、中外运物流、中海物流、中邮物流等。

📖 小知识

对于工厂而言，供应物流是指生产活动所需要的原材料、备品备件等物资的采购、供应活动所产生的物流；对于流通领域而言，供应物流是指交易活动中，从买方角度出发的交易行为中所产生的物流。

3. 生产企业自身成立相对独立的物流机构或实体

这类企业成立物流作业子公司，承担母公司物资产品的运输、保管、装卸、包装等活动；或者成立物流管理子公司，将母公司的物流企划工作独立出来，负责母公司的物流管理工作。

4. 第三方物流企业

第三方物流企业是指为物流服务的供需双方提供全部或部分物流功能的独立的、专业化的外部服务提供商。它不拥有商品，不参与商品买卖，专门为用户提供以合同为约束、以结盟为基础的系列化、个性化、信息化的物流服务。它站在用户的角度，为其设计物流系统，并对系统运营负责。

二、物流企业的法律地位

以本企业身份与用户方订立物流服务合同，是物流服务中的契约服务企业。根据该合同，物流企业要对全程服务负责，负责或组织完成全程服务。

以企业人身份参加物流服务全程中某一个或一个以上环节的实际操作，并对自己承担的环节负责。

以企业人身份与自己不承担环节的其他分包商订立分包、分运合同。在这类合同中，物流企业既是发货方，又是收货方。

以企业人名义与各衔接点（所在地）的货运代理人订立委托合同，以完成在该点的衔接及其他服务工作。在该类合同中，物流企业是委托人。

以企业人名义与全程服务所需要涉及的各方面订立相应的合同或协议，在这些合同、协议中，物流企业均作为发货方出现。

> **资料卡**
>
> **现代物流形成与发展的四个阶段**
> （1）第二次世界大战之前分散的、孤立的、附属于生产和流通状态的物流。
> （2）第二次世界大战之后的"第三利润源泉"物流。
> （3）小批量、多品种时期的成本下降、服务上升的物流。
> （4）网络时代全球一体化、供应链协同发展的物流。

能力知识点 4　物流企业设立

一、物流企业设立的概念及具备的条件

物流企业设立是指物流企业的设立人为使企业具备从事物流活动的能力，取得合法的主体资格，依照法律规定的条件和程序所实施的一系列行为。设立物流企业必须具备实质要件和形式要件。

实质要件是设立物流企业时必须具备的条件，即要有与物流经营活动相适应的财产和必要的生产经营条件；有物流企业运营的组织机构；有固定的生产经营场所以及与生产相适

应的人员等。实质要件与物流企业的市场准入相关联。

形式要件是指设立人在设立物流企业时依照法律规定的程序履行申报、审批和登记手续，依法取得从事物流经营活动主体资格的过程。

物流企业设立应具备如下条件：

1. 物流企业必须具有企业经营管理的必要要素

物流企业必须具有经营管理组织机构、业务章程和具有企业法人资格的负责人，以使其能够与用户方或其代表订立物流服务合同。

2. 物流企业必须具有与经营能力相适应的自有资金

在涉及综合物流服务，甚至国际综合物流服务时，物流企业要完成或组织完成全程服务，并对全程服务中的货物灭失、损害和延误运输负责。因此，它必须具有开展业务所需的流动资金和足够的赔偿能力。

3. 物流企业必须能承担相关责任

物流企业必须能承担物流服务合同中规定的与仓储、运输和其他服务有关的责任，并保证把货物交给物流服务单证的持有人或单证中指定的收货人。因此，它必须具备与合同要求相适应的，能承担上述责任的技术能力。

二、我国物流企业设立的方式

1. 核准设立

核准设立又称"许可设立"，即设立企业时，除需要具备法律规定的各项条件外，还需要主管行政机关审核批准后，才能申请登记注册的一种设立方式。

2. 准则设立

准则设立又称"登记设立"，即设立企业不需要经有关主管行政机关批准，只要企业在设立时符合法律规定的有关成立条件，即可到主管机关申请登记，经登记机关审查合格后予以登记注册，企业即告成立的一种设立方式。

3. 特许设立

特许设立又称"特批设立"，即企业必须通过国家的特别许可才能设立的一种方式，它通常适用于特定企业的设立。

4. 自由设立

自由设立是指法律对企业的设立不予强制规范，企业可以自由设立的设立方式。

三、物流企业的设立登记

物流企业的设立登记是物流企业的创立人提出企业登记的申请，经登记主管机关核准，确认其法律上的主体资格，并颁发有关法律文件的行为。物流企业申请企业法人登记，经登记主管机关审核，获准登记并领取《企业法人营业执照》，取得法人资格后方可从事经营活动，其合法权益才受国家法律保护。未经企业法人登记主管机关核准登记注册的，不得从事物流经营活动。

1. 物流企业设立的登记机关

我国物流企业的登记主管机关是国家市场监督管理总局。物流企业设立登记的管辖包括级别管辖和地域管辖，其中，级别管辖分为三级，即国家工商行政管理总局，省、自治区、直辖市工商行政管理局和市、县、区工商行政管理局。我国对企业设立登记的管辖实行分级登记管理的原则。

2. 物流企业设立的程序

物流企业设立程序是指物流企业的设立人向登记主管机关提出登记申请，登记主管机关对申请进行审查、核准以及准予设立登记和发布设立公告的程序。

第一步：要有符合法律规定的物流企业设立人。

第二步：向公司登记机关申请名称预先核准。

第三步：向登记机关提出设立登记申请。

第四步：登记机关对物流企业提交的申请进行核准、登记。

一起走进物流服务方案

四、我国内资物流企业的市场准入条件

从事通常的物流行业（如批发业、道路运输、货物仓储等行业），其市场准入是没有特殊限制的，只要在设立相应企业时有与拟经营的物流范围相适应的、固定的生产经营场所，必要的生产经营条件，以及与所提供的物流服务相适应的人员、技术等，就可以到工商登记机关申请设立登记。若依《中华人民共和国公司法》（以下简称《公司法》）设立公司形式的物流企业，则除了满足《公司法》规定的设立条件外，还要满足最低注册资本金的要求。

> **小知识**
>
> 内资物流企业市场准入是指我国内资在什么条件下可以进入物流市场，并参与物流市场的活动。在一般情况下，我国内资进入物流市场的基本准入条件是具备法人的资格，即内资应当在成为企业法人后才能从事物流经营活动。

我国内资企业从事批发、仓储等物流服务时，不需要相应主管机关的审批核准，只要符合《中华人民共和国民法典》（以下简称《民法典》）以及其他法律法规关于设立企业法人的条件，就可以到工商登记管理机构申请设立登记，成立相应的物流企业进入物流市场。

> **想一想**
>
> 假如给你10万元资金，你能不能开办一个物流企业？你将怎么做？

从事特殊物流服务的企业（如国际海上运输业务、空运销售代理业务、航空快递业务等），必须经过主管机关的审批才能进入市场，从事物流经营活动。

> **资料卡**
>
> 物流企业的设立人，是指设立物流企业的全体股东或者全体发起人。

从事涉及国家经济命脉的一些特殊物流企业（如铁路运输、航空运输），必须经国务院特许才能设立。此类物流企业由于对国家经济、军事、政治等各个方面都有很大影响，甚至涉及国家领土、领空主权的完整等，因此，其市场准入的条件必然十分严格。

五、物流企业的变更

物流企业的变更是指企业在登记机关注册登记事项的变更以及企业发生分立、合并的变更。企业变更应依法进行。

物流企业注册登记事项的变更包括企业名称、企业住所、经营场所、经营范围、经营方式、经营期限、法定代表人或负责人、股东、注册资本等方面的变更。物流企业的变更应向登记主管机关办理变更登记。公司需要变更注册资本时，必须编制资产负债表及财产清单。

物流企业发生分立、合并的变更是指企业的合并、分立或者改变企业类型所导致的企业实体的变化。

物流企业合并是指两个或两个以上的企业依法合并成一个企业。企业合并有两种情形：一是吸收合并，是指某企业将其他企业吸收到自己企业中，吸收方继续存在，被吸收方不再存在；另一种是新设合并，即某企业与其他企业合并成立新企业，原企业不再存在。

企业分立是指一个企业依法分为两个或两个以上的企业。企业分立有两种情形：一是分立后原企业不存在，新成立若干企业；二是原企业继续存在，同时设立若干新企业。

企业无论是分立还是合并，均应向登记机关办理登记手续。其中，因分立或合并而续存的企业，申请变更登记；因分立或合并而新设的企业，申请设立登记；因分立或合并而终止的企业，申请注销登记。

六、物流企业的终止

物流企业终止是指因各种法定解散事由（歇业、依法被撤销、依法被宣告破产）的出现，企业从此消灭法律主体资格。

引起物流企业终止的原因主要有以下几种：

（1）企业章程规定的企业终止事由发生。

（2）依法被撤销。

（3）依法被宣告破产。

企业无论因何种原因终止，都要进行清算。物流企业的清算是指在企业解散或宣告破产后，对拟解散的企业尚未了结的债权债务进行清理，使企业的法人归于消灭的过程。在清算期间，企业应依法组织清算组，由清算组负责对企业的债权债务进行清理，编制会计表册，偿还企业债务，分配企业剩余财产，以企业的名义参与诉讼等。在此期间，清算组只能以企业的名义从事和清算有关的活动，不再从事生产经营活动。

模块三 ▶ 物流法律法规基础

物流活动是一项伴随着生产和流通而发生的经济活动，是为解决各种物质在生产和消费上存在的时间和空间上的差异而产生的，物流活动涉及生产、流通等各个方面，必然会受到相关法律规范的约束和调整。作为从事物流工作的人员，必须了解物流法律法规的含义和相关的法律法规知识，这样有利于加深对这一行业的认识，从而使所从事的工作有法可依、有章可循。

能力知识点 1 ➔ 物流法律法规的含义、框架及作用

一、物流法律法规的含义

物流法律法规是指调整与物流活动有关的社会关系的法律规范的总称。它是一个具有相对独立性的法律规范集合体，由与物流直接相关的法律规范有机组成。这种有机的组合，虽然不能构成一个独立的大法，但却具有一定的相对独立性。

二、与物流相关的法律法规框架

1. 法律

法律是指由全国人大或其常委会制定的规范性法律文件。

2. 行政法规

行政法规是指我国最高行政机关即国务院依照宪法规定的权限和法定程序制定和修改的规范性法律文件的总称。

3. 部门规章

部门规章是指由政府各行业主管部门制定，以部、委、局令形式发布的法律文件。

4. 国家标准

国家标准由国务院标准化行政主管部门编制计划，组织草拟，统一审批、编号、发布。其中有一些强制性标准属于国家的技术法规，其他标准本身虽不具有强制性，但因标准的某些条文由法律赋予强制力而具有技术法规的性质。

5. 国际公约

国际公约由国际组织制定，各国签字加入成为缔约国。对我国企业或组织有约束力的是我国已正式加入的公约，我国未加入的公约对我国企业或组织在国际上的活动也具有一定影响。

6. 国际惯例

国际惯例是指经过长期的国际实践形成的习惯性规范。成文的国际惯例由某些国际组织或商业团体制定，各方可加以自由引用，自愿受其约束，属于非强制性规范。

7. 国际标准

国际标准由国际组织制定，本身没有强制力（国际标准均为推荐性标准），但国际公约常将一些国际标准作为公约附件，从而使其对缔约国构成约束，如国际标准化委员会（ISO）、国际电工委员会（IEC）等制定的针对产品和服务的质量及技术要求的标准就是如此。

三、物流法律法规对物流行业的作用

1. 保护物流活动当事人的合法权益

良好的物流法律环境是物流活动正常有序进行的基础，完善的物流法律制度，可以明确物流活动当事人的权利和义务，可以公正地解决物流活动纠纷，有效地保护当事人的合法权益。

2. 规范物流行为，正确引导物流业的发展方向

通过立法，对货物的运输、仓储、装卸搬运、流通加工等活动进行规范限制。明确法律的禁区，规范物流行为。国家通过立法或针对物流的不同流程制定单行法规，引导物流业向有序、健康的方向发展。

3. 促进物流市场体系的形成、发展

物流市场体系的形成、发展对促进物流业的发展具有至关重要的作用，但它的形成和发展需要国家政策的引导，需要法律规范的调整与之相适应。物流市场体系形成之后，部分经营者为了获取不正当利益，往往采取不合法手段参与市场竞争，因此，必须有相关法律规范对不法经营者进行惩处，以净化市场竞争的环境，促进物流业向健康的方向发展。

能力知识点 2 → 物流企业在物流活动中的法律责任

物流法律责任是指物流法律规定的，物流法律关系主体由于违法行为、违约行为而必须承担的法律后果。物流法律责任一般包括民事责任、行政责任和刑事责任。

一、物流企业的民事责任

物流企业的民事责任是指物流企业违反法定义务和合同义务所应承担的法律责任。物流企业在其所从事的物流服务中，一般是通过签订物流服务合同进行的，因而，其承担的民事责任主要是违约责任。

物流企业的民事责任主要包括以下两方面。

物流企业与需求者签订物流服务合同，违反合同的一方应承担违约责任。在物流业务实践中，物流企业从货物接收到货物交付给最终客户时为止，整个过程无论何时、何地，也无论货物是否处于其实际控制之下，无论是其自身过错还是分包人的过错，只要发生货物灭失或损坏，均应先由物流企业依据物流服务合同对物流服务需求者承担责任。

当物流企业将物流服务合同再行分包后，便具有双重的法律地位：①面对物流需求者，物流企业需承担所有的义务和全部的责任，而不论损害是否由其造成。②面对实际履行某环节的专业公司，则根据具体的分包合同承担相应的义务和责任。

二、物流企业的行政责任

物流企业的行政责任是指物流企业因违反国家有关物流监管的规定所应承担的法律责任。国家对物流的监管主要体现在对物流活动主体的市场准入的要求，对主体实施物流活动

的监督和管理，公平和公开竞争的物流市场环境、规则的确立等的监管上。物流企业所受到的行政处罚包括以下几个方面。

1. 停止违法经营活动

没有取得相应资格而从事物流经营的企业，行政主管机关依法要求其停止经营。

2. 没收违法所得

从事违法经营的物流企业如有违法所得，行政机关依法予以没收，以示惩罚。

3. 罚款

对违反物流法律法规的物流企业所给予的一种经济上的处罚。

4. 撤销经营资格

《中华人民共和国国际海运条例》第三十五条规定："国际客船、国际散装液体危险品船运输经营者将其依法取得的经营资格提供给他人使用的，由国务院交通主管部门或者其授权的地方人民政府交通主管部门责令限期改正；逾期不改正的，撤销其经营资格。"

5. 吊销营业执照

这是因物流企业从事违法行为而由国家市场监督管理局将其营业执照予以吊销的一种处罚。

三、物流企业的刑事责任

物流企业的刑事责任是物流企业触犯刑事法律所应承担的法律责任。

物流企业承担的刑事责任是双罚制，即对企业判处罚金，同时对负直接责任的主管人员和其他人员判处刑罚。

学习实践活动

步骤一：组建小组，解读实践活动。

将班级学生分成若干小组，每组选出一名组长，由组长带领小组成员共同解读"情景导入"及"情景要求"。

步骤二：分工合作，完成实践活动。

小组成员进行分工，课堂上设计调查问卷或表格，课下通过电话、网络、走访或个人生活经历等了解法的基础知识，分组整理，填入设计好的问卷或表格。

步骤三：共同分享，交流成果。

将以上收集的资料、设计的表格等内容做成PPT，每组选出一位发言人代表本组进行展示和分享，其他小组可以对其展示进行提问和质疑，发言人或者本组其他成员可以解释回答。

步骤四：教师总结，点评成果。

教师对各小组的展示情况进行总结点评，并完成"素养与能力测评表"（见表1-2）的填写。

素养与能力测评

表 1-2　素养与能力测评表

名称						
组别		组员		班级		
考核项目	评价标准		参考分值	考核得分		
				自评	其他组评（平均）	教师评价
基本素养（15分）	按时到岗，学习准备就绪		5			
	自觉遵守纪律，有责任心和荣誉感		5			
	积极主动，不怕困难，勇于探索		5			
职业素养（15分）	有较强的沟通能力和团队合作精神		10			
	能够认识岗位职责，具备法律意识		5			
专业素养（30分）	了解物流法及其特征和作用		10			
	掌握我国物流企业设立的方式及市场准入条件		10			
	把握物流企业在物流活动中的法律责任		10			
学习实践活动完成（40分）	按时正确完成学习实践活动		10			
	PPT内容完整、美观，表达清晰、流畅		10			
	能积极发现其他小组展示中的问题并大胆提出质疑		10			
	能正确回答其他组的提问		10			
小计			100			
合计（自评30%+互评30%+教师评40%）						

拓展提升

一、知识拓展

（一）我国物流立法情况

从法律效力角度来看，物流法律法规可分为六类：一是法律；二是行政法规；三是部颁规章；四是地方规章；五是物流标准；六是国际条约。

1. 法律

《中华人民共和国公司法》《中华人民共和国破产法》《中华人民共和国民法典》《中华人民共和国公路法》《中华人民共和国铁路法》《中华人民共和国航空法》《中华人民共和国海商法》（以下简称《海商法》）《中华人民共和国邮政法》，等等。

2. 行政法规

《商务部关于修改部分规章和规范性文件的决定》《铁路运输企业准入许可办法》《中华人民共和国航道管理条例》《中华人民共和国国际海运条例》《国际货物运输代理业管理规定实施细则》《国内水路运输管理条例》《推进长江危险化学品运输安全保障体系建设工作方案》《道路运输车辆技术管理规定》《关于开展全国道路运政管理信息系统互联互通工作的通知》《交通运输部关于全面深化交通运输改革的意见》《交通运输部办公厅关于开展危险货物道路运输电子运单管理制度试点工作的通知》《国务院办公厅关于积极推进供应链创新与应用的指导意见》《国务院办公厅关于加快发展冷链物流保障食品安全促进消费升级的意见》《国务院关于修改〈中华人民共和国海关稽查条例〉的决定》，等等。

3. 部颁规章

《中华人民共和国对外贸易法》《中华人民共和国国际货物运输代理业管理规定》《国际货物运输代理业管理规定实施细则》，等等。

4. 地方规章

地方性法规是指由地方人民代表大会及其常务委员会制定的规范性文件。其法律效力低于法律和行政法规，在地方政府管辖范围内有效。如：《江苏省重点物流企业认定管理办法》《福建省人民政府办公厅关于调整高速公路通行费支持物流业发展的意见》《浙江省人民政府关于进一步加快发展现代物流业的若干意见》《江西省降低社会物流成本专项行动计划》。

5. 物流标准

《物流术语》（GB/T 18354—2021）《集装箱国家标准》《联运通用平托盘　主要尺寸及公差》（GB/T 2934—2007）《联运通用平托盘性能要求和试验选择》（GB/T 4995—2014）《联运通用平托盘　试验方法》（GB/T 4996—2014），等等。

6. 国际条约

根据国家法和国家主权原则，只有经一国政府签署、批准或加入的有关物流的国际条约，才对该国具有法律约束力，成为该国物流法的表现形式。

物流法律国际条约包括《联合国国际货物销售合同公约》《海牙规则》《维斯比规则》《汉堡规则》《华沙公约》《国际铁路货物运输公约》《国际公路货物运输合同公约》，等等。

（二）国家物流标准术语

相关物流术语见表 1-3。

表1-3 《物流术语》（GB/T 18354—2021）中的相关物流术语

术语	解释
物流管理	为达到既定的目标，从物流全过程出发，对相关物流活动进行的计划、组织、协调与控制
物流网络	通过交通运输线路连接分布在一定区域的不同物流节点所形成的系统
物流模数	物流设施、设备或货物包装的尺寸基数
物流技术	物流活动中所采用的自然科学与社会科学方面的理论、方法，以及设施、设备、装置与工艺的总称
物流成本	物流活动中所消耗的物化劳动和活劳动的货币表现
物流信息	反映物流各种活动内容的知识、资料、图像、数据的总称
物流联盟	两个或两个以上的经济组织为实现特定的物流目标而形成的长期联合与合作的组织形式

（三）常见的几家物流公司

几家物流公司情况介绍见表1-4。

表1-4 常见的几家物流公司情况介绍

公司名称	情况简介
中国外运股份有限公司	中国外运创办于2002年，是我国知名的物流企业，形成了以专业物流、代理及相关业务、电商业务为主的三大业务板块，年营业额更是位于行业前列，在全球范围内有着稳固的客户基础，影响力很大
中国远洋海运物流有限公司	中远海运集团以航运、港口、物流等为基础和核心产业，以航运金融、装备制造、增值服务、数字化创新为赋能和增值产业，全力打造"3+4"产业生态，致力于构建世界一流的全球综合物流供应链服务生态。截至2023年6月30日，中国远洋海运集团经营船队综合运力1.11亿载重吨/1 372艘，排名世界第一
顺丰速运有限公司	顺丰速运是国内最具影响力的物流企业之一，所涉及的业务范围也极其广泛，在海外市场发展也非常稳定
中国石油运输有限公司	中国石油运输有限公司成立于1953年10月，是中国石油天然气集团有限公司直属的大型专业化运输物流企业，主要为中国石油所属140多家油田、炼化、销售、管道、燃气企业及中石化、中航油等企事业单位提供专业化的运输配送服务，具有国家一级货运企业、涉外运输、危险品运输、国际国内海陆空货运代理等经营资质，是国内危险品运输行业规模最大、实力最强的公路运输物流企业

二、技能提升

实训 体验物流法的产生与发展

【实训内容描述】

让学生上网搜集物流法的相关内容，了解物流法的发展历史，在全面把握物流法相关资料的基础上，能够简明阐述物流法的概念及渊源，物流法的特征和作用。此实训内容一方面可以加深学生对所学知识的理解，另一方面可以培养学生搜集信息、总结归纳的能力。

【实训步骤】

步骤一：将班级学生分成若干小组，选出一名组长，由组长带领小组成员共同解读实训内容。

步骤二：小组成员分工、查找资料。课堂上设计调查项目，课下通过网络、调查等形式搜集物流法相关资料，小组成员共同分析、汇总、讨论物流法的特征和作用。

步骤三：将查找到的资料、总结得出的物流法特征和作用等内容，做成 PPT、Word 文档或者卡片等形式，每组选出一位发言人代表本组进行展示、分享，其他小组可以进行提问和质疑，资料的搜集要能够充分体现学过的知识点。

步骤四：教师对各小组的展示情况进行总结点评。

【考核要求】

小组内部交流过程中，要求每位成员独立思考、积极参与。教师全程指导，观察每位小组成员在活动中的表现，及时给予帮助。各小组交流互评，教师点评，给予学生正面、积极的肯定，同时指出不足之处。

巩固提高

一、名词解释

1. 物流
2. 物流法
3. 物流法律关系
4. 物流法律法规

二、填空题

1. 物流活动包括运输、_____、_____、搬运、包装、流通加工、配送、信息处理等环节。
2. 物流根据物流活动的空间分为_____、_____和_____。
3. 物流根据物流活动的业务范围可分为单一物流和_____。
4. 法的效力是指_____，即法在_____、_____、对_____发生法律效力。
5. 按合并的方式不同，企业的合并可分为新设合并和_____。

三、单项选择题

1. 法的渊源分为（　　　）两大种类。
   A．正式渊源和非正式渊源　　　　B．正规渊源和非正规渊源
   C．正常渊源和非正常渊源　　　　D．正式渊源和普通渊源
2. （　　　）是指生产企业或货主企业为满足自身的需要，自己提供人工、机械设备和场所，安排全部物流计划，亲自从事整个货物流程的物流活动。
   A．自主物流　　　B．第二方物流　　　C．第三方物流　　　D．第四方物流
3. 物流企业是具备为物质资料提供流通服务能力的（　　　）。
   A．企业法人　　　B．社团法人　　　C．事业法人　　　D．财团法人
4. 物流企业的民事责任主要是（　　　）。
   A．违约责任　　　B．侵权责任　　　C．责任竞合　　　D．公平责任

四、多项选择题

1. 物流法的特征有（　　　）。
   A．广泛性　　　　B．复杂性　　　　C．技术性　　　　D．国际性
2. 法的规范作用分为（　　　）。

    A. 指引作用　　　　B. 评价作用　　　　C. 教育作用　　　　D. 预测作用
    E. 强制作用

3. 物流法律关系由（　　　　）构成。
    A. 物流法律关系主体　　　　　　　　　B. 物流法律关系客体
    C. 物流法律关系内容　　　　　　　　　D. 物流法律法规

4. 我国物流企业设立的方式有（　　　　　）。
    A. 核准设立　　　　B. 准则设立　　　　C. 特许设立　　　　D. 自由设立

五、简答题

1. 法的特征及作用有哪些？
2. 物流企业的特征有哪些？
3. 物流法律法规对物流行业的作用有哪些？

六、案例分析题

案例一

    2022 年 9 月，被告赵某经工商管理部门核准登记，开办了龙×堂药房，企业性质为个人独资企业，投资人为赵某。2022 年 10 月，龙×堂药房向原告张某借款 5 万元，约定季度付息 2 250 元。2022 年 12 月，被告赵某与关某签订了《药房转让协议书》，协议约定："赵某以 13 万元将龙×堂药房转让给关某，龙×堂药房转让过户前的所有债权债务都由赵某承担，关某不承担转让前药房法人经营期间的任何债权债务。"2023 年 1 月，经工商管理部门批准，关某分两次将龙×堂药房投资人由赵某变更为关某、龙×堂药房更名为神农××药房。

    因赵某不偿还张某借款及利息，现原告张某起诉神农××药房并将赵某、关某列为共同被告，要求给付借款 5 万元及利息。

    问题：张某起诉神农××药房并将赵某、关某列为共同被告会不会得到法院支持？为什么？

案例二

    "做最强的物流服务商，做最好的船务代理人"这是中国远洋物流有限公司的奋斗目标，中国远洋物流有限公司秉承"一切为了客户满意"的服务理念，以发展现代物流事业为己任，致力于为国内外广大客户提供现代物流、国际船舶代理、国际多式联运、公共货运代理、空运代理、集装箱场站管理、仓储、拼箱服务、铁路运输、公路运输、驳船运输、项目开发与管理以及租船经纪等服务。它们以科学管理为手段，以高素质人才队伍为基石，以国际化物流服务体系为依托，以传统运输代理业务为基础，悉心建设以现代科技为支撑的物流操作平台，努力做大、做强综合性的运输服务体系，为广大客户实现价值最大化架设安全、便捷的通道。

    问题：这是一个什么样的团队？在这个队伍中，我能做什么？

案例三

    四海公司是一家大型运输企业，与嘉庆公司之间签订了长期货物运输协议。2021 年 12 月 1 日，嘉庆公司将一批化工原料委托四海公司运输，此时四海公司因运力不足，在未告知嘉庆公司的情况下，将货物外包给无工商注册的私人车主进行运输，途中发生车祸，货物受到严重损失并对环境造成了危害。

    问题：四海公司应承担什么责任？实际运输的私人车主应该如何处理？

2023 年 7 月初，美国物流业权威刊物 *The Transport Topics* 联合国际物流知名咨询机构 SJ Consulting Group Inc，公布了 2022 年全球货运企业 50 强榜单（2022 Top 50 Global Freight Companies）。

这份榜单中，UPS 以 972.87 亿美元的营收排名第一；同样来自美国的快递巨头 FedEx 以 921.1 亿美元的营收位居次席；排在第三的是德国的 DHL，营收 770.5 亿美元。

除此之外，榜单内共出现了 8 家来自中国内地（大陆）和港澳台地区的物流企业，包括中远海运、中国铁路集团、顺丰、中外运、嘉里物流、长荣海运、阳明海运以及万海航运，其中 4 家为中国内地（大陆）企业。

中国的物流发展受到工业制造业的限制起步较晚。从发展初期开始，我们就意识到不能盲目前行，对标国外的经典模式是一种很好的学习方法。

我们从懵懵懂懂开始，奋起直追，发展到现在的全球前 50 的排名里就有 8 家企业跻身上榜。但是与国外龙头企业相比，依旧存在差距。

单 元 评 估

单元课程评估表见表 1-5。

表 1-5　单元课程评估表

单元名称：	姓名：	班级：	日期：

1. 本单元我学到的知识：

2. 本单元我掌握的技能：

3. 教师讲授思路是否清晰？是否有没讲清楚的内容？如有，请列出：

4. 教师的教学方法对你的学习是否起到帮助作用？

5. 你是否有学习目标？是否制订了学习计划？

6. 为更有效地学习，你对本单元的教学有何建议？

教师评语：

学生签字：　　　　　　　　教师签字：

单元二

物流合同法律法规

学习目标

知识目标

→ 了解有关物流合同的基本概念、特征及法律属性

→ 明确物流合同的形式和内容

→ 掌握物流合同签订的原则和注意事项

→ 明确物流合同订立的一般程序和效力

→ 熟悉物流合同的履行、变更、转让和终止

技能目标

→ 能够明确物流企业在物流活动中的责任，学会签订物流服务合同

素养目标

→ 培养和训练学生自觉遵守物流合同法律制度、诚实守信的观念

情景导入

　　2022 年 12 月 16 日，吉林省辉南县永鑫物流公司为王晓芳承运一箱十字绣，从吉林省辉南县至内蒙古乌兰浩特，双方签订了《物流业务运单》，王晓芳交纳运费 100 元，同时还约定代收货款 56 500 元。该运单中关于赔偿办法约定：①投保保价运输的，按实际损失赔偿，损失超过保价额的按保价额赔付。②不投保保价运输的，损失低于 2 500 元的，按实际损失赔偿；损失高于 2 500 元的，按单件货物运输费用的 10 倍来赔偿，最高赔偿金额为 2 500 元。王晓芳未选择保价运输。当日，王晓芳将一箱十字绣交由物流公司运输，货物在运输中丢失。王晓芳为此诉至法院，请求判令物流公司赔偿其损失 56 500 元。物流公司以其未选择保价运输为由，主张应赔其损失 2 500 元。

情景要求

结合以上案例，完成下列问题：

你认为对王晓芳的损失物流公司应如何承担赔偿责任？请说明原因。

以上问题的完成要求以小组为单位，使用 PPT 的形式进行成果展示，每小组上交一份。

模块一 ▶ 物流合同概述

能力知识点 1 ▶ 物流合同、特征和法律属性

一、物流合同的概念

我国国家标准《物流术语》（GB/T 18354—2021）对物流合同的定义为："物流企业与客户之间达成的物流相关服务协议。"

二、物流合同的特征

物流合同是合同种类之一，具有合同的一般特征。

（1）合同是双方的民事法律行为。

（2）合同以设立、变更、终止民事权利、民事义务为目的。

（3）合同当事人的法律地位平等。

（4）合同是当事人协商一致的产物。

三、物流合同的法律属性

在现代经济社会，物流主要是指"第三方物流"，第三方物流是相对于"第一方"发货者和"第二方"收货人而言的。

我国国家标准《物流术语》（GB/T 18354—2021）对第三方物流的定义为："由独立于物流服务供需双方之外且以物流服务为主营业务的组织提供物流服务的模式。"

一般情况下，第三方物流不拥有商品也不参与商品的买卖，只是在物流渠道中，由专业物流企业将运输、仓储、装卸、加工、配送、信息等方面有机结合，形成完整供应链，以合同的形式在一定期限内向企业提供系列化、个性化、信息化的综合性物流服务。

1. 物流合同是双务有偿合同

物流合同中一方提供物流服务，另一方付给报酬或费用，双方当事人相互享有权利和义务，并且一方享有合同规定的权益，须向对方当事人提供相应服务，因此，物流合同是典型的双务、有偿合同。

2. 物流合同是要式合同

物流行业是近年来逐渐兴起的，物流合同不是一种简单的合同，物流合同涵盖的内容广，一般涉及运输、仓储、加工等内容，运输中又可能包括远洋运输、公路运输、铁路运输、航空运输、多式联运、大陆桥运输、运输保险等，双方的权利、义务关系复杂，只有具备一定形式（比如书面形式），才能使物流合同得到更好的履行，才能更好地保护合同当事人的合法权益。

3. 物流合同是诺成合同

物流合同应当是一种诺成合同，这是由物流合同的性质决定的。在物流标的物交付之前，物流服务需求方和物流服务企业可能已经为履行合同进行了准备，支出了成本，前者签订货

物转卖合同，制订生产计划等，后者腾空仓位，安排车辆，并且还可能因为自身规模能力原因拒绝与其他客户签订合同。如果以交付标的物为合同成立要件，不利于保护双方当事人的利益。这样对物流服务需求方和物流服务企业双方来说都是极不公平的，会严重影响双方企业的生产经营活动。因此，在物流合同中，只要经过物流服务需求方要约和物流服务企业承诺，即宣告合同成立。

能力知识点 2 → 物流合同的形式和内容

一、物流合同的形式

1. 书面形式

书面形式是合同书、信件、电报、电传、传真等可以有形地表现所载内容的形式。以电子数据交换、电子邮件等方式能够有形地表现所载内容，并可以随时调取查用的数据电文，视为书面形式。

2. 口头形式

口头形式，也叫口头合同、口头协议。它是当事人双方就合同内容面对面或以通信设备交谈达成协议的形式。口头合同，无任何书面的或其他有形载体来表现合同内容。在当事人发生纠纷时难以取证，不易分清责任。因此，对于不能即时结清款项的合同的和较重要的合同不宜采用口头形式。

3. 其他形式

除了书面形式和口头形式，合同还可以其他形式成立。一般可以根据当事人的行为或者特定情形推定合同已成立。

二、物流合同的内容

物流合同的内容，是指合同中经物流服务需求方与第三方物流经营人协商一致，规定双方当事人权利义务的具体条款。物流合同的条款分为一般条款和格式条款。

1. 一般条款

（1）当事人的名称和住所。
（2）物流服务的范围和内容。
（3）合作方式和期限。
（4）双方的具体权利和义务。
（5）服务所应达到的指标。
（6）实物交接和费用的结算、支付。
（7）违约的处理。
（8）争议的解决方法。

2. 格式条款

格式条款是指当事人为了重复使用而预先拟定，并在订立合同时与对方协商的条款。合同的条款如果全部都是格式条款，则称为格式合同。

为了简化订立合同的程序，对进行大量重复性交易的活动，使用格式条款或格式合同。

能力知识点 3 → 物流合同签订原则和注意事项

一、物流合同签订原则

1. 所签合同要合理

合同的内容要经过双方充分协商，合理确定双方权利和义务。如果双方的理念一致，所签合同的目标相同，合同会顺利实施。即使在履约中发生什么纠纷，也较容易解决。

2. 所签合同要完善

物流企业与客户签订合同是一种非常复杂的过程，任何一方如果在签约前考虑不周或者准备不足，都有可能在未来执行合同中出现问题。当事人应当尽可能在签约前考虑周全，做充分准备。对合同的执行标准及衡量标准和服务范围要有明确的界定，要细化到物流装卸、搬运、运输、包装、加工等每一个环节。

3. 合同具有可行性

对于专业性较强的客户，签约前应向有关专家咨询，甚至请他们参与谈判，分析客户生产、管理的特殊性、特殊要求及特别需要注意的问题，避免留下难以弥补的后患。而对于物流企业经过努力仍无法做到的方面，千万不要轻易承诺。

二、物流合同签订注意事项

1. 不要误导客户

物流企业不要为了争取客户而使其产生误解，认为物流企业可以解决客户所有的问题。应让客户认识到，没有一个物流方案能十全十美地解决客户的全部问题；解决某一方面的问题，需要详尽的策划、充足的时间，以及付诸实施，最终才能见效。

2. 避免操之过急

许多客户在尚未做好充分准备的情况下，就去寻求物流企业的帮助，对物流企业寄予过高的期望，并匆匆与之签约，或许他们有太多的、迫在眉睫需要解决的问题，但这样做的结果往往带来忙中出错的后果。

3. 必须考虑经济性

物流企业接受和签订的协议影响最终能产生效益的项目，而适当水平的物流成本开支必然与所期望的服务表现有关。要取得物流企业的领导地位，关键是要使自己的能力与关键客户的期望和需求相匹配。

模块二 ▶ 物流合同的订立

能力知识点 1 → 物流合同订立的一般程序

物流合同的订立程序分为要约和承诺两个阶段。

一、要约

1. 要约的定义

要约是指一方当事人向他方做出的以一定条件订立合同的意思表示。前者称为要约人，后者称为受要约人。

要约要取得法律效力，应同时具备如下条件。

（1）要约必须是特定人的意思。

（2）要约必须是向相对人发出的。

（3）要约必须能够反映所要订立合同的主要内容。

2. 要约的形式

要约作为一种意思表示，可以是书面形式，也可以是对话形式。

书面形式的要约包括信函、电报、电传、传真等函件。如果法律明确规定某种要约必须采取书面形式，应依照法律规定；如果无法律明确规定，当事人可视具体合同自由选择要约形式。

3. 要约的法律效力

要约自到达受要约人时生效，具有拘束力。要约拘束力，一般是指在要约的有效期限内，要约人不得随意改变要约的内容，更不得随意撤回要约。否则，由此而给受要约人造成损害的，要约人必须承担赔偿的责任。

要约可以撤销。撤销要约的通知应当在受要约人发出承诺通知之前到达受要约人。

属于下列情况之一的，要约对要约人不再具有法律拘束力。

（1）要约依法被要约人撤回的。

（2）以对话形式做出的要约，受要约人没有立即承诺的。

（3）以书面形式做出的要约指定承诺期限，而受要约人在指定的期限内没有做出承诺的。

（4）以书面形式做出的要约虽未指定承诺期限，但受要约人在合理的期限内没有做出承诺的。

（5）要约人死亡或丧失民事行为能力，或作为法人的要约人被撤销的。

> **📁 资料卡**
>
> 有下列情形之一的，要约不得撤销：
>
> 1）要约人确定了承诺期限或者以其他形式明示要约不可撤销。
>
> 2）受要约人有理由认为要约是不可撤销的，并已经为履行合同做了合理准备工作。

二、承诺

1. 承诺的概念

承诺是指受要约人在有效期间内完全同意要约内容的意思表示。

承诺要取得法律效力，必须具备如下条件。

（1）承诺必须由受要约人做出。

（2）承诺必须在有效期内做出。

（3）承诺必须与要约的内容完全一致。

2. 承诺的形式

承诺的形式应与要约相一致。承诺的形式还应注意以下几个问题。

（1）对于以对话形式做出的要约，除要约有期限外，一般应即时做出承诺；过期承诺的，要约人有权拒绝。

（2）必须以书面形式订立的合同，其承诺必须以书面形式做出。

（3）除法律另有特别规定或双方有约定外，沉默不能视为承诺的形式。

3. 承诺的生效

《民法典》第四百八十四条规定，以通知方式做出的承诺，生效的时间适用本法第一百三十七条的规定。承诺不需要通知的，根据交易习惯或者要约的要求做出承诺的行为时生效。

《民法典》第一百三十七条规定，以对话方式做出的意思表示，相对人知道其内容时生效。以非对话方式做出的意思表示，到达相对人时生效。以非对话方式做出的采用数据电文形式的意思表示，相对人指定特定系统接收数据电文的，该数据电文进入该特定系统时生效；未指定特定系统的，相对人知道或者应当知道该数据电文进入其系统时生效。当事人对采用数据电文形式的意思表示的生效时间另有约定的，按照其约定。

承诺可以撤回。撤回承诺的通知应当在承诺通知到达要约人之前或者与承诺通知同时到达要约人。

能力知识点 2 ▶ 物流合同成立的时间和地点

一、物流合同成立的时间

物流合同成立的时间在实践中意义重大，合同成立之时，即为当事人享有合同权利和承担合同义务之时。受要约人承诺生效之时，物流合同即告成立。对于不同形式的物流合同，法律上具体规定如下。

（1）口头订立的合同，自口头承诺时生效。

（2）当事人采用合同书形式订立合同的，自当事人均签名、盖章或者按指印之时合同成立。

（3）当事人采用合同书形式订立合同的，在签名、盖章或者按指印之前，当事人一方已经履行主要义务，对方接受时，该合同成立。

（4）当事人采用信件、数据电文等形式订立合同要求签订确认书的，签订确认书之时，合同成立。当事人一方通过互联网等信息网络发布的商品或者服务信息符合要约条件的，对方选择该商品或者服务并提交订单成功之时，合同成立，但是当事人另有约定的除外。

（5）法律、行政法规规定或者当事人约定合同应当采用书面形式订立，当事人未采用书面形式但是一方已经履行主要义务，对方接受时，该合同成立。

二、物流合同成立的地点

承诺生效的地点为物流合同成立的地点。物流合同成立的地点是发生合同纠纷后确定管辖法院的依据，在国际贸易中还可以作为确定适用法律的依据。

1. 口头订立的合同

以口头承诺地点为合同生效地点；根据交易习惯或要约人要求做出承诺行为的地点为合同成立地点。

2. 当事人采用合同书形式订立的合同

当事人采用合同书形式订立合同的，最后签名、盖章或者按指印的地点为合同成立的地点，但是当事人另有约定的除外。

3. 采用数据电文形式订立合同

收件人的主营业地为合同成立的地点；没有主营业地的，其住所地为合同成立的地点。当事人另有约定的，按照其约定。

能力知识点 3 ▶ 物流合同的效力

物流合同的效力，是指物流合同具有法律约束力。当事人必须全面正确履行合同，任何一方不得擅自变更或解除合同；任何一方违反合同，必须承担法律责任。

一、有效物流合同

具备下列条件的物流合同有效。
（1）行为人具有相应的民事行为能力。
（2）意思表示真实。
（3）合同内容合法。
（4）合同标的确定和可能履行。

二、无效物流合同

无效物流合同是指已经订立，因违反法律规定的生效条件而不发生法律效力，国家不予承认和保护的合同。

1. 无效物流合同的种类

（1）无民事行为能力人订立的物流合同。
（2）限制民事行为能力人订立的与其年龄、智力、精神健康状况不相适应的物流合同。
（3）行为人与相对人以虚假的意思表示订立的物流合同。
（4）行为人与相对人恶意串通，损害他人合法权益所订立的物流合同。
（5）违反法律、行政法规的强制性规定的物流合同。
（6）违背公序良俗的物流合同。

2. 合同中的无效免责条款

合同中的下列免责条款无效。
（1）造成对方人身损害的。
（2）因故意或者重大过失造成对方财产损失的。

三、可撤销物流合同

可撤销物流合同是指当事人在订立合同时意思表示不真实，通过有撤销权的当事人行使撤销权，致使已生效的合同归于无效。

1. 物流合同撤销的法定情形

下列物流合同，当事人一方有权请求人民法院或者仲裁机构予以撤销。

（1）因重大误解订立的。

（2）一方以欺诈手段，使对方在违背真实意思的情况下订立的。

（3）第三人实施欺诈行为，使一方在违背真实意思的情况下订立的，对方知道或者应当知道该欺诈行为的。

（4）一方或者第三人以胁迫手段，使对方在违背真实意思的情况下订立的。

（5）一方利用对方处于危困状态、缺乏判断能力等情形，致使合同成立时显失公平的。

2. 撤销权消灭的法定情形

《民法典》第一百五十二条规定，有下列情形之一的，撤销权消灭：

（1）当事人自知道或者应当知道撤销事由之日起一年内、重大误解的当事人自知道或者应当知道撤销事由之日起九十日内没有行使撤销权。

（2）当事人受胁迫，自胁迫行为终止之日起一年内没有行使撤销权。

（3）当事人知道撤销事由后明确表示或者以自己的行为表明放弃撤销权。

（4）当事人自民事法律行为发生之日起五年内没有行使撤销权的，撤销权消灭。

四、效力待定的物流合同

效力待定的物流合同是指已经成立的物流合同因为欠缺一定的生效要件，其生效与否未确定，须经过补正可生效，在一定期限内不予补正则为无效的物流合同。补正是指权利人的追认。经过追认，物流合同产生法律效力。如果权利人没有追认，该物流合同为无效合同。效力待定的物流合同包括三类。

（1）无民事行为能力人订立的物流合同和限制民事行为能力人订立的物流合同。

（2）无权代理人订立的物流合同。

（3）无权处分人订立的物流合同。

模块三　物流合同的履行、变更、转让和终止

能力知识点 1　物流合同的履行

一、物流合同的履行的定义

物流合同的履行是指物流合同生效后，双方当事人按照合同规定的各项条款、履行义务和享有权利。

二、物流合同的履行原则

（1）全面履行原则。

（2）诚信履行原则。

（3）保护资源与环境原则。

三、物流合同担保

1. 物流合同担保的含义

物流合同担保指依照法律规定，或由当事人双方经过协商一致而约定的，为保障合同债权实现的法律措施。

2. 物流合同担保的主要方式

物流合同担保的主要方式见表2-1。

表2-1　物流合同担保的主要方式

主要方式	内容
保证	指第三人为债务人的债务履行作担保，由保证人和债权人约定，当债务人不履行到期债务或者发生当事人约定的情形时，保证人履行债务或者承担责任的行为。保证方式有一般保证和连带责任保证两种
抵押	指为担保债务的履行，债务人或者第三人以其特定财产在不转移占有的前提下，将该财产作为对债权的担保。抵押人只能以法律规定可以抵押的财产提供担保，法律规定不可以抵押的财产，抵押人不得用于提供担保
质押	指债务人或第三人将其特定财产移交债权人占有，作为债权的担保。债务人不履行债务时，债权人有权依法将其特定财产折价或以拍卖、变卖的价款优先受偿。质押的形式包动产质押和权利质押
留置	指债权人按照合同约定占有债务人的动产，债务人不按照合同约定的期限履行债务的，债权人可以留置已经合法占有的债务人的动产，并有权就该动产优先受偿，债权人为留置权人，占有的动产为留置财产
定金	指当事人一方为了担保合同的履行而预先向对方支付的一定数额的金钱。定金合同从实际交付定金之日起生效。债务人履行债务后，定金应当抵作价款或者收回。给付定金的一方不履行约定的债务的，无权要求返还定金；收受定金的一方不履行约定的债务的应当双倍返还定金

能力知识点 2 ▶ 物流合同的变更、转让和终止

一、物流合同的变更

物流合同变更，是指在物流合同成立以后、尚未履行或者尚未完全履行前，当事人根据情况的变化，依照法律规定的条件和程序，对合同的内容进行修订。物流合同的变更主要有以下类型。

（1）依据法律规定变更合同，如因某种特殊原因、违背当事人意愿订立的合同，当事人可诉请人民法院变更合同。

（2）当事人各方协商同意变更合同。

（3）当事人在合同中具有变更合同的权利，其行使权利使合同变更。

物流合同变更以后，当事人应当按照变更后的合同内容履行。

二、物流合同的转让

物流合同转让，是指当事人一方依法将合同的权利和义务全部或部分地转让给第三人的法律行为。

三、物流合同的终止

物流合同的终止又称为合同的消灭，是指由于某种原因而引起合同关系在客观上已不存在，合同债权和合同债务归于消灭。

学习实践活动

步骤一： 组建小组，解读实践活动。

将班级学生分成若干小组，每组选出一名组长，由组长带领小组成员共同解读"情景导入"及"情景要求"。

步骤二： 分工合作，完成实践活动。

小组成员进行分工，课堂上设计调查问卷或表格，课下通过电话、网络、走访或个人生活经历等了解物流合同特征和法律属性等基础知识，分组整理，填入设计好的问卷或表格。

步骤三： 共同分享，交流成果。

将以上收集的资料、设计的表格等内容做成PPT，每组选出一位发言人代表本组进行展示和分享，其他小组可以对其展示进行提问和质疑，发言人或者本组其他成员可以解释回答。

步骤四： 教师总结，点评成果。

教师对各小组的展示情况进行总结点评，并完成"素养与能力测评表"（见表2-2）的填写。

素养与能力测评

表2-2　素养与能力测评表

名称				
组别		组员		班级
考核项目	评价标准	参考分值	考核得分		
			自评	其他组评（平均）	教师评价
基本素养（15分）	按时到岗，学习准备就绪	5			
	自觉遵守纪律，有责任心和荣誉感	5			
	积极主动，不怕困难，勇于探索	5			
职业素养（15分）	有较强的沟通能力和团队合作精神	10			
	能够熟知岗位职责，具备法律意识	5			
专业素养（30分）	熟悉物流合同签订原则和注意事项	10			
	了解物流合同订立的一般程序及效力	10			
	了解物流合同的履行、变更、转让、终止	10			

（续）

考核项目	评价标准	参考分值	考核得分		
			自评	其他组评（平均）	教师评价
学习实践活动完成（40分）	按时正确完成学习实践活动	10			
	PPT内容完整、美观，表达清晰、流畅	10			
	能积极发现其他小组展示中的问题并大胆提出质疑	10			
	能正确回答其他组的提问	10			
小计		100			
合计（自评30%+ 互评30%+ 教师评40%）					

拓展提升

一、知识拓展

《民法典》对物流格式合同条款有下列相关规定。

（1）采用格式条款订立合同的，提供格式条款的一方应当遵循公平原则确定当事人之间的权利和义务，并采取合理的方式提示对方注意免除或者减轻其责任等与对方有重大利害关系的条款，按照对方的要求，对该条款予以说明。提供格式条款的一方未履行提示或者说明义务，致使对方没有注意或者理解与其有重大利害关系的条款的，对方可以主张该条款不成为合同的内容。

（2）有下列情形之一的，该格式条款无效。

1）具有《民法典》第一编第六章第三节和《民法典》第五百零六条规定的无效情形。

2）提供格式条款一方不合理地免除或者减轻其责任、加重对方责任、限制对方主要权利。

3）提供格式条款一方排除对方主要权利。

（3）对格式条款的理解发生争议的，应当按照通常理解予以解释。对格式条款有两种以上解释的，应当做出不利于提供格式条款一方的解释。格式条款和非格式条款不一致的，应当采用非格式条款。

二、技能提升

实训 熟悉物流合同

【实训内容描述】

让学生调查所在地区目前的物流企业，分析总结物流合同的类型，在全面把握物流合同概念、特征的基础上，熟悉物流合同的法律属性及签订时的注意事项。此实训内容一方面可以加深学生对所学知识的理解，另一方面可以培养学生收集、总结归纳信息的能力。

【实训步骤】

步骤一：将班级学生分成若干小组，每组选出一名组长，由组长带领小组成员共同解读实训内容。

步骤二：小组成员分工、查找资料。课堂上设计调查项目，课下通过网络、调查等形式收集物流合同的相关资料，小组成员共同分析、汇总、讨论物流合同的概念与特征，并熟悉物流合同的法律属性。

步骤三：将查找到的资料，总结得出的物流合同的概念、特征，物流合同的法律属性及签订时的注意事项，做成 PPT、Word 文档或者实物卡片等形式，每组选出一位发言人代表本组进行展示、分享，其他小组可以进行提问和质疑，资料的收集要能够充分结合所学的知识点。

步骤四：教师对各小组的展示情况进行总结点评。

【考核要求】

小组内部交流过程中，要求每位成员独立思考、积极参与。教师全程指导，观察每位小组成员在活动中的表现，及时给予帮助。各小组交流互评，教师点评，给予学生正面、积极的肯定，同时指出不足之处。

巩固提高

一、名词解释

1. 物流合同
2. 第三方物流
3. 物流合同变更
4. 无效物流合同
5. 物流合同担保

二、填空题

1. 物流合同是_____与_____之间达成的物流相关服务协议。
2. 当事人采用合同书形式订立合同的，自_____时合同成立。
3. 合同的形式可以是口头、_____或_____形式，法律、行政法规规定为书面形式的，应当采用_____形式。
4. 物流合同的订立程序包括_____和_____两个阶段。
5. 要约是指一方当事人_____的意思表示。
6. 合同履行的原则包括_____、_____、_____和_____。

三、单项选择题

1. 合同是双方的（　　）。
   A. 道德行为　　　　B. 民事法律行为　　C. 行政行为　　　　D. 执法行为
2. 合同（　　）。
   A. 除法定或约定的以外，可以采取书面、口头或其他形式

    B. 无论什么情况，一律采用书面形式

    C. 在任何情况下都可以自行采用口头形式或书面形式

    D. 除即时清结者外，应当采用书面形式

3. 无效合同（   ）。

    A. 从宣告其无效之时起，就无效力   B. 出现纠纷后，就无效力

    C. 从订立之时起，就无效力   D. 从履行之时起，就无效力

4. 接受定金的一方不履行经济合同的，定金应当（   ）。

    A. 返还   B. 上缴国库   C. 双倍返还   D. 没收

四、多项选择题

1. 物流合同是（   ）。

    A. 双务合同   B. 有偿合同   C. 要式合同   D. 诺成合同

2. 物流合同签订注意事项包括（   ）。

    A. 不要误导客户   B. 避免操之过急

    C. 必须考虑经济性   D. 要快速，避免浪费时间

3. 下列物流合同中，当事人一方有权请求人民法院或者仲裁机构予以撤销的是（   ）。

    A. 因重大误解订立的

    B. 一方以欺诈手段，使对方在违背真实意思的情况下订立的

    C. 一方或者第三人以胁迫手段，使对方在违背真实意思的情况下订立的

    D. 一方利用对方处于危困状态、缺乏判断能力等情形，致使合同成立时显失公平的

4. 物流合同有效应具备的条件是（   ）。

    A. 行为人具有相应的民事行为能力   B. 意思表示真实

    C. 合同内容合法   D. 合同标的确定和可能履行

5. 承诺要取得法律效力，必须具备的条件是（   ）。

    A. 承诺必须由受要约人做出   B. 承诺必须是在有效期内做出

    C. 承诺必须与要约的内容完全一致   D. 承诺可以与要约的内容不一致

五、简答题

1. 物流合同的特征有哪些？

2. 物流合同的履行原则有哪些？

3. 物流合同的签订原则有哪些？

4. 无效物流合同的种类有哪些？

六、案例分析题

📖 案例一

    甲公司与乙公司签订一份秘密从境外买卖免税香烟并运至国内销售的合同。甲公司依双方约定，按期将香烟运至境内，但乙公司提走货物后，以目前账上无钱为由，要求暂缓支付货款，甲公司同意。3个月后，乙公司仍未支付货款，甲公司多次索要无果，遂向当地人民法院起诉要求乙公司支付货款并支付违约金。

问题：（1）该合同是否具有法律效力？为什么？

　　　　（2）应如何处理？

案例二

某木材公司（以下称甲方）库存有5 000m³一级红松。2023年5月4日，甲方给某家具厂（以下称乙方）发函询问其是否愿意以750元/m³的价格购买一级红松，并由甲方代办托运，甲方限乙方在3天内答复。乙方当时正与数十家乡镇企业搞联营，急需优质木材，在收函第2天即回电话表示愿意以750元/m³的价格购买2 000m³一级红松。当晚，双方经理协商将代办托运改为乙方用专列自提。

5月25日，乙方租用的专列驶进甲方货场，乙方业务员带着汇票准备签约、提货和结算一次完成。正在此时，甲方副经理得到可靠消息：3天后一级红松的价格要涨至980元/m³。如果现在与乙方签约，以750元/m³的价格卖出，2 000m³要少赚46万元。甲方遂以原要约是指代办托运，并无规定受要约方派专列提货，现在乙方派专列来，单方面变更要约条件，视为乙方没接受原要约，其承诺只是一个反要约。因此，甲方拒绝乙方签约并提货的要求。乙方经反复请求无效后，向法院提起诉讼，要求甲方支付2 000m³木材并赔偿损失。

问题：（1）甲乙双方的合同是否成立？

　　　　（2）此案应当如何处理？

案例三

甲物流综合服务公司下设六大部门，包括包装部、运输部、装卸部等。2022年6月，该公司运输部在进行运输服务时与××货站取得业务联系，该货站许诺从2022年7月起，其所有运输业务都委托给该运输部，双方签订简单协议，甲公司运输部在协议上使用了部门印章，该货站也表示同意。但2022年9月，甲公司运输部发现其承接该货站的运输业务只是其中很小一部分，同时还有另两家货运公司在承做，于是问及该货站，该货站否认，进而否认双方协议的效力，于是发生了纠纷。

问题：甲公司运输部与该货站签订的合同是否有效？为什么？

知识链接　契约精神和规则意识

杭州的小刘要把20g黄金送至客户处，并在某同城快递下了订单，小刘特意按20g黄金的市场价8 000元进行了保价。岂料，黄金被快递员丢失，该快递客服提出"赔偿2 000元"的解决方案。小刘遂将事件发到网上，引发关注。快递公司先行赔付保价金额8 000元，丢失的黄金也在警方的努力之下找了回来。

快递企业按照8 000元的保价进行了"全额先行赔付"，且快递员丢失的物品也已经找到，好像问题已经圆满解决，但此事件引发的思考却并未结束。值得关注的是，对于丢失客户已经保价的快递物品，快递企业原不想依照规定按保价赔偿，而是在网络舆情发酵之后，才不得不被动地"全额先行赔付"。如此做法，不仅严重违反相关法律法规，也违背了企业理应遵守的契约精神与规则意识。

从法律角度说，客户和快递公司之间订立的是货物运输合同，作为承运人的快递公司应当在约定期限或者合理期限内将货物安全运输到约定地点，承运人对运输过程中货物的毁损、丢失承担赔偿责任。《中华人民共和国邮政法》规定，保价的给据邮件丢失或者全部损毁的，按照保价额赔偿。《快递暂行条例》第二十七条规定，快件延误、丢失、损毁或者内件短少的，对保价的快件，应当按照经营快递业务的企业与寄件人约定的保价规则确定赔偿责任。客户对物品保价，就是为了增强物品投递的安全性，同时为了在物品丢失或损毁时，自己不在经济上吃亏。一旦快件丢失，快递公司就应依照约定进行赔偿，不能随意将赔付保价"打折"，而此事件中快递公司"保价8 000元只赔2 000元"的做法，让保价行为变得毫无意义。

◆◆ 单 元 评 估 ◆◆

单元课程评估表见表2-3。

表2-3　单元课程评估表

单元名称：　　　　　　　　姓名：　　　　班级：　　　　日期：

1. 本单元我学到的知识：

2. 本单元我掌握的技能：

3. 教师讲授思路是否清晰？是否有没讲清楚的内容？如有，请列出：

4. 教师的教学方法对你的学习是否起到帮助作用？

5. 你是否有学习目标？是否制订了学习计划？

6. 为更有效地学习，你对本单元的教学有何建议？

教师评语：

学生签字：　　　　　　　　教师签字：

单元三

物流采购与销售法律法规

学习目标

知识目标

→ 了解采购（销售）合同的含义和法律特征

→ 熟悉采购（销售）合同的内容及签订注意事项

→ 明确采购（销售）合同的订立程序

→ 了解采购（销售）合同的争议及解决

→ 了解采购（销售）合同的变更与解除

技能目标

→ 能够根据所学的采购与销售法律相关知识，拟定采购（销售）合同

素养目标

→ 培养学生对物流采购与销售的法律认知，提升学生的法律素养

→ 培养和训练学生认真负责的工作态度和精益求精的工匠精神

情景导入

2022 年 2 月 16 日，河南林海贸易公司与吉林北大仓粮油有限公司签订一份 50 万吨的大豆采购合同，约定同年 5 月 16 日交货。委托四海运输公司承运，交货地点为郑州。买卖双方及承运方已经约定好价格。北大仓粮油有限公司按照合同规定，将大豆准备完毕，准备交付四海运输公司。由于客观原因，四海运输公司不能出车运输，导致货物滞留在北大仓粮油有限公司仓库，不能按时交货给河南林海贸易公司。大豆积压在北大仓粮油有限公司仓库，占用北大仓粮油有限公司资金，给北大仓粮油有限公司造成一定损失。

情景要求

结合以上案例，完成下列问题：

由于合同违约，河南林海贸易公司由于没有原材料，致使生产停工，也产生一定损失。这种情况，各自的损失由谁承担？

以上问题的完成要求以小组为单位，使用 PPT 的形式进行成果展示，每小组上交一份。

模块一 ▶ 采购（销售）合同

能力知识点 1 ▶ 采购（销售）合同的含义和法律特征

一、采购（销售）合同的含义

购销合同是总称，包括采购合同和销售合同。

采购合同是指购买商品的合同；销售合同是指销售商品的合同。这两种合同有本质区别，一般来说，不会在同一个合同中既购买又销售商品，而是分别订立购买合同或销售合同。

签订合同时，如采购合同，一般采购方为甲方，销售方为乙方；如销售合同，一般销售方为甲方，购买方为乙方。

无论是采购合同还是销售合同，都是买卖合同的一种，是买方与卖方经过谈判协商一致同意而签订的"供需关系"的法律性文件，合同双方都应遵守和履行，并且合同是双方联系的共同语言基础。签订合同的双方都有各自的经济目的，采购（销售）合同是经济合同，双方受"经济合同法"保护、各自承担相应的责任。

采购（销售）合同是购销关系的法律形式，对于确立规范有效的采购（销售）活动、明确采购方与供货方的权利义务关系、保护当事人的合法权益具有重大意义。

二、采购（销售）合同的特征

1. 它是转移标的物所有权或经营权的合同

采购（销售）合同的基本内容是出卖人向买受人转移合同标的物的所有权或经营权，买受人向出卖人支付相应货款，因此它必然导致标的物所有权或经营权的转移。

2. 采购（销售）合同的主体比较广泛

从国家对流通市场的管理和采购的实践来看，除生产企业外，流通企业、其他组织和具有法律资格的自然人也是采购（销售）合同的主体。

3. 采购（销售）合同与流通过程密切联系

流通是社会再生产的重要环节之一，对国民经济和社会发展有着重大影响。生产资料的采购（销售）关系始终是国家调控的重要方面。采购（销售）合同是采购（销售）关系的法律形式，它以采购（销售）这一客观经济关系作为设立的基础，直接反映采购（销售）的具体内容，同采购（销售）过程密切相连。

能力知识点 2 → 采购（销售）合同的内容及签订注意事项

一、采购（销售）合同的内容

采购（销售）合同是商务性的契约文件，其内容条款一般包括：买卖双方的名称、法人代表；联系方式，如电话、电子邮箱、传真等；采购（销售）货品的名称、型号和规格；采购（销售）的数量；价格和交货期；交付方式和交货地点；质量要求和验收方法，以及不合格品的处理。当另订有质量协议时，则在采购（销售）合同中应写明见"质量协议"。

二、采购（销售）合同签订注意事项

在签订采购（销售）合同时应注意以下几点。

1. 审查买卖双方的基本情况

在采购（销售）业务谈判正式开始之前，要审查对方的营业执照，了解其经营范围、资金、信用、经营情况，以及项目是否合法等。如果有担保人，也要调查担保人的真实身份。若出面签约的是对方公司的业务人员，要注意查看对方提交的法人开具的正式书面授权委托证明，以确保合同的合法性和有效性。特别应注意的是，在涉外商贸谈判中，要注意把子公司和母公司分开，若与子公司谈判，不仅要看母公司的资信情况，更要调查子公司的资信情况，因为母公司对子公司不承担连带责任。

2. 严格审核采购（销售）合同主要条款

当谈判双方就交易的主要条款达成一致以后，就进入合同签约阶段。谈判所涉及的货物数量、质量、货款支付方式以及履行期限、地点、方式等，都必须严密、清楚，否则会造成不可估量的经济损失。特别应注意以下几点。

（1）商品的质量标准应明确。签订合同时，双方应当在合同中明确约定采购（销售）产品的质量标准，以免因所交货物质量不符合标准而引起纠纷。

（2）交货地点应明确。签订合同时，要写明交货地点，保证货物能够及时签收，避免丢失货物，尤其是在跨国采购（销售）时应注意。

（3）收货时间应明确。为了避免所采购（销售）的产品因过期等原因失去原有的使用价值，在采购（销售）合同中应明确约定货物到交货地点后采购人的收货时间。

3. 合同必须明确双方应承担的义务和违约责任

采购（销售）合同双方应就违约事项约定解决方式以及法律责任，以此来维护自己的合法权益。例如约定在违反合同事项时支付违约金。

我国《民法典》规定，当事人可以约定一方违约时应当根据违约情况向对方支付一定数额的违约金，也可以约定因违约产生的损失赔偿额的计算方法。

约定的违约金低于造成的损失的，人民法院或者仲裁机构可以根据当事人的请求予以增加；约定的违约金过分高于造成的损失的，人民法院或者仲裁机构可以根据当事人的请求予以适当减少。

当事人就迟延履行约定违约金的，违约方支付违约金后，还应当履行债务。

当事人一方不履行合同义务或者履行合同义务不符合约定的，应当承担继续履行、采取补救措施或者赔偿损失等违约责任。

当事人一方明确表示或者以自己的行为表明不履行合同义务的，对方可以在履行期限届满前请求其承担违约责任。

模块二 ▶ 采购（销售）合同的订立与跟踪

能力知识点 1 ➙ 采购（销售）合同的订立步骤

采购（销售）合同的订立，是采购方和供应方双方当事人在平等自愿的基础上，就合同的主要条款经过协商取得一致意见，最终建立物品采购（销售）合同关系的法律行为。

一、拟订采购（销售）合同文本

1. 确定合同文本框架

不同的企业采购（销售）模式，其采购（销售）合同也相应地有所区别。采购（销售）人员应根据不同的采购（销售）模式需要，确定和编写适宜的采购（销售）合同文本框架。

2. 确定合同内容

在采购（销售）活动中，采购（销售）的内容不同，合同类型也不同，主要包括原材料采购（销售）合同、设备采购（销售）合同、技术采购（销售）合同以及服务采购（销售）合同等。一般来说，各类型合同的结构都大致相同。

二、审核采购（销售）合同

在签订采购（销售）合同之前，采购（销售）人员要审核每一项条款，看其是否表达了采购（销售）方的意图，是否包含了基本条款，是否包含了所有附加条款，最重要的是采购（销售）方应不应该签字等，具体审核条款见表3-1。

表3-1　采购（销售）合同审核条款

审核条款	具体内容
数量条款	交货数量、单位，交货的地点与时间等
品质条款	主要有技术规范、质量标准、规格、品牌等
价格条款	计量单位的价格金额、货币类型、交货地点、物品定价方式、价格风险、价格税赋等
支付条款	支付手段、支付方式、支付时间、支付地点等
装运条款	运输方式、时间、地点、通知等
包装条款	包装标识、商标，包装的尺寸和重量，包装材料、填充物，包装成本等
检验条款	质量、数量
保险条款	保险类别、保险金额，指明投保人等
不可抗力	不可抗力的含义、适用范围、法律后果、双方的权利义务等
仲裁条款	仲裁机构、适用的仲裁程序、裁决效力等

审核要点如下。

1. 采购（销售）商品信息

要求名称、规格、数量、单价、总价、交货日期及地点，须与请购单及决算单所列相符。

2. 付款办法

要求明确买卖双方约定的付款方式，如一次性付款、分期付款。

3. 延期罚款

在合同中应明确约定供应商（销售方）须配合企业生产进度，除因天灾及其他不可抗拒的原因，货物全部送达交验的日期；若逾期，供应商应赔偿企业的违约金数额。

4. 验收与保修

合同中应明确规定供应商物料送交企业后，须另立保修书，自验收日起保修一年（或几年）；在保修期间，如有因劣质物料而致损坏者，供应商应于多少天内无偿修复，否则企业另请第三方修理，其所有费用概由供应商负责偿付。

5. 保证责任

在合同中应约定供应商应找实力雄厚的企业担保供应商履行本合同所订明的一切规定，保证期间从物料运抵企业经验收至保修期满为止，保证人应负责赔偿企业因供应商违约所蒙受的损失。

6. 解约办法

在合同中应约定供应商不能保持供货进度或不能提供符合要求的产品时的解约办法，以保障企业的权益。

7. 其他附加条款

视采购（销售）商品的性质与需要而增列。

三、签订采购（销售）合同

采购（销售）人员将合同审核完毕之后，双方在没有异议的情况下，采购（销售）人员才可以在合同指定的位置签字并盖章。

签订采购（销售）合同要注意以下问题。

1. 明确签订采购（销售）合同的主体

签订采购（销售）合同的当事人必须是具有法律行为资格的自然人和法人。若是自然人，必须是公民，与未成年人或不具备完全行为能力的人所达成的合同无效。如果是法人，订立合同的能力和资格由法人章程确定。

2. 确定采购（销售）合同的有效性

合同的标的物和内容必须合法；合同当事人必须在自愿和真实的基础上达成协议。如果合同当事人在另一方的威逼利诱之下签订合同，这种合同无效或者可以撤销。

能力知识点 2 ▶ 采购（销售）合同的跟踪阶段

供需双方经过谈判制定了采购（销售）合同，但是合同制定完毕并不意味着采购（销售）方就可以万事大吉了，而应加强对合同执行过程的跟踪。

这个过程可分为以下三个阶段。

（1）合同执行前跟踪。

（2）合同执行过程跟踪。

（3）合同执行后跟踪。

模块三 ▶ 采购（销售）合同的争议及解决

采购（销售）合同的争议指买卖的一方认为另一方未能全部或部分履行合同规定的责任和义务引起的纠纷。发生争议后，就要进行索赔和理赔。

能力知识点 1 ▶ 索赔

一、索赔的含义及情况种类

1. 索赔的含义

索赔，就是受到损失的一方当事人向违约的一方当事人提出损害赔偿的要求。相对而言，违约的一方受理另一方的索赔要求，即称为理赔。

索赔和理赔是一个问题的两个方面，在受害方是索赔，在违约方是理赔。为了减少争议的产生，并在争议发生后能获得妥善的处理和解决，买卖双方通常都在签订合同时对违约后的索赔、免责事项等内容事先做出明确规定。

2. 索赔的情况种类

（1）买卖双方间的贸易索赔。当违反采购（销售）合同时，供方的责任一般有以下两个方面：一方面可能是货物的品种、规格、数量、质量和包装等不符合合同的规定，或未按合同规定日期交货，此时供方应偿付违约金、赔偿金；另一方面可能是货物错发到货地点或接货人，除按合同规定负责运到规定的到货地点或接货人外，并承担因此而多支付的运杂费；如果造成逾期交货，应偿付逾期交货违约金。

当违反采购（销售）合同时，需方的责任一般有以下三个方面：①中途退货，应偿付违约金、赔偿金；②未按合同规定日期付款或提货，应偿付违约金；③错填或临时变更到货地点，应承担由此多支出的费用。

（2）向承运人的运输索赔。

1）当违反货物运输合同时，承运方的责任一般有以下 5 个方面。

① 不按运输合同规定的时间和要求发运的，偿付托运方违约金。

② 货物错运到货地点或接货人，应无偿运至合同规定的到货地点或接货人。如果货物运到逾期，偿付逾期交货的违约金。

③ 运输过程中货物的丢失、短少、变质、污染、损坏，按其实际损失（包括包装费、运杂费）赔偿。

　　④ 联运的货物发生丢失、短少、变质、污染、损坏，应由承运方承担赔偿责任的，由终点阶段的承运方按照规定赔偿，再由终点阶段的承运方向负有责任的其他承运方追偿。

　　⑤ 在符合法律和合同规定条件下的运输，由于下列原因造成货物丢失、短少、变质、污染、损坏的，承运方不承担违约责任：不可抗力如地震、洪水、风暴等自然灾害；货物本身的自然性质；货物的合理损耗；托运方或收货方本身的过错。

　　2）违反货物运输合同时，托运方的责任一般有以下 3 个方面。

　　① 未按运输合同规定的时间和要求提供货物，偿付承运方违约金。

　　② 由于在普通货物中夹带、匿报危险货物，错报笨重货物重量等导致货物摔损、爆炸、腐蚀等事故，承担赔偿责任。

　　③ 罐车发运的货物，因未随车附带规格质量证明或化验报告，造成收货方无法卸货时，托运方须偿付承运方卸车等费用及违约金。

　　（3）向保险人的保险索赔。对于已经购买财产保险的，保险方应承担相应责任，应对保险事故造成的损失和费用，在保险金额的范围内承担赔偿责任。被保险方为了避免或减少保险责任范围内的损失而进行的施救、保护、整理、诉讼等所支出的合理费用，依据保险合同规定偿付。

二、索赔应注意的问题

1. 索赔的期限

　　索赔的期限是指争取索赔一方向违约一方提出索赔要求的期限。如果逾期提出索赔，对方可以不予理赔。

2. 索赔的依据

　　提出索赔时，必须出具因对方违约而造成已方损失的证据（保险索赔另外规定）。

3. 索赔额及赔偿办法

　　因为违约的情况较为复杂，当事人在订立合同时往往难以预计。当事人双方应根据合同规定和违约事实，本着平等互利和实事求是的精神，合理确定损害赔偿的金额或其他处理的办法，如退货、换货、补货、整修、延期付款、延期交货等。

　　国际贸易中发生索赔时，根据联合国国际货物销售合同规定：一方当事人违反合同应付的损害赔偿额，应与另一方当事人因其违反合同而遭受的包括利润在内的损失额相等；如果合同被宣告无效，而在宣告无效后一段合理时间内，买方已以合理方式购买替代货物，或者卖方已以合理方式把货物转卖，则要求损害赔偿的一方可以取得合同价格和替代货物交易价格之间的差额。

能力知识点 2 　仲裁

一、仲裁的含义

　　仲裁是指民（商）事争议的双方当事人达成协议，自愿将争议提交选定的第三者根据一定程序规则和公正原则做出裁决，并有义务履行裁决的一种法律制度。

　　经济合同的当事人双方发生争议时，如经过协商不能解决，当事人一方或双方自愿将有关争议提交给的第三方进行裁决，裁决的结果对双方都有约束力，双方必须遵照执行。

当采购方与销售方发生纠纷需要仲裁时，可按照一般的仲裁程序到相应的受理机构提出仲裁申请，仲裁机构受理后，经调查取证，先行调解；如调解不成，进行庭审，开庭裁决。

二、仲裁的受理机构

根据我国实际情况和有关的法律规定：凡是我国法人之间以及法人与自然人之间的经济合同纠纷案件，可以仲裁；凡是有涉外因素的经济纠纷或海事纠纷案件，即争议的一方或双方是外国法人或自然人的案件，以及中国商号、公司或其他经济组织间有关外贸合同和交易中所发生的争议案件，由民间性（非政府的）社会团体——中国国际贸易促进委员会附设的中国国际经济贸易仲裁委员会和中国海事仲裁委员会仲裁管辖。

1. 国内经济仲裁的受理机构

国内采购合同纠纷一般由采购合同履行地或者合同签订地的仲裁机关管辖，执行中有困难的，也可以由被诉方所在地的仲裁机关管辖或由合同履行地的仲裁机关管辖，便于查清发生纠纷的原因和事实，做出裁决之后的执行。

2. 涉外经济仲裁的受理机构

在我国的进出口业务所签订的采购合同中，仲裁受理地点主要有以下三种形式：在我国由中国国际经济贸易仲裁委员会仲裁；在被诉方所在国家仲裁；在双方同意的第三国进行仲裁。至于同我国有贸易协定的国家，仲裁地点应按照协定的规定办理。

外贸采购（销售）合同中不仅规定了仲裁地点，而且规定了仲裁机构及仲裁程序和仲裁费用等。国际商事仲裁机构分为常设机构和临时性机构。中国国际贸易促进委员会内设立的中国经济贸易仲裁委员会也属国际性的仲裁机构；另外，还有附设在特定行业内的专业性仲裁机构。

3. 仲裁的程序

第一步：提出仲裁申请。
第二步：立案受理。
第三步：调查取证。
第四步：先行调解。
第五步：开庭裁决。

模块四 ▶ 采购（销售）合同的变更与解除

能力知识点 1 ➡ **采购（销售）合同变更与解除相关规定**

一、采购（销售）合同的变更

采购（销售）合同变更须经当事人协商一致，未经对方同意而擅自变更合同的，对合同的另一方不发生法律约束力，而且可能构成违约。合同履行过程中，如需变更合同内容或解除合同，都必须依据《民法典》的有关规定执行。

所谓合同变更，从广义上理解，是指合同内容和主体发生变化；从狭义上理解，仅指合同内容的变更。《民法典》将合同主体的变更称为合同的转让，将合同的变更限于内容的变更。因此，《民法典》规定的合同变更是指在合同成立以后，尚未履行或尚未完全履行以前，当事人就合同内容达成修改或补充的协议。

《民法典》第五百一十条规定，合同生效后，当事人就质量、价款或者报酬、履行地点等内容没有约定或者约定不明确的，可以协议补充；不能达成补充协议的，按照合同相关条款或者交易习惯确定。

《民法典》第五百四十三条规定，当事人协商一致，可以变更合同。

《民法典》第五百四十四条规定，当事人对合同变更的内容约定不明确的，推定为未变更。

采购（销售）合同变更的内容可能涉及订购数量的增减、包装物标准的改变、交货时间和地点的变更等方面。采购（销售）方对合同内约定的订购数量不得少要或不要，否则要承担中途退货的责任。只有当供货方不能按期交付货物，或交付的货物存在严重质量问题而影响使用时，采购方才可以拒收货物，甚至解除合同关系。如果采购方要求变更到货地点或接货人，应在合同规定的交货期限届满前的事前约定天数之前通知供货方，以便供货方修改发运计划和组织运输工具。迟于上述规定期限，双方应当立即协商处理。如果已不可能变更或变更后会发生额外费用支出，其后果均应由采购方负责。

变更或解除合同的日期，以双方达成协议的日期为准；需报经上级主管部门批准的，以批准的日期为准。

二、采购（销售）合同的解除

合同解除是指合同关系成立以后，当具备合同解除条件时，因当事人一方或双方的意思表示而使合同关系自始消灭或向将来消灭的一种行为。

根据我国《民法典》的相关规定，合同解除主要分为协商一致解除、约定解除和法定解除。

1. 协商一致解除

协商一致解除合同的方式适用范围很广，理论上任何合同，只要双方当事人达成一致意见，就可以协商解除。

2. 约定解除

当事人在签订合同时可以约定好在发生了特定事由后，某一方当事人就享有合同解除权，这种合同解除的方式优势在于享有约定解除权的一方当事人日后行使单方解除权，不需要对方同意，但前提是当事人在签订合同时有比较强的预见能力。

《民法典》第五百六十二条规定，当事人协商一致，可以解除合同。当事人可以约定一方解除合同的事由。解除合同的事由发生时，解除权人可以解除合同。

3. 法定解除

当双方当事人无法就合同的解除达成一致意见，合同中也未约定单方解除权，法律就规定了几种特殊情形，在这几种特殊情形出现时，合同可以解除。

《民法典》第五百六十三条规定，有下列情形之一的，当事人可以解除合同：

（1）因不可抗力致使不能实现合同目的。

（2）在履行期限届满前，当事人一方明确表示或者以自己的行为表明不履行主要债务。

（3）当事人一方迟延履行主要债务，经催告后在合理期限内仍未履行。

（4）当事人一方迟延履行债务或者有其他违约行为致使不能实现合同目的。

（5）法律规定的其他情形。

能力知识点 2 ➡ **采购（销售）合同的效力问题**

一、《民法典》关于合同效力的规定

《民法典》第五百零二条规定，依法成立的合同，自成立时生效，但是法律另有规定或者当事人另有约定的除外。

依照法律、行政法规的规定，合同应当办理批准等手续的，依照其规定。未办理批准等手续影响合同生效的，不影响合同中履行报批等义务条款以及相关条款的效力。应当办理申请批准等手续的当事人未履行义务的，对方可以请求其承担违反该义务的责任。

依照法律、行政法规的规定，合同的变更、转让、解除等情形应当办理批准等手续的，适用前款规定。

《民法典》第五百零三条规定，无权代理人以被代理人的名义订立合同，被代理人已经开始履行合同义务或者接受相对人履行的，视为对合同的追认。

《民法典》第五百零四条规定，法人的法定代表人或者非法人组织的负责人超越权限订立的合同，除相对人知道或者应当知道其超越权限外，该代表行为有效，订立的合同对法人或者非法人组织发生效力。

《民法典》第五百零六条规定，合同中的下列免责条款无效：①造成对方人身损害的；②因故意或者重大过失造成对方财产损失的。

《民法典》第五百零七条规定，合同不生效、无效、被撤销或者终止的，不影响合同中有关解决争议方法的条款的效力。

二、合同效力关键问题

1. 合同正式签订后，口头变更是否有效力

合同双方当事人协商一致的，可以变更合同。如主合同约定变更应采取书面形式的，应遵循主合同约定采用书面的形式订立变更补充协议，如果未做出明确的变更形式约定，口头变更也是有效力的。

2. 合同加盖什么章才有效力

合同印章反映当事人的意思表示，通常当事人为企业法人的，使用企业公章或合同章

即可；当事人为自然人的，使用名章即可。如使用财务章等其他领域专用章订立合同，在能否客观体现订立合同时盖章方的真实意思表示这一点上容易产生争议。

3. 合同上只有法定代表人签字，没有公章，是否有效力

合同当事人在合同上签字或者盖章均是有效的，法律并未规定签字一定要配合盖章。如企业法定代表人签字但未加盖企业公章的合同，原则上也是有效的，但是存在效力瑕疵，法律风险较大。因为法定代表人是代表企业行使权利，订立合同，如没有加盖企业公章，则易被认为是个人行为而非企业的行为。

4. 合同当事人一栏的填写有哪些需要注意的地方

合同一方当事人是自然人的，尽量写明身份证号，以避免发生对自然人身份的争议；合同一方当事人是法人的，要写清企业的名称和法定代表人姓名。与企业法人签约的，不能只在合同当事人栏中填写法定代表人的名字，以免导致合同相对方不明确。

5. 是否只有书面的合同才有效力

合同可以采取书面形式、口头形式和其他形式。法律、行政法规规定采用书面形式的，应当采用书面形式，如房地产转让合同、长期的租赁合同、建筑工程合同等。当事人约定采用书面形式的，应当采用书面形式。

6. 合同中涂改的部分是否有效力

如单方对合同进行涂改，改变了原有合同约定的，则改变的部分无效，维持原合同约定内容。合同签订之后，任何一方想进行合同修改的，必须告知对方，经双方协商一致同意后，重新签订合同或在原合同相应条款处做修改或补充，并在修改之处加盖双方公章（按手印）；若只有口头答应但没有对合同做修改或者没有在任何一处有修改变动的地方盖章（按手印），视为无效，合同遵照原有内容继续生效。

学习实践活动

步骤一：组建小组，解读实践活动。

将班级学生分成若干小组，每组选出一名组长，由组长带领小组成员共同解读"情景导入"及"情景要求"。

步骤二：分工合作，完成实践活动。

小组成员进行分工，课堂上设计调查问卷或表格，课下通过电话、网络、走访或个人生活经历等了解采购（销售）合同的内容，并熟悉合同签订注意事项，分组整理，填入设计好的问卷或表格。

步骤三：共同分享，交流成果。

将以上收集的资料、设计的表格等内容做成PPT，每组选出一位发言人代表本组进行展示和分享，其他小组可以对其展示进行提问和质疑，发言人或者本组其他成员可以解释回答。

步骤四：教师总结，点评成果。

教师对各小组的展示情况进行总结点评，并完成"素养与能力测评表"（见表3-2）的填写。

素养与能力测评

表 3-2　素养与能力测评表

名称						
组别		组员			班级	
考核项目	评价标准		参考分值	考核得分		
				自评	其他组评（平均）	教师评价
基本素养（15分）	按时到岗，学习准备就绪		5			
	自觉遵守纪律，有责任心和荣誉感		5			
	积极主动，不怕困难，勇于探索		5			
职业素养（15分）	有较强的沟通能力和团队合作精神		10			
	能够熟知岗位职责，具备法律意识		5			
专业素养（30分）	熟悉采购（销售）合同的内容及签订注意事项		10			
	了解采购（销售）合同的订立、争议及解决		10			
	了解采购（销售）合同的变更与解除		10			
学习实践活动完成（40分）	按时正确完成学习实践活动		10			
	PPT内容完整、美观，表达清晰、流畅		10			
	能积极发现其他小组展示中的问题并大胆提出质疑		10			
	能正确回答其他组的提问		10			
小计			100			
合计（自评30%+互评30%+教师评40%）						

拓展提升

一、知识拓展

（一）《国际贸易术语解释通则》

《国际贸易术语解释通则》由国际商会制定，是国际贸易的基础性国际通行规则。其宗旨是为国际贸易中普遍使用的贸易术语提供一套解释规则，以避免对贸易术语的多种解释引起的误解，便于各国商人们使用。

为适应国际贸易实践发展的需要，国际商会先后于1953年、1967年、1976年、1980年、1990年、2000年、2010年、2020年进行过多次修订和补充。在国际商会成立100年之际，国际商会于法国巴黎正式向全球发布《国际贸易术语解释通则2020》，该规则于2020年1月1日正式生效，对容易产生纠纷的贸易术语做了详细的解释，具体规定了买卖双方的权利义务，从而减少潜在的法律纠纷。《国际贸易术语解释通则2020》在国际上得到了广泛的承认和采用，成为国际货物买卖中最重要的贸易惯例。

（二）《联合国国际货物销售合同公约》

《联合国国际货物销售合同公约》于1980年4月11日在维也纳签订，由联合国国际贸易法委员会主持制定，并于1988年1月1日生效，该公约分为四个部分：①适用范围和总则；②合同的订立；③货物销售，包括总则、卖方的义务、买方的义务、风险移转、卖方和买方义务的一般规定；④最后条款，规定了公约的批准、接受、核准和加入、保留、生效等。我国于1987年加入该公约。《联合国国际货物销售合同公约》是迄今为止关于国际货物买卖的最重要的国际公约，其确定的基本原则是：建立国际经济新秩序的原则、平等互利原则与兼顾不同社会、经济和法律制度的原则。这些基本原则是执行、解释和修订公约的依据，也是处理国际货物买卖关系和发展国际贸易关系的准绳。

（三）《鹿特丹规则》

2008年7月3日，联合国国际贸易法委员会在维也纳第41届大会上制订了《联合国全程或部分海上国际货物运输合同公约》草案，并经2008年12月11日联合国大会第63届大会第67次全体会议审议通过。2009年9月23日，该公约的签字仪式在荷兰鹿特丹举行，因此该公约又被称为《鹿特丹规则》，它创新了承运人责任制度，使海运的责任阶段延伸至国际多式联运的适用范围。

从内容上看，《鹿特丹规则》是当前国际海上货物运输规则之集大成者，不仅涉及包括海运在内的多式联运、在船货两方的权利义务之间寻求新的平衡点，而且还引入了如电子运输单据、批量合同、控制权等新的内容，此外还特别增设了管辖权和仲裁的内容。从条文数量上看，《鹿特丹规则》共有96条，实质性条文88条，被称为一部"教科书"式的国际公约。

二、技能提升

实训 拟定采购合同和销售合同

【实训内容描述】

让学生收集不同物流企业的采购合同和销售合同，分析总结采购合同和销售合同的区别，在全面把握采购合同和销售合同相关知识的基础上，学会拟定采购合同和销售合同。此实训内容一方面可以加深学生对所学知识的理解，另一方面可以培养学生搜集信息、总结归纳的能力。

【实训步骤】

步骤一：将班级学生分成若干小组，选出一名组长，由组长带领小组成员共同解读实训内容。

步骤二：小组成员分工、查找资料。课堂上设计调查项目，课下通过网络、调查等形式搜集物流企业采购合同和销售合同的相关资料，小组成员共同分析、汇总、讨论采购合同和销售合同的区别，并学会拟定采购合同和销售合同。

步骤三：将查找到的资料、总结得出的采购合同和销售合同的区别，做成 PPT、Word 文档或者卡片等形式，每组选出一位发言人代表本组进行展示、分享，其他小组可以进行提问和质疑，资料的搜集要能够充分体现学过的知识点。

步骤四：教师对各小组的展示情况进行总结点评。

【考核要求】

小组内部交流过程中，要求每位成员独立思考、积极参与。教师全程指导，观察每位小组成员在活动中的表现，及时给予帮助。各小组交流互评，教师点评，给予学生正面、积极的肯定，同时指出不足之处。

巩固提高

一、名词解释

1. 采购合同
2. 销售合同
3. 索赔
4. 仲裁

二、填空题

1. 采购（销售）合同是购销关系的法律形式，对于确立规范有效的_____、明确的权利义务关系、_____的合法权益具有重大意义。

2. _____是指争取索赔一方向违约一方提出索赔要求的期限。

三、单项选择题

1. 采购（销售）合同的订立，是采购方和供应方双方当事人在（　　　）的基础上，就合同的主要条款经过协商取得一致意见，最终建立物品采购（销售）合同关系的法律行为。

    A．平等自愿　　　　　B．平等　　　　　　C．自愿　　　　　　D．相互协商

2. 采购（销售）合同的争议指买卖的一方认为另一方未能全部或部分履行合同规定的（　　　）引起的纠纷。

    A．责任　　　　　　　B．义务　　　　　　C．权利　　　　　　D．责任和义务

四、多项选择题

1. 合同解除的方式包括（　　　　）。

    A．协商一致解除　　　　　　　　　　B．约定解除

    C．法定解除　　　　　　　　　　　　D．单方解除

2. 索赔一般有（　　　　）三种情况。

    A．买卖双方间的贸易索赔　　　　　　B．向承运人的运输索赔

    C．向保险人的保险索赔　　　　　　　D．向销售方的销售索赔

五、简答题

1. 简述采购（销售）合同的特征。
2. 简述采购（销售）合同的订立步骤。

六、案例分析题

案例一

甲企业与乙企业达成口头协议，由乙企业在半年之内供应甲企业50t钢材。3个月后，乙企业以原定钢材价格过低为由要求加价，并提出，如果甲企业表示同意，双方立即签订书面合同，否则，乙企业将不能按期供货。甲企业表示反对，并声称，如乙企业到期不履行协议，将向法院起诉。

问题：此案中，双方当事人达成的口头协议有无法律效力？为什么？

案例二

某煤业集团有限公司（以下简称甲方）与某机电公司（以下简称乙方）是矿山机电产品供需长期协作单位。2022年8月，甲乙双方签订了一份机电购销合同，约定由乙方向甲方供应20kW电机10台。合同未注明电机是直流电机还是交流电机，但根据价格和双方以往的交易，甲方购买的电机应是直流电机。甲方强调因技术改造急需，该批电机必须在20天内交付，为此双方约定逾期交货由乙方支付违约金6万元。合同签订后，乙方即四处寻找货源，至第19天时尚无着落。乙方经理王某为逃避支付违约金，便准备了20kW交流电机。在甲方开车提货时，乙方将10台20kW交流电机装车让甲方运走。因双方系长期合作单位，装车后甲方也未细看。在卸车开箱时，甲方发现乙方所供电机不是自己所需的直流电机，于是指责乙方以假充真，要求支付6万元违约金并交付10台直流电机。双方为此争执一月之久。此时乙方已购进20kW直流电机，遂给甲方换了电机，但拒不承认逾期交货，称原合同并未注明电机系直流或交流，致使发货人产生误解，其损失应由甲方自行承担。

问题：（1）乙方的行为违反了《民法典》的哪一项基本原则？
（2）甲乙双方的纠纷应如何解决？

知识链接　暗箱操作连续四次违规中标　安阳一物流公司被列入不良行为名单

安阳市鸿×物流有限公司（以下简称"鸿×公司"）于2018年1月18日参与的安阳市殷都区交通运输局"环卫车项目"依照程序被评定为中标人；2018年8月24日，参与的"16吨洗扫车采购项目"依照程序被评定为中标人；2019年1月22日在安阳县公共资源交易中心开标的"洗扫车及洒水车采购项目"依照程序再次被评定为中标人；2019年2月13日参与的"所需洗扫车、洒水车项目"依照程序又连续被评定为中标人。

但在"殷都区大气污染防治专项审计"过程中发现，四个批次采购招标均按照最低评标价确定中标人，中标人均为鸿×公司，中标总金额2026.88万元。除第二批次竞争性谈判采购的一台16吨洗扫车68.88万元外，第一、第三、第四批次采购的22台16t洗扫车，单台投标报价均为70万元不变；7台25t洒水车，单台投标报价均为50万元不变。四个批次采购的23台16t洗扫车、7台25t洒水车，均为同品牌型号、主要参数相同。

经调查，发现鸿×公司法人孙×锋与安阳市元×汽贸有限公司（以下简称"元×公司"）法人张×彦家庭住址同为濮阳市某小区，孙×锋2018年3月26日从元×公司退出前为元×公司股东和高级管理人员。在第二、三、四批次鸿×公司和元×公司均参与投标，第三、四批次分别进行了二次招标，招标文件内容不变，鸿×公司和元×公司两次投标报价均未变化；第四批次采购招标，招标文件内容不变，鸿×公司、元×公司和郑州天×贸易有限公司3家公司两次投标报价均未变化。

依据《中华人民共和国政府采购法》第三条"政府采购应当遵循公开透明原则、公平竞争原则、公正原则和诚实信用原则"、第七十七条第三款的规定，安阳市殷都区财政局对该公司处以采购金额千分之五的罚款，计 101 344 元（2 026.88 万元×5‰），并列入不良行为记录名单，一年内禁止参加政府采购活动。

单 元 评 估

单元课程评估表见表3-3。

表3-3　单元课程评估表

单元名称：		姓名：	班级：	日期：

1. 本单元我学到的知识：

2. 本单元我掌握的技能：

3. 教师讲授思路是否清晰？是否有没讲清楚的内容？如有，请列出：

4. 教师的教学方法对你的学习是否起到帮助作用？

5. 你是否有学习目标？是否制订了学习计划？

6. 为更有效地学习，你对本单元的教学有何建议？

教师评语：

学生签字：　　　　　　　　　　教师签字：

单元四

货物运输法律法规

学习目标

知识目标

→ 了解货物运输实务

→ 掌握货物运输合同的概念及法律特征

→ 明确物流企业在各种运输方式中应履行的义务、责任及相关法律问题

技能目标

→ 能够根据所学的货物运输相关法律知识，在未来工作中解决实际问题

素养目标

→ 培养和训练学生增强货物运输的法律法规观念、提高相关法律意识

情景导入

老张是一个服装经销商，在上海、济南、武汉、鞍山、大连分别开设了老张服装经销店。2023 年 6 月 2 日，他到广州进了一批服装，共 50 包，预计分别向这 5 个城市发货。为了节省费用，老张计划经上海港、大连港走水路和陆路结合的方式，将 30 包货物运往上海、大连和鞍山，再将 15 包货物由快递公司直接发往济南，然后租赁一辆汽车，自己开车将剩下的 5 包货物送往武汉。老张计划好以后，与广州九阳物流公司签订了联运合同，将 30 包货物运往上海、大连和鞍山；又与嘉铭快递公司签订了运输合同，将 15 包货物运往济南；最后他向维达运输公司租赁了一辆货车，装好 5 包货物直奔武汉。不久，老张的货物陆续到达了他的五个服装经销店，顺利完成了进货任务。

情景要求

结合以上案例，完成下列问题：

在这次进货过程中共涉及 6 种角色：托运人、承运人、收货人、出租人、承租人、多式联运经营人。你能分清他们吗？

以上问题的完成要求以小组为单位，使用 PPT 的形式进行成果展示，每小组上交一份。

模块一 ▶ 货物运输和运输合同

在物流系统的各个环节中，运输是非常关键的环节，它关系到物流占用多少时间，增加多少费用，决定着企业的经济效益，是物流企业的"第三利润源泉"。作为物流企业的工作人员，在货物运输中要认真负责，做好每一项工作，了解和掌握运输合同，认真执行合同，履行物流人员的责任。物流企业能否获得"第三利润源泉"，做好物流货物运输是关键，因此每一个物流工作人员都要尽到自己的义务和责任。

小知识

通过降低物料消耗而获取的利润，称为"第一利润源泉"。

通过节约劳动消耗而增加的利润，称为"第二利润源泉"。

通过降低物流费用而取得的利润，称为"第三利润源泉"。

能力知识点 1 ▶ 货物运输基础

一、货物运输的概念

货物运输是指物品借助运力在空间内所发生的位置移动。我国国家标准《物流术语》（GB/T 18354—2021）对运输的定义为："利用运载工具、设施设备及人力等运力资源，使货物在较大空间上产生位置移动的活动。"运输实现了物品空间位置的物理转移，实现了物流的空间效用。

二、几种常见的货物运输方式

几种常见的货物运输方式见表4-1。

表4-1 几种常见的货物运输方式

运输方式	概念	优点	缺点
公路货物运输	使用汽车和其他交通工具在公路上载运货物的一种运输方式，是物流运输的主要方式	运输速度较快，效率高，运输费用相对较低，机动灵活，可以满足用户的多种需求，适于近距离、中小量货物运输	运量小，长途运输成本高，对环境造成的污染严重
铁路货物运输	将火车车辆编组成列车在铁路上载运货物的运输方式	运行速度较快，运输能力大，很少受自然条件的限制，适宜各种货物的运输，运输的安全性和运输时间的准确性较高，远距离铁路运输的成本较低	受铁轨和站点的限制，受运行时刻、配车、编列、中途编组等因素的影响，不能适应用户的紧急需要，近距离运输的费用较高。铁路是我国物流的重要交通工具，常常被用来完成中长距离的大宗货物运输任务
水路货物运输	使用船舶及其他航运工具，在江河、湖泊、海洋上载运货物的一种运输方式	运载能力大，适合运输体积和重量较大的货物，运输成本相对较低	受自然条件的影响很大，运输时间较长，装卸和搬运费用较高等。通常用以运输运量大、运距长、对时间要求不太紧、运费负担能力较低的货物

55

（续）

运输方式	概念	优点	缺点
航空货物运输	在具有航空线路和航空港（飞机场）的条件下，利用飞机进行货物运输的一种运输方式	运输速度快、安全性和准确性很高、散包事故少、货物包装费用小	运输成本较高、飞机的运载能力有限、机场所在地以外的城市受到限制。适合运送量小、距离远、时间紧、运费负担能力相对较高的货物
管道运输	用管道作为运输工具的一种长距离输送液体和气体物资的运输方式，是一种专门由生产地向市场输送石油、煤炭和化学产品的运输方式，是统一运输网中干线运输的特殊组成部分	运量大，占地少，管道运输建设周期短、费用低，管道运输安全可靠、连续性强，管道运输耗能少、成本低、效益好	灵活性差，不容随便扩展管线。实现"门到门"的运输服务，对一般用户来说，管道运输常常要与铁路运输或汽车运输、水路运输配合才能完成全程输送。此外，当运输量明显不足时，运输成本会显著地增高

三、运输中的主体

1. 托运人

我国国家标准《物流术语》（GB/T 18354—2021）对托运人的定义为："本人或者委托他人以本人名义与承运人订立货物运输合同，并向承运人支付相应费用的一方当事人。"

2. 承运人

我国国家标准《物流术语》（GB/T 18354—2021）对承运人的定义为："本人或者委托他人以本人名义与托运人订立货物运输合同并承担运输责任的当事人。"

3. 收货人

我国国家标准《物流术语》（GB/T 18354—2021）对收货人的定义为："由托运人或发货人指定，依据有关凭证与承运人交接并收取货物的当事人或其代理人。"

4. 出租人

出租人是指因货物运输而与承租人订立租用交通运输工具合同的人，将运输工具出租给承租人使用。

5. 承租人

承租人是指与出租人订立租用合同的人，从出租人处租用运输工具。

6. 多式联运经营人

多式联运经营人是指与托运人订立多式联运合同的人，负责组织货物运输。

能力知识点 2 ▶ 货物运输合同基础

一、货物运输合同的概念及法律特征

1. 货物运输合同的概念

货物运输合同，又称货运合同，是指承运人将货物从起运地点运输到约定地点，托运人或者收货人支付运输费用的合同。

货物运输合同按照合同对象的不同，分为普通货物运输合同、特种货物运输合同和危险货物运输合同；按照运输工具的不同，分为铁路货物运输合同、公路货物运输合同、水路货物运输合同、航空货物运输合同、管道货物运输合同；按照运输方式的不同，分为单一货物运输合同和联合货物运输合同。

2. 货物运输合同的法律特征

货物运输合同具有以下法律特征。

（1）货物运输合同的标的是承运人的运送行为，而不是被运送的货物本身。货物运输合同属于提供劳务的合同，以货物交付给收货人为履行终点。

（2）货物运输合同是双务有偿合同。

（3）货物运输合同属于为第三人利益订立的合同。

（4）货物运输合同大多是诺成合同。

（5）货物运输合同可以采用留置的方式担保。

（6）货物运输合同大多是格式合同。

二、货物运输合同相关方的义务

1. 托运人的义务

（1）如实申报托运货物。

（2）办理托运有关手续，并支付运费。

（3）按照约定的方法包装货物。

（4）交付托运货物。

？想一想

货物运输中的货损责任和时效应如何界定？

温馨提示

托运人在托运易燃、易爆、有毒、有腐蚀性、有放射性等危险品时，应对危险物妥善包装，做出危险物标志和标签，并将其名称、性质和防范措施的书面材料提交承运人，按照有关危险物的运输规定办理。

托运人由于未按照合同约定提供托运货物或者未履行其他义务，从而造成承运人人身、运输工具或其他财产损害的，应承担赔偿责任。

2. 承运人的义务

（1）按照合同约定配备运输工具。

（2）按照合同约定提供最佳运输路线。

（3）运输途中妥善保管货物，保证货物安全抵达。

（4）按期将货物送达目的地。

（5）货物运到后，承运人及时通知收货人。

3. 收货人的义务

（1）收货人接到收货通知后，应及时提取货物。逾期提货，需支付保管费。

（2）收货人接收货物后，应及时检查货物情况。发现货物有毁损、灭失的，应在3日内通知承运人；对不能立即发现的毁损或者部分灭失，应在接受货物之日起15日内通知承运人。

三、物流企业在货物运输合同中的法律责任

物流企业在货物运输中可以作为物流服务合同的受托人，也可以作为交通运输工具租赁合同的承租人，还可以作为货物运输合同的托运人。但无论以什么样的身份出现，都要履行自己的义务，承担自己的责任。物流企业作为物流服务合同的受托人，要使用与物流需求方约定的运输方式运输货物，保证货物运输的安全，保证货物按时送达。

模块二 ▶ 公路货物运输法律法规

物流企业在组织货物运输时，常常要利用公路这种运输方式，既可以使用自有汽车，也可以租用他人汽车，还可以与汽车承运人签订汽车货物运输合同进行运输，无论采取哪种方式进行运输，都要受《民法典》《中华人民共和国道路运输条例》《道路货物运输及站场管理规定》《道路危险货物运输管理规定》《放射性物品道路运输管理规定》《机动车维修管理规定》《道路运输从业人员管理规定》《机动车驾驶员培训管理规定》《中华人民共和国道路交通安全法》等相关规定的约束。

能力知识点 1 ▶ 使用自有汽车进行运输

使用自有汽车进行运输，物流企业应履行的义务和责任如下。

（1）根据承运货物的需要，按货物的不同特性，提供技术状况良好、经济适用的车辆。运输特种货物的车辆和集装箱运输车辆，需配备符合运输要求的特殊装置或专用设备。

（2）根据货物的情况，合理安排运输车辆，货物装载重量以车辆额定吨位为限。轻泡货物以折算重量装载，不得超过车辆额定吨位和有关长、宽、高的装载规定。

（3）认真核对装车的货物名称、重量、件数是否与单据上记载相符，并检查包装是否完好。

（4）合理选择运输路线，缩短运输时间，降低运输成本，并将运输路线告知托运人。运输路线发生变化应通知托运人，以便其对运输进行监督。

（5）尽快运送，在合理的运输期限内将货物运达。

（6）保证运输安全，对产生的货损货差负责。

（7）在货物运抵前，应当及时通知收货人做好接货准备，及时将货物交给收货人。

能力知识点 2 ▶ 租用他人汽车进行运输

租用他人汽车进行运输时，物流企业作为承运人应承担的义务和责任与使用自有汽车进行运输、作为承运人应履行的义务和责任相同。而租用他人汽车进行运输时，物流企业作为承租人还应独自承担以下义务和责任。

（1）在接收汽车时，应对租用的汽车进行检查。确认汽车技术状况良好，并要核对行驶证、道路运输证等证件是否齐全、有效。行车中应随车携带上述有关证件。

（2）按照合同约定使用租用的汽车。租用的汽车只能在约定的地域或道路上载运约定种类的货物。如果物流企业以违背约定的方法使用租来的汽车，致使汽车受到损害时，出租人可以解除合同，并要求物流企业赔偿损失。

（3）妥善保管租用的汽车。如果因保管不善致使汽车受到损害，物流企业要承担赔偿责任。

（4）按照合同约定承担燃料的费用。

（5）按照约定支付租金。在合理期限内仍不支付的，出租人可以解除合同。

（6）未经出租人同意，不得将租用的汽车转租给他人。否则，出租人可以解除合同。

（7）租用期限届满后，返还所租用的汽车。若逾期不及时返还，要承担违约责任。

能力知识点 3 → 与汽车承运人签订汽车货物运输合同进行运输

在实际操作中，很多物流企业直接向汽车承运人托运货物，把货物运输交给专业的汽车承运人来完成，并作为托运人或托运人的代理人与之签订汽车货物运输合同。此时，物流企业作为托运人或托运人的代理人，托运货物的专业汽车公司作为承运人，它们各自的责任是不同的。

1. 物流企业应承担的义务和责任

（1）托运货物的名称、性质、件数、质量、体积、包装方式等，应与运单记载的内容相符。

（2）按照国家有关部门的规定需办理准运或审批、检验等手续的货物，托运时应将准运证或审批文件提交承运人，并随货物同行。如果委托承运人向收货人代递有关文件，应在运单中注明文件名称和份数。

（3）在托运的货物中，不得夹带危险货物、贵重货物、鲜活货物和其他易腐货物、易污染货物、货币、有价证券以及政府禁止或限制运输的货物。

（4）托运货物应按约定的方式进行包装。没有约定或者约定不明确的，可以协议补充；不能达成补充协议的，按照通用的方式包装；没有通用方式的，应在足以保证运输、搬运、装卸作业安全和货物完好的原则下进行包装。依法应当执行特殊包装标准的，按照规定执行。

（5）应根据货物性质和运输要求，按照国家规定正确使用运输标志和包装储运图示标志。

（6）托运特种货物（如冷藏货物、鲜活货物等）时，应按要求在运单中注明运输条件和特约事项。

（7）货物包含需要照料的生物、植物、尖端精密产品、稀有珍贵物品、文物、军械弹药、有价证券、重要票证和货币时，必须派人押运。并且，应在运单上注明押运人员姓名及必要的情况。押运人员必须遵守运输和安全规定，并在运输过程中负责货物的照料、保管和交接；如发现货物出现异常情况，应及时做出处理，并告知车辆驾驶人。

想一想

作为物流企业运输押运员，在运输中要承担哪些责任？

（8）托运人应该按照合同的约定支付运费。

2. 汽车承运人应承担的义务和责任

（1）承运人应根据货物的需要和特性，提供适宜的车辆。要求提供的车辆应当技术状况良好、经济适用；对特种货物运输的，还应为特种货物提供配备了符合运输要求的特殊装置或专用设备的车辆。

（2）承运人应按运送货物的情况，合理安排运输车辆。货物装载重量以车辆额定吨位为限，轻泡货物以折算重量装载，不得超过车辆额定吨位和有关长、宽、高的装载规定。

（3）按照约定的运输路线进行运输。如果在起运前要改变运输路线，承运人应将此情况通知托运人，并按最终的路线运输。

（4）在约定的运输期限内将货物运达。零担货物应按批准的班期时限运达，快件货物应按规定的期限运达。

（5）对货物的运输安全负责，保证货物在运输过程中不受损害。

能力知识点 4 ▶ 物流企业违约时应承担的责任

1. 作为托运人的物流企业违约时应承担的责任

（1）托运人未按合同规定的时间和要求备好货物以及货物运达后无人收货或拒绝收货，使得承运人车辆放空、延滞或造成其他损失的，托运人应负赔偿责任。

（2）由于托运人的过错，造成承运人、站场经营人、搬运装卸经营人的车辆、机械、设备等损坏、污染或人身伤亡，以及因此而引起的第三方的损失，托运人应负赔偿责任。具体过错有：①托运的货物中故意夹带危险货物或其他易腐蚀、易污染货物及禁、限运货物等。②错报、匿报货物的重量、规格、性质。③货物包装不符合标准，包装、容器不良，而从外部无法发现。④错用包装、储运图示标志。

（3）托运人不如实填写运单，错报、误填货物名称或装卸地点，造成承运人错送、装货落空以及由此而引起的其他损失，应负赔偿责任。

2. 作为承运人的物流企业违约时应承担的责任

（1）如果承运人未按运输期限将货物运达，应当承担违约责任；因承运人责任将货物错送或错交，可以要求其将货物无偿运到指定的地点交给指定的收货人。运输期限是由双方共同约定的货物起运、到达目的地的具体时间。未约定运输期限的，从起运日起，按200千米为1日运距，用运输里程除以每日运距，计算运输期限。

（2）如果承运人未遵守双方商定的运输条件或特约事项，由此造成托运人的损失，可要求其负赔偿责任。

（3）货物在承运责任期间内，发生毁损或灭失，承运人应当负赔偿责任。承运责任期间是承运人自接受货物起至将货物交付收货人止，货物处于承运人掌管之下的全部时间。托运人还可以与承运人就货物在装车前和卸车后对责任的承担另外达成协议。

由于下列原因造成货物损失的，承运人举证后可不负赔偿责任（即免责事项）。

（1）不可抗力。

（2）货物本身的自然性质变化或者合理损耗。

（3）包装的内在缺陷造成货物受损。

（4）包装体外表面完好，而内装货物毁损或灭失。

（5）托运人违反国家有关法令，致使货物被有关部门查扣、弃置或作其他处理。

> **? 想一想**
> 当物流企业与汽车承运人签订汽车货物运输合同后，物流企业违约时应负什么责任？

（6）由于押运人员的责任造成货物毁损或灭失。

（7）由于托运人或收货人过错造成货物毁损或灭失。

模块三 ▶ 铁路货物运输法律法规

物流企业在组织货物运输时，常常要利用铁路这种运输方式，与铁路运输企业订立货物运输合同，委托铁路运输企业进行运输。物流企业作为托运人和铁路运输企业作为承运人各自的责任和义务是不同的。

在我国，铁路货物运输要遵守《铁路法》《民法典》等相关法律法规，相关的国际公约有《国际铁路货物联运协定》《国际铁路货物运输公约》。

能力知识点 1 ▶ 物流企业作为托运人应承担的义务和责任

物流企业作为托运人，应承担的义务和责任如下。

（1）按照合同约定向铁路承运人提供运输的货物。

（2）如实申报货物的品名、重量和性质。

（3）对货物进行包装，以适应运输安全的需要。对于包装不良的，铁路承运人有权要求托运人加以改善。如果拒不改善，或者改善后仍不符合运输包装要求，承运人有权拒绝承运。

（4）托运零担货物应在每一件货物两端各粘贴或钉固一个用坚韧材料制作的清晰明显的标记（货签），还应该根据货物的性质，按照国家标准，在货物包装上做好储运图示标志。

（5）要按照规定支付运费。双方可以约定由托运人在货物发运前支付运费，也可以约定在到站后由收货人支付运费。但铁路运费通常都是由托运人在发运站承运货物当日支付。如果托运人不支付运费，铁路承运人可以不予承运。

能力知识点 2 ▶ 铁路运输企业作为承运人应承担的义务和责任

铁路运输企业作为承运人，应承担的义务和责任如下。

1. 及时运送货物

铁路承运人应当按照铁路运输的要求，及时组织调度车辆，做到列车正点到达，并且承运人应当按照合同约定的期限或者国务院铁路主管部门规定的期限将货物运到目的站。

2. 保证货物运输的安全，对承运的货物妥善处理

铁路承运人对于承运的容易腐烂的货物和活物，应当按照国务院铁路主管部门的规定和合同的约定，采取有效的保护措施。

3. 及时交付货物

货物运抵到站后及时通知收货人领取货物，并将货物交付收货人。

能力知识点3 → 铁路运输中物流企业和铁路运输企业违约应承担的责任

1. 作为托运人的物流企业违约时应承担的责任

（1）由于物流企业错报或匿报货物的品名、重量、数量、性质而导致承运人的财产损失的，要承担赔偿责任。

（2）由于物流企业对货物的真实情况申报不实，而使承运人少收取了运费，要补齐运费，并按规定另行支付一定的费用。

（3）承担由于从外表无法发现货物包装上的缺陷，或者由于未按规定标明储运图示标志而造成的损失。

（4）在物流企业负责装车的情况下，加固材料不合格或违反装载规定，在交接时无法发现的，由此造成的损失由物流企业承担。

（5）由于押运人的过错而造成的损失，由作为托运人的物流企业承担责任。

> **想一想**
> 当物流企业与铁路运输企业签订铁路货物运输合同后，物流企业违约时应负什么责任？

资料卡

我国与俄罗斯、蒙古、朝鲜、越南等邻国的通商货物，相当大一部分是通过国际铁路运输的。由于我国是《国际铁路货物联运协定》的缔约国，在办理国际铁路货物运输时要遵守该公约的规定。由于跨越国境的原因，物流企业经常作为托运人与铁路承运人签订货物运输合同，由后者去完成运输。

2. 作为承运人的铁路运输企业违约时应承担的责任

（1）货损责任。铁路运输企业应当对承运的货物自接受承运时起到交付时止发生灭失、短少、变质、污染或者损坏，承担赔偿责任。如果物流企业办理了保价运输，按照实际损失赔偿，但最高不超过保价额；如果未办理保价运输，按照实际损失赔偿，但最高不得超过国务院铁路主管部门规定的赔偿限额；如果损失是由于铁路运输企业的故意或者重大过失造成的，则不适用赔偿限额的规定，而是按照实际损失赔偿。

（2）迟延交付的责任。铁路运输企业应当按照合同约定的期限或者国务院铁路主管部门规定的期限，将货物运到目的站；逾期运到的，铁路运输企业应当支付违约金。违约金的计算以运费为基础，按比例退还。对于超限货物、限速运行的货物、免费运输的货物以及货物全部灭失的情况，承运人不支付违约金。如果迟延交付货物造成收货人或托运人的经济损失，承运人应当赔偿所造成的经济损失。承运人逾期30日仍未将货物交付收货人的，托运人、收货人有权按货物灭失向承运人要求赔偿。

由于下列原因造成货物损失的，铁路运输企业举证后可不负赔偿责任（即免责事项）。

（1）不可抗力。

（2）货物本身的自然属性，或者合理损耗。

（3）托运人或者收货人的过错。

模块四 ▶ 水路货物运输法律法规

物流企业在组织货物运输时，也经常采用水路运输，水路运输是一种重要的运输方式。通常情况下，物流企业与水路承运人签订运输合同进行运输。物流企业作为托运人和水路承运人各自的责任和义务是不同的。我国有关水路货物运输的法律法规包括《民法典》《海商法》等。

能力知识点 1 ▶ 物流企业作为托运人的义务和责任

物流企业作为托运人的义务和责任如下。

（1）及时向港口、海关、检疫、检验和其他主管机关办理货物运输所需的各项手续，并将已办理各项手续的单证送交承运人。

（2）所托运货物的名称、件数、重量、体积、包装方式、识别标志，应当与运输合同的约定相符。

（3）妥善包装货物，保证货物的包装符合国家规定的包装标准；没有包装标准的，货物的包装应当保证运输安全和货物质量。需要随附备用包装的货物，应当提供足够数量的备用包装，交给承运人随货免费运输。

（4）在货物的外包装或者表面上正确制作识别标志和储运指示标志。识别标志和储运指示标志应当字迹清楚、牢固。

（5）除另有约定外，应当预付运费。

（6）当托运危险货物时，应当按照有关危险货物运输的规定，妥善包装，制作危险品标志和标签，并将其正式名称和危险性质以及必要时应当采取的预防措施书面通知承运人。未通知承运人或者通知有误的，承运人可以在任何时间、任何地点根据情况需要将危险货物卸下、销毁或者使之不能为害，而不承担赔偿责任。承运人知道危险货物的性质并已同意装运的，仍然可以在该项货物对船舶、人员或者其他货物构成实际危险时，将货物卸下、销毁或者使之不能为害，而不承担赔偿责任。但是，这不影响共同海损的分摊。

（7）除另有约定外，在运输过程中需要饲养、照料的活动物、植物，以及尖端保密物品、稀有珍贵物品和文物、有价证券、货币等，托运人需要申报并随船押运，并在运单内注明押运人员的姓名和证件。但是，押运其他货物须经承运人同意。

（8）负责笨重、长大货物和舱面货物所需要的特殊加固、捆扎、烧焊、衬垫、苫盖物料和人工，卸船时要拆除和收回相关物料；需要改变船上装置的，货物卸船后应当负责恢复原状。

（9）托运易腐货物和活动物、植物时，应当与承运人约定运到期限和运输要求；使用冷藏船（舱）装运易腐货物的，应当在订立运输合同时确定冷藏温度。

（10）托运木（竹）排应当按照与承运人约定的数量、规格和技术要求进行编扎。在船舶或者其他水上浮物上加载货物，应当经承运人同意，并支付运输费用。在航行中，木（竹）排、船舶或者其他水上浮物上的人员（包括船员、排工及押运人员）应当听从承运人的指挥，配合承运人保证航行安全。

（11）承担由于下列原因发生的洗舱费用。

1）提出变更合同约定的液体货物品种。

2）装运特殊液体货物（如航空汽油、煤油、变压器油、植物油等）需要的特殊洗舱。

3）装运特殊污秽油类（如煤焦油等）卸后需要的洗刷船舱。在承运人已履行船舶运货义务的情况下，因货物的性质或者携带虫害等情况，需要对船舱或者货物进行检疫、洗刷、熏蒸、消毒的，应当由托运人或者收货人负责，并承担船舶滞期费等有关费用。

能力知识点 2 ▶ 水路承运人的义务和责任

水路承运人的义务和责任如下。

（1）使船舶处于适航状态，妥善配备船员、装备船舶和配备供应品，并使干货舱、冷藏舱、冷气舱和其他载货处所适于并能安全收受、载运和保管货物。

（2）按照运输合同的约定接收货物。

（3）妥善地装载、搬移、积载、运输、保管、照料和卸载所运货物。

（4）按照约定、习惯或者地理上的航线将货物运送到约定的目的港。承运人为救助或者企图救助人命或者财产而发生的绕航或者其他合理绕航，不属于违反上述规定的行为。

（5）在约定期间或者在没有这种约定时在合理期间内将货物安全运送到指定地点。

（6）在货物运抵目的港后，向收货人发出到货通知，并将货物交给指定的收货人。

能力知识点 3 ▶ 作为托运人的物流企业和水路承运人违约时应承担的责任

1. 作为托运人的物流企业违约时应承担的责任

（1）未按合同约定提供货物，应承担违约责任。

（2）因办理各项手续和有关单证不及时、不完备或者不正确，造成承运人损失的，应当承担赔偿责任。

（3）因托运货物的名称、件数、重量、体积、包装方式、识别标志与运输合同的约定不相符，造成承运人损失的，应当承担赔偿责任。

（4）因未按约定托运危险货物给承运人造成损失的，应当承担赔偿责任。物流企业因不可抗力不能履行合同的，根据不可抗力的影响，部分或者全部免除责任。迟延履行后发生不可抗力的，不能免除责任。

> **想一想**
>
> 当物流企业与水路承运人签订运输合同后，物流企业违约时应负什么责任？

2. 水路承运人违约时应承担的责任

承运人对运输合同履行过程中货物的损坏、灭失或者迟延交付承担损害赔偿责任。如果物流企业在托运货物时办理了保价运输，货物发生损坏、灭失，承运人应当按照货物的声明价值进行赔偿。但是，如果承运人证明货物的实际价值低于声明价值，则按照货物的实际价值赔偿。货物未能在约定或者合理期间内在约定地点交付的，为迟延交付。对由此造成的损失，承运人应当承担赔偿责任。承运人未能在上述期间届满的次日起 60 日内交付货物，可以认定货物已经灭失，承运人应承担损害赔偿责任。

如果有下列情况之一，承运人举证后可不负赔偿责任（即免责事项）。

（1）不可抗力。

（2）货物的自然属性和潜在缺陷。

（3）货物的自然减量和合理损耗。

（4）包装不符合要求。

（5）包装完好，但货物与运单记载内容不符。

（6）识别标志、储运指示标志不符合规定。

（7）托运人申报的货物重量不准确。

（8）托运人押运过程中的过错。

（9）普通货物中夹带危险、流质、易腐货物。

（10）托运人、收货人的其他过错。

船舶理货员的一天

货物在运输过程中因不可抗力灭失，未收取运费的，承运人不得要求支付运费；已收取运费的，物流企业可以要求返还。货物在运输过程中因不可抗力部分灭失的，承运人按照实际交付的货物比例收取运费。

模块五 ▶ 航空货物运输法律法规

对物流企业来说，航空运输也是一种重要的运输方式。在实践中，物流企业大多通过与航空公司签订包机合同或航空货物运输合同来完成货物运输。在我国，航空货物运输要受《中华人民共和国民用航空法》和《民法典》的约束。

能力知识点 1 ➡ 签订包机合同进行运输

1. 物流企业作为包机人应承担的义务和责任

（1）提供包机合同中约定的货物，并对货物进行妥善包装。

（2）按照约定支付费用。

2. 航空公司作为出租人应承担的义务和责任

（1）按照合同约定提供适宜货物运输的飞机或舱位。

（2）按照合同约定的期限将货物运到目的地。

（3）保证货物运输的安全。

能力知识点 2 ➡ 签订航空货物运输合同进行运输

1. 物流企业作为托运人应承担的义务和责任

（1）应当按照航空货物运输合同的约定提供货物。

（2）应对货物按照国家主管部门规定的包装标准进行包装。如果没有上述包装标准，则应按照货物的性质和承载飞机的条件，根据保证运输安全的原则，对货物进行包装。如果不符合上述包装要求，承运人有权拒绝承运。托运人必须在托运的货件上标明出发站、到达站以及托运人、收货人的单位、姓名和地址，并按照国家规定标明包装储运指示标志。

（3）要及时支付运费。除非托运人与承运人有不同的约定，运费应当在承运人开具航空货运单时一次付清。

（4）如实申报货物的品名、重量和数量。

（5）要遵守国家有关货运安全的规定。妥善托运危险货物，并按国家关于危险货物的规定对其进行包装。不得以普通货物的名义托运危险货物，也不得在普通货物中夹带危险品。

（6）应当提供必需的资料和文件，以便在货物交付收货人前完成法律、行政法规规定的有关手续。

2. 航空公司作为承运人应承担的义务和责任

（1）按照航空货运单上填明的地点，在约定的期限内将货物运抵目的地。

（2）按照合理或经济的原则选择运输路线，避免货物的迂回运输。

（3）对承运的货物应当精心组织装卸作业。轻拿轻放，严格按照货物包装上的储运指示标志作业，防止货物损坏。

（4）保证货物运输安全。

（5）按货运单向收货人交付货物。

能力知识点 3 ▶ 物流企业和航空部门违约时应承担的责任

1. 作为托运人的物流企业违约时应承担的责任

（1）因在托运货物内夹带、匿报危险物品，错报笨重货物重量或违反包装标准和规定而造成承运人或第三人的损失，须承担赔偿责任。

（2）因没有提供必需的资料、文件，或者提供的资料、文件不充足或者不符合规定而造成的损失。除由于承运人或者其受雇人、代理人的过错造成的外，应当对承运人承担责任。

> **? 想一想**
> 当物流企业与航空承运人签订运输合同后，物流企业违约时应负什么责任？

（3）未按时缴纳运输费用的，应承担违约责任。

2. 作为承运人的航空部门违约时应承担的责任

（1）因发生在航空运输期间的事件，造成货物毁灭、遗失或者损坏的，承运人应当承担责任。

（2）在货物运输中，经承运人证明，损失是由索赔人或者代行权利人的过错造成或者促成的，应当根据造成或者促成此种损失的过错程度，相应免除或者减轻承运人的责任。

（3）货物在航空运输中因延误造成的损失，承运人应当承担责任；但是，承运人证明本人或者其受雇人、代理人为了避免损失的发生，已经采取一切必要措施或者不可能采取任何措施的，不承担责任。

在国际航空货物运输方面，我国加入了《统一国际航空运输某些规则的公约》（通称《华沙公约》）及《海牙议定书》。《中华人民共和国民用航空法》中对国际航空货物运输的部分事项也做出了特别规定。《中国民用航空货物国际运输规则》专门对国际航空货物运输中的相关问题做出了特殊规定。

3. 免责事项

如果货物的毁灭、遗失或者损坏完全是由于下列情况之一造成的，承运人举证后可不负赔偿责任。

（1）货物本身的自然属性、质量或者缺陷。

（2）承运人或者其受雇人、代理人以外的人负责包装货物，货物包装不良的。

（3）战争或者武装冲突。

（4）政府有关部门实施的与货物入境、出境或者过境有关的行为。

模块六 ▶ 多式联运及危险品运输法律法规

《物流术语》（GB/T18354—2021）对多式联运的定义是：货物由一种运载单元装载，通过两种或两种以上运输方式连续运输，并进行相关运输物流辅助作业的运输活动。

多式联运是把两种或两种以上的运输方式结合起来，实行多环节、多区段相互衔接的一种接力式运输方式，是一种综合的运输方式。对物流企业来说，选择多式联运的方式来运送货物可以缩短运输时间，保证货运质量，节省运输费用，实现真正的运输合理化。我国的《海商法》和《民法典》对多式联运的相关事项做了规定。

📁 资料卡

在国际货物多式联运领域内，较有影响的国际公约主要有三个：1980年《联合国国际货物多式联运公约》、1973年《联合运输单证统一规则》、1991年《多式联运单证规则》。但是，第一个公约至今尚未生效，后两个是民间规则，而非强制性的公约，仅供当事人选择适用。

能力知识点 1 ▸ 物流企业应承担的义务和责任

一、物流企业作为托运人应承担的义务和责任

（1）按照合同约定的货物种类、数量、时间、地点提供货物，并交付给多式联运经营人。

（2）认真填写多式联运单据的基本内容，并对其正确性负责。

（3）按照货物运输的要求妥善包装货物。

（4）按照约定支付各种运输费用。

二、物流企业作为多式联运经营人应承担的义务和责任

（1）及时提供适合装载货物的运输工具。

（2）按照规定的运达期间，及时将货物运至目的地。

（3）在货物运输的责任期间内安全运输。

（4）在托运人或收货人按约定缴付了各项费用后，向收货人交付货物。

（5）对全程运输承担责任。

能力知识点2 ▶ 危险品运输法律法规

一、危险品的含义

危险品是指能够危及人身安全和财产安全的物品，即由于其化学、物理或者毒性特性使其在生产、储存、装卸、运输过程中，容易导致火灾、爆炸或者中毒危险，可能引起人身伤亡、财产损害的物品。

二、危险品种类

危险品主要包括三大类。

（1）易燃易爆物品。

（2）危险化学品。

（3）放射性物品。

三、危险品管理

1．归口管理

各类危险品管理必须以国家有关法律法规为准，由相关部门归口管理。危险品的采购、提运、保管必须严格遵照公安部门和交通运输部门的有关规定办理。

2．危险品的保管

危险品必须建立严格的"收支库存账目"。购入的危险品，必须有两人按规定认真进行检验，合格后方可入库。危险品存放，集中专用仓库和保险柜中分级、分类、定位保管，严加保卫，注意存放安全。由生产管理部和安全保卫部负责。

3．防止事故

涉及危险品生产、经营、运输、储藏、使用的企业，要认真做好防护工作，确保国家财产和人身安全。如发生事故，应立即采取有效措施进行处理，并报相关部门。

四、危险品运输相关规定

1．《危险货物道路运输安全管理办法》关于危险货物承运的规定

（1）危险货物承运人应当按照交通运输主管部门许可的经营范围承运危险货物。

（2）危险货物承运人应当使用安全技术条件符合国家标准要求且与承运危险货物性质、重量相匹配的车辆、设备进行运输。

危险货物承运人使用常压液体危险货物罐式车辆运输危险货物的，应当在罐式车辆罐体的适装介质列表范围内承运；使用移动式压力容器运输危险货物的，应当按照移动式压力容器使用登记证上限定的介质承运。

危险货物承运人应当按照运输车辆的核定载质量装载危险货物，不得超载。

（3）危险货物承运人在运输前，应当对运输车辆、罐式车辆罐体、可移动罐柜、罐式集装箱及相关设备的技术状况，以及卫星定位装置进行检查并做好记录，对驾驶人、押运人员进行运输安全告知。

2. 《危险化学品安全管理条例》关于危险化学品运输的规定

（1）从事危险化学品道路运输、水路运输的，应当分别依照有关道路运输、水路运输的法律、行政法规的规定，取得危险货物道路运输许可、危险货物水路运输许可，并向工商行政管理部门办理登记手续。

危险化学品道路运输企业、水路运输企业应当配备专职安全管理人员。

（2）运输危险化学品，应当根据危险化学品的危险特性采取相应的安全防护措施，并配备必要的防护用品和应急救援器材。

（3）通过道路运输危险化学品的，应当按照运输车辆的核定载质量装载危险化学品，不得超载。

危险化学品运输车辆应当符合国家标准要求的安全技术条件，并按照国家有关规定定期进行安全技术检验。

危险化学品运输车辆应当悬挂或者喷涂符合国家标准要求的警示标志。

（4）通过道路运输危险化学品的，应当配备押运人员，并保证所运输的危险化学品处于押运人员的监控之下。

运输危险化学品途中因住宿或者发生影响正常运输的情况，需要较长时间停车的，驾驶人员、押运人员应当采取相应的安全防范措施；运输剧毒化学品或者易制爆危险化学品的，还应当向当地公安机关报告。

3. 申请从事道路危险货物运输经营应当具备的条件

申请从事道路危险货物运输经营应当具备的条件见表4-2。

表4-2　申请从事道路危险货物运输经营应当具备的条件

序号	项目	具体内容
1	有符合要求的专用车辆及设备	①自有专用车辆（挂车除外）5辆以上；运输剧毒化学品、爆炸品的，自有专用车辆（挂车除外）10辆以上 ②专用车辆的技术要求应当符合《道路运输车辆技术管理规定》有关规定 A. 车辆的外廓尺寸、轴荷和最大允许总质量应当符合《汽车、挂车及汽车列车外廓尺寸、轴荷及质量限值》（GB 1589）的要求 B. 车辆的技术性能应当符合《机动车安全技术检验项目和方法》（GB 38900）以及依法制定的保障营运车辆安全生产的国家标准或者行业标准的要求 C. 车型的燃料消耗量限值应当符合依法制定的关于营运车辆燃料消耗限值标准的要求 ③配备有效的通信工具 ④车辆应当安装具有行驶记录功能的卫星定位装置 ⑤运输剧毒化学品、爆炸品、易制爆危险化学品的，应当配备罐式、厢式专用车辆或者压力容器等专用容器

（续）

序号	项目	具体内容
1	有符合要求的专用车辆及设备	⑥罐式专用车辆的罐体应当经质量检验部门检验合格，且罐体载货后总质量与专用车辆核定载质量相匹配。运输爆炸品、强腐蚀性危险货物的罐式专用车辆的罐体容积不得超过 20 立方米，运输剧毒化学品的罐式专用车辆的罐体容积不得超过 10 立方米，但符合国家有关标准的罐式集装箱除外 ⑦运输剧毒化学品、爆炸品、强腐蚀性危险货物的非罐式专用车辆，核定载质量不得超过 10 吨，但符合国家有关标准的集装箱运输专用车辆除外 ⑧配备与运输的危险货物性质相适应的安全防护、环境保护和消防设施设备
2	有符合要求的停车场地	①自有或者租借期限为 3 年以上，且与经营范围、规模相适应的停车场地，停车场地应当位于企业注册地市级行政区域内 ②运输剧毒化学品、爆炸品专用车辆以及罐式专用车辆，数量为 20 辆（含）以下的，停车场地面积不低于车辆正投影面积的 1.5 倍，数量为 20 辆以上的，超过部分，每辆车的停车场地面积不低于车辆正投影面积；运输其他危险货物的，专用车辆数量为 10 辆（含）以下的，停车场地面积不低于车辆正投影面积的 1.5 倍；数量为 10 辆以上的，超过部分，每辆车的停车场地面积不低于车辆正投影面积 ③停车场地应当封闭并设立明显标志，不得妨碍居民生活和威胁公共安全
3	有符合要求的从业人员和安全管理人员	①专用车辆的驾驶人员取得相应机动车驾驶证，年龄不超过 60 周岁 ②从事道路危险货物运输的驾驶人员、装卸管理人员、押运人员应当经所在地设区的市级人民政府交通运输主管部门考试合格，并取得相应的从业资格证；从事剧毒化学品、爆炸品道路运输的驾驶人员、装卸管理人员、押运人员，应当经考试合格，取得注明为"剧毒化学品运输"或者"爆炸品运输"类别的从业资格证 ③企业应当配备专职安全管理人员

4. 有健全的安全生产管理制度

①企业主要负责人、安全管理部门负责人、专职安全管理人员安全生产责任制度

②从业人员安全生产责任制度

③安全生产监督检查制度

④安全生产教育培训制度

⑤从业人员、专用车辆、设备及停车场地安全管理制度

⑥应急救援预案制度

⑦安全生产作业规程

⑧安全生产考核与奖惩制度

⑨安全事故报告、统计与处理制度

📁 资料卡

危险品道路运输涉及的法律法规

1.《中华人民共和国道路运输条例》

2.《危险化学品安全管理条例》

3.《危险货物道路运输安全管理办法》

4.《道路运输危险货物车辆标志》（GB13392—2005）

5.《危险货物分类和品名编号》（GB6944—2012）

6.《中华人民共和国安全生产法》

学习实践活动

步骤一：组建小组，解读实践活动。

将班级学生分成若干小组，每组选出一名组长，由组长带领小组成员共同解读"情景导入"及"情景要求"。

纵横交错式码盘

步骤二：分工合作，完成实践活动。

小组成员进行分工，课堂上设计调查问卷或表格，课下通过电话、网络、走访或个人生活经历等了解货物运输相关知识，分组整理，填入设计好的问卷或表格。

步骤三：共同分享，交流成果。

将以上收集的资料、设计的表格等内容做成PPT，每组选出一位发言人代表本组进行展示和分享，其他小组可以对其展示进行提问和质疑，发言人或者本组其他成员可以解释回答。

步骤四：教师总结，点评成果。

教师对各小组的展示情况进行总结点评，并完成"素养与能力测评表"（见表4-3）的填写。

素养与能力测评

表4-3 素养与能力测评表

名称					
组别		组员		班级	
考核项目	评价标准	参考分值	考核得分		
			自评	其他组评（平均）	教师评价
基本素养 （15分）	按时到岗，学习准备就绪	5			
	自觉遵守纪律，有责任心和荣誉感	5			
	积极主动，不怕困难，勇于探索	5			
职业素养 （15分）	有较强的沟通能力和团队合作精神	10			
	能够熟知岗位职责，具备法律意识	5			
专业素养 （30分）	了解货物运输，熟悉运输合同	10			
	了解公路、铁路、水路、航空货物运输法律法规	10			
	了解多式联运及危险品运输法律法规	10			
学习实践 活动完成 （40分）	按时正确完成学习实践活动	10			
	PPT内容完整、美观，表达清晰、流畅	10			
	能积极发现其他小组展示中的问题并大胆提出质疑	10			
	能正确回答其他组的提问	10			
小计		100			
合计（自评30%+ 互评30%+ 教师评40%）					

拓展提升

一、知识拓展

（一）国际多式联运的定义

《联合国国际货物多式联运公约》对国际多式联运的定义是：按照多式联运合同，以至少两种不同的运输方式，由多式联运经营人把货物从一国境内接运货物的地点运至另一国境内指定交付货物的地点。

（二）多式联运合同

《海商法》所称的多式联运合同，是指多式联运经营人以两种以上的不同运输方式，其中一种是海上运输方式，负责将货物从接收地运至目的地交付收货人，并收取全程运费的合同。多式联运是在集装箱运输的基础上发展起来的，这种运输方式并没有新的通道和工具，而是利用现代化的组织手段，将各种单一运输方式有机地结合起来，打破了各个运输区域的界限，是现代管理在运输业中运用的结果。

多式联运合同具有以下特点。

（1）它必须包括两种以上的运输方式，而且其中必须有海上运输方式。在我国，由于国际海上运输与沿海运输、内河运输分别适用不同的法律，所以国际海上运输与国内沿海、内河运输可以视为不同的运输方式。

（2）多式联运虽涉及两种以上不同的运输方式，但托运人只和多式联运经营人订立一份合同，只从多式联运经营人处取得一种多式联运单证，只向多式联运经营人按一种费率交纳运费。这就避免了单一运输方式多程运输手续多、易出错的缺点，为货主确定运输成本和货物在途时间提供了方便。

（三）国际货物多式联运的特点

（1）多式联运把传统的单一运输方式有机地集合起来，实现了"门到门运输"，以集装箱运输方式为主。

（2）承运人是多式联运经营人，负责全程运输。

（3）多式联运只需一次货物托运，该多式联运合同规范全程运输；签发一张单据，该货运单适用不同的运输方式；只要一次付费，实行全程单一的运费率；进行一次保险，包括各种运输方式的保险。

（4）多式联运经营人是整个运输的总承运人和合同履行者，它可以参与或实际运输。但多式联运经营人要与托运人和各区段承运人订立合同，组成全程运输，收取运费。

（四）国际多式联运的运输组织形式

国际多式联运是采用两种或两种以上不同运输方式进行联运的运输组织形式。这里所指的至少两种运输方式可以是海陆、陆空、海空等。这与一般的海海、陆陆、空空等形式的联运有着本质的区别。后者虽然也是联运，但仍是同一种运输工具之间的运输方式。众所周知，各种运输方式均有自身的优点与不足。一般来说，水路运输具有运量大、成本低的优点；公路运输则具有机动灵活，便于实现货物门到门运输的特点；铁路运输的主要优点是不受气候影响，可深入内陆和横贯内陆实现货物长距离的准时运输；而航空运输的主要优点是可实现货物的快速运输。由于国际多式联运严格规定必须采用两种或两种以上的运输方式进行联运，因此这种运输组织形式可综合利用各种运输方式的优点，充分体现社会化大生产、大交通的特点。

由于国际多式联运具有其他运输组织形式无可比拟的优越性，因而这种国际运输新技术已在世界各主要国家和地区得到广泛的推广和应用。目前，有代表性的国际多式联运主要有远东/欧洲、远东/北美等海陆空联运，其组织形式包括以下几种。

1. 海陆联运

海陆联运是国际多式联运的主要组织形式，也是远东/欧洲国际多式联运的主要组织形式之一。目前组织和经营远东/欧洲海陆联运业务的主要有班轮公会的三联集团、北荷、冠航和丹麦的马士基等国际航运公司，以及非班轮公会的中国远洋运输公司、德国那亚航运公司等。这种组织形式以航运公司为主体，签发联运提单，与航线两端的内陆运输部门开展联运业务，与陆桥运输展开竞争。

2. 陆桥运输

在国际多式联运中，陆桥运输（Land Bridge Service）起着非常重要的作用。它是远东/欧洲国际多式联运的主要形式之一。所谓陆桥运输，是指采用集装箱专用列车或卡车，把横贯大陆的铁路或公路作为中间"桥梁"，使大陆两端的集装箱海运航线与专用列车或卡车连接起来的一种连贯运输方式。严格地讲，陆桥运输也是一种海陆联运形式。只是因为其在国际多式联运中的独特地位，故在此将其单独作为一种运输组织形式。

3. 海空联运

海空联运又被称为空桥运输（Airbridge Service）。在运输组织方式上，空桥运输与陆桥运输有所不同：陆桥运输在整个货运过程中使用的是同一个集装箱，不用换装，而空桥运输的货物通常要在航空港换入航空集装箱。不过两者的目标是一致的，即以低费率提供快捷、可靠的运输服务。

海空联运方式始于20世纪60年代，但到20世纪80年代才获得较大的发展。采用这种运输方式，运输时间比全程海运少，运输费用比全程空运便宜。当然，这种联运组织形式是以海运为主的，只是最终交货运输区段由空运承担。1960年年底，苏联航空公司开辟了经由西伯利亚至欧洲的航线；1968年，加拿大航空公司参加了国际多式联运；20世纪80年代，出现了经由新加坡、泰国等至欧洲的航线。目前，国际海空联运线主要有以下几种。

（1）远东/欧洲。远东与欧洲间的航线有以温哥华、西雅图、洛杉矶为中转地的，也有以香港、曼谷、海参崴为中转地的。此外，还有以美国旧金山、新加坡为中转地的。

（2）远东/中南美。近年来，远东至中南美的海空联运发展较快，因为此处港口和内陆运输不稳定，所以对海空运输的需求很大。该联运线以迈阿密、洛杉矶、温哥华为中转地。

（3）远东/中近东、非洲、澳大利亚。这是以香港、曼谷为中转地至中近东、非洲的运输服务。在特殊情况下，还有经法国马赛至非洲、经泰国曼谷至印度、经中国香港至澳大利亚等联运线，但这些线路货运量较小。

总的来讲，运输距离越远，采用海空联运的优越性就越大，因为同完全采用海运相比，其运输时间更短；同直接采用空运相比，其费率更低。因此，从远东出发将欧洲、中南美以及非洲作为海空联运的主要市场是合适的。

二、技能提升

实训　调查你所处地区物流企业常用的运输方式

【实训内容描述】

让学生上网搜集货物运输和运输合同的相关内容，在全面了解货物运输和运输合同的基础上，明确物流企业在货物运输合同中的法律责任，了解货物运输合同相关方的义务。此实训内容一方面可以加深学生对所学知识的理解，另一方面可以培养学生搜集信息、总结归纳的能力。

【实训步骤】

步骤一：将班级学生分成若干小组，选出一名组长，由组长带领小组成员共同解读实训内容。

步骤二：小组成员分工、查找资料。课堂上设计调查项目，课下通过网络、调查等形式搜集物流企业在货物运输合同中的法律责任、货物运输合同相关方的义务相关资料，小组成员共同分析、汇总、讨论物流企业在货物运输合同中的法律责任和货物运输合同相关方的义务。

步骤三：将查找到的资料、总结得出的货物运输合同相关方的义务等内容，做成 PPT、Word 文档或者卡片等形式，每组选出一位发言人代表本组进行展示、分享，其他小组可以进行提问和质疑，资料的搜集要能够充分体现学过的知识点。

步骤四：教师对各小组的展示情况进行总结点评。

【考核要求】

小组内部交流过程中，要求每位成员独立思考、积极参与。教师全程指导，观察每位小组成员在活动中的表现，及时给予帮助。各小组交流互评，教师点评，给予学生正面、积极的肯定，同时指出不足之处。

巩固提高

一、名词解释

1. 货物运输合同
2. 托运人
3. 承运人
4. 出租人
5. 承租人
6. 运输

7. 多式联运合同

二、填空题

1. _____是货物运输合同的一方当事人，是把货物交给承运人运输人的人。

2. 危险品是指能够危及_____和_____的物品，即由于其化学、物理或者毒性特性使其在生产、储存、装卸、运输过程中，容易导致_____，可能引起_____的物品。

3. 多式联运是货物由一种运载单元装载，通过_____运输方式连续运输，并进行相关运输物流辅助作业的运输活动。

三、单项选择题

1. 在物流系统的各个环节中，运输是非常关键的环节，它关系到物流占用多少时间，增加多少费用，决定着企业的经济效益，是物流企业的（　　　　）。

    A. 第一利润源泉　　　　　　　　　　B. 第二利润源泉

    C. 第三利润源泉　　　　　　　　　　D. 第四利润源泉

2. （　　　　）是指本人或者委托他人以本人名义与承运人订立货物运输合同，并向承运人支付相应费用的一方当事人。

    A. 托运人　　　　B. 承运人　　　　C. 出租人　　　　D. 承租人

四、多项选择题

1. 承运人举证后可不负赔偿责任（即免责事项）的情况是（　　　　）。

    A. 货物本身的自然属性、质量或者缺陷

    B. 承运人或者其受雇人、代理人以外的人负责包装货物，货物包装不良的

    C. 战争或者武装冲突

    D. 政府有关部门实施的与货物入境、出境或者过境有关的行为

2. 收货人的义务包括（　　　　）。

    A. 收货人接到收货通知后，应及时提取货物

    B. 逾期提货，需支付保管费

    C. 收货人接收货物后，应及时检查货物情况

    D. 发现货物有毁损、灭失的，应在 3 日内通知承运人；对不能立即发现的毁损或者部分灭失，应在接受货物之日起 15 日内通知承运人

3. 常见的运输方式包括（　　　　）。

    A. 公路货物运输　　　　　　　　　　B. 铁路货物运输

    C. 水路货物运输　　　　　　　　　　D. 航空货物运输

    E. 管道运输

五、简答题

1. 简述货物运输合同的法律特征。

2. 简述海上货物运输合同承运人的义务。

3. 危险品的种类有哪些？

六、案例分析题

案例一

2022年10月4日，某托运人将一集装箱服装交由甲船务公司所属某轮承运。甲船务公司加封铅后，签发了一式三份正本全程多式联运提单。该份清洁记名提单载明：收货地厦门，装货港香港，卸货港布达佩斯，记名收货人为乙公司。货抵香港后，甲船务公司将其转至丙公司所属另一船承运。托运人凭正本提单提货时打开箱子发现里面是空的，集装箱封铅及门锁已被替换，后获知货物在布达佩斯马哈特集装箱终点站被盗。收货人向海事法院起诉。

问题：此案中，应由谁来承担责任，为什么？

案例二

承运人公司签发了一套将一辆汽车从德国汉堡运到日本东京的记名提单，提单上收货人一栏中写有收货人名字，但没有注明"凭指示"字样。此提单共签发一式三份，由托运人持有。船到东京，在没有出示正本记名提单的情况下，承运人将汽车交给收货人。收货人未按汽车购货价格向托运人付款，托运人遂起诉承运人错误交付。

问题：你支持托运人还是承运人？为什么？

知识链接　中欧班列作用日益凸显

中欧班列运输已成为中欧间海运、空运之外的第三种物流方式，并被越来越多的国内外企业及货主所赞誉。数据显示，中欧班列开行数量逐年增长，自2013年兴办之初的80列快速发展至2022年的1.6万列。截至2023年7月6日，中欧班列覆盖欧洲25个国家216座城市，十年来开行超过7.3万列。

"中欧班列"促进经济发展

中欧班列是指按照固定车次、线路、班期和全程运行时刻开行，往来于中国与欧洲以及"一带一路"沿线各国的集装箱等国际铁路联运班列。近年来，在"一带一路"倡议推动下，中欧班列充分发挥其在时效、价格、运能、安全性等方面的比较优势，逐渐被中欧广大客户接受，成为中欧间除海运、空运外的第三种物流方式，开行数量和质量持续稳步提升，一列列"钢铁驼队"正成为中国与"一带一路"相关国家政策沟通、设施联通、贸易畅通、资金融通、民心相通的重要桥梁。

以西伯利亚大陆桥和新亚欧大陆桥作为载体的"中欧班列"共有三条运输通道。其中，"东部通道"是通过我国东南部沿海地区的满洲里（绥芬河）口岸出境；"中部通道"从我国华北地区的二连浩特口岸出境；"西部通道"则是通过我国中西部的阿拉山口（霍尔果斯）口岸出境。

"中欧班列"意义重大

"中欧班列"促进了各国经济往来和文化交流。货物的运送不仅局限于开行初期的IT产品，也逐步扩大到气候衣物、机动车和备品、谷物、葡萄酒、咖啡豆、木材、家具、化工设备和机械等方面，如今已经遍及各行各业。

"中欧班列"运送"中国制造"的商品到海外，并将不同种类的欧洲产品运回国内，促进了跨国文化交流和互联互通，推动了沿线各国的经济发展。此外，"中欧班列"也不知不觉地对沿线群众的日常生活产生了深远的影响。

同时，"中欧班列"也创造了许多就业岗位，为沿线国家的人民提供了新的就业机会。

单 元 评 估

单元课程评估表见表4-4。

表4-4　单元课程评估表

单元名称：　　　　　　　　姓名：　　　班级：　　　　日期：

1. 本单元我学到的知识：

2. 本单元我掌握的技能：

3. 教师讲授思路是否清晰？是否有没讲清楚的内容？如有，请列出：

4. 教师的教学方法对你的学习是否起到帮助作用？

5. 你是否有学习目标？是否制订了学习计划？

6. 为更有效地学习，你对本单元的教学有何建议？

教师评语：

学生签字：　　　　　　　　教师签字：

单元五

物流配送法律法规

单元五

学习目标

知识目标

→ 了解配送、配送中心和配送合同的含义、类型
→ 熟悉配送服务合同和销售配送合同的内容
→ 明确物流企业在配送活动中的法律地位

技能目标

→ 学会组织运作货物配送，能够拟定、审核配送相关合同内容

素养目标

→ 增强学生法制观念，提升配送工作专业素养

情景导入

某家电生产有限公司与某物流有限责任公司签订了家电产品配送合同，合同内容如下：

甲　方：×××家电生产有限公司

乙　方：×××物流有限责任公司

根据《中华人民共和国民法典》，本着互利互惠的原则，就甲方委托乙方配送货物事宜，为了明确双方的责任，经双方协商，特签订本合同。

第一条：运输货物（包括名称、规格、数量等）。严禁运输国家禁运、易燃、易爆物品。

编号	品名	规格	单位	单价	数量

第二条：包装要求。甲方必须按照国家主管机关规定的标准包装货物，没有统一规定包装标准的，应根据保证货物运输安全的原则进行包装，否则乙方有权拒绝承运。

第三条：配送区域。海南省内各市县城。

第四条：合同期限。从 2022 年 7 月 29 日至 2023 年 7 月 29 日，合同期满后，双方就

合同约定价格再行协商，在同等条件下优先续签。

第五条：运输质量及安全要求。乙方必须用符合甲方配送要求的车辆，为甲方提供优质、快捷、安全的 B2B 配送货服务。保证按规定要求、时间，保质保量地将甲方的货物配送至目的地。每天运输前双方议定运输重量，超重时价格另定。

第六条：货物装卸责任。货物的装车工作由乙方负责，卸车工作由收货人负责，在装卸过程中发生的一切责任由装、卸方承担。

第七条：收货人领取货物及验收办法。收货人凭有效证件、单据（或凭据）与乙方对证验收，领取货物。

第八条：收费标准与费用结算方式。甲方收到乙方所提供的符合本合同约定的单据后，在每月 15 日结算上月的费用。

第九条：双方的权利和义务。

（一）甲方的权利与义务

1. 甲方的权利

（1）负责将货物配齐，要求乙方按照约定的时间、地点、收货人，把货物配送到目的地。配送通知发乙方后，甲方需变更到货地点、收货人或者取消通知时，有权向乙方提出，但必须在货物未运到目的地之前，并应按有关规定付给乙方费用。

（2）有权对乙方的配送货过程进行监督、指导。

2. 甲方的义务

（1）按约定时间向乙方交付配送费用。

（2）应向乙方提供有关配送货业务的相应单据文件（包括产品名称、型号、数量、客户准确地址及电话号码、联系人等）。

（3）指派专人负责与乙方联系并协调配送货过程中的有关事宜。

（4）合同期内，乙方是甲方省内区域（包括市郊）的唯一配送商，未经乙方同意，甲方不得另寻配送商，否则，乙方可解除合同。

（5）委托的货物应遵守国家有关法律的规定，并符合包装标准。

（二）乙方的权利和义务

1. 乙方的权利

向甲方收取配送费用。查不到收货人或收货人拒绝领取货物时，乙方及时与甲方联系，在规定期限内负责保管并有权向甲方收取保管费用。

2. 乙方的义务

（1）根据甲方的业务需要与发展，提供相应的运输能力，即提供不同的厢车。

（2）在 24 小时内，将货物运到指定的地点，按时向收货人发出货物到达的通知。对托运的货物要负责安全，保证货物无短缺、无损坏。在货物到达以后，按规定的期限负责保管。

（3）乙方应在甲方指定的地点提取货物，在装货过程中，乙方的驾驶员应负责进行监装，对装货过程中的不当操作有责任指出并纠正，乙方将货物送往甲方指定的目的地和收货人，由收货人、乙方司机双方签字盖章确认。交货时如发现产品损坏或产品、数量、型号、规格不符等问题，乙方应要求收货人注明，收货人所盖印章应为商家签订的配送委托书规定的公章或收货专用章，乙方凭甲方认可的配送反馈单与甲方进行结算。

第十条：违约责任。

1. 甲方责任

（1）不按时与乙方结算配送费用，每超过一天偿付给乙方当月结算费用1%的违约金，但由于乙方提供的结算单据不及时除外。

（2）因甲方原因，造成乙方的承运车不能及时返回，甲方应加付当次运费10%作为补偿金（规定卸货时间为2小时）。

（3）甲方有责任为乙方营造良好的服务环境，如甲方员工在货物配送过程中发生以下情况之一的，甲方应向乙方支付违约金200元/次：①不按约定时间装卸货物。②装卸货物过程中有野蛮装卸行为，乙方指出后，甲方工作人员不及时更改。③甲方协调不到位，造成乙方被投诉。④甲方发错货，造成乙方承运货物到达指定地点后，收货人拒收，返程运费由甲方支付。

（4）由于在货物中夹带、匿报危险货物，而招致货物破损、爆炸，造成人身伤亡的，甲方应承担由此造成的一切责任。

2. 乙方责任

（1）乙方送货到达时间每晚于规定时间一天，应向甲方支付当次运输费10%的违约金（阻车、修路、交通管制除外）。因乙方原因致使送达目的地错误，应自费将货物送达甲方要求的目的地，因此给甲方造成的损失由乙方负责赔偿。

（2）经双方确认，货物在运输途中造成的破损、遗失、短缺等任何损失，由乙方负责赔偿，赔偿值按批发价计算，且乙方不得擅自拆除货物并重新包装，因以上原因造成甲方违约或其他损失的，由乙方负责赔偿。

（3）乙方有责任为甲方提供优质服务，如乙方员工在货物配送过程中发生以下情况之一的（属于乙方责任造成的），乙方应向甲方支付违约金200元/次，同时乙方应继续履行本合同：①不按时运送货物，造成用户投诉。②在运输过程中，损坏货物并强行留给用户，造成用户投诉。③在装卸货物中，司机刁难用户，造成用户投诉。④在运送过程中，送错货物，造成用户投诉。

（4）在符合法律和合同规定条件下的运输，由于下列原因造成货物灭失、短少、损坏的，乙方不承担违约责任：①不可抗力。②货物本身的自然属性。③甲方或收货人本身的过错。

3. 其他

（1）甲方仅支付乙方运费。在运输途中发生的其他一切费用（如过路、过桥费等）全部由乙方负责，具体支付标准详见合同附件《价格表》（略）。

（2）双方不能以任何形式向公众透露对方的商业机密；否则，由此引起的任何损失（如名誉受损、经济受损等）均由泄密方负责赔偿。

（3）因不可抗力的原因，影响本合同不能履行、部分不能履行或延期履行时，遇有不可抗力事故的一方，应立即将事故情况通知对方，并详细提供事故详情及造成合同不能履行、部分不能履行或者延期履行的理由和所有相关的文件资料。

（4）一方违约，另一方有权以书面形式通知对方解除本合同或双方签订的其他合同、协议，合同自发出通知之日起30天后解除，由违约方承担违约责任。

（5）自本合同生效之日起，甲乙双方原先签订的产品配送合同自动作废。

本合同如有未尽事宜，应由双方协商解决；协商不成时，双方同意提交人民法院解决。

本合同一式二份，每份六页，合同双方各执一份。

甲　　方：×××××	乙　　方：××××××
地　　址：××××××	地　　址：××××××
代　　表：××××××	代　　表：××××××
电　　话：××××××	电　　话：××××××
开户银行：××××××	开户银行：××××××
账　　号：×××××	账　　号：××××××

情景要求

这是一份真实的物流配送合同，当双方签订合同后，各自就应按照合同的内容，履行自己的义务和责任。实际工作中物流配送种类繁多，内容各不相同。总结配送合同的主要内容，便于今后在工作中明确配送双方的义务和责任，做好配送工作。

以小组为单位，使用 PPT 的形式进行成果展示，每小组上交一份。

模块一 ▶ 配送概述

配送作为一种特殊的、综合的物流活动形式，几乎包括了物流作业的所有职能。在某种程度上讲，配送作业是物流的一个缩影或在特定范围内物流作业全部活动的体现。"配"包括了货物的分拣和配货活动，这一活动又包含了加工和包装，它是根据用户的要求来"配货"的；而"送"则包括各种送货方式和送货行为。配送中心则是专门从事配送工作的物流据点，它集商流、物流、信息流于一体，具有物流的全部职能，是现代物流的一种先进的货物配送组织形式。配送是物流企业经营活动的重要组成部分，对于推动物流合理化、完善整个物流系统、充分发挥物流功能起到了巨大的作用。

能力知识点 1 ➡ 配送的含义、特点和类型

一、配送的含义

我国国家标准《物流术语》（GB/T 18354—2021）对配送的定义为："根据客户要求，对物品进行分类、拣选、集货、包装、组配等作业，并按时送达指定地点的物流活动。"

配送活动往往是由从事配送业务的配送中心来完成的。从总体上看，配送由备货、理货、送货、配送加工四个基本环节组成。一般的配送集装卸、包装、分拣、保管、配货、运输于一身，通过这一系列活动将物品送达用户手中。特殊的配送还需要增加加工活动，其所包括的内容更广。分拣、配货是配送的独特要求，也是配送中特有的活动。以送货为目的的运输则是最后实现配送的主要手段。

二、配送的特点

1. 特殊性

物流配送是从物流节点至用户的一种特殊的送货方式，不是运输活动的全部或全过程，只包含某一段的运输活动。

2. 整合性

物流配送不是一般的运输和输送，而是运输与其他活动共同构成的结合体。在全面配货的基础上，充分按照用户的要求进行服务，将"配"和"送"有机地结合起来，完全按照用户要求的数量、种类、时间等进行分货、配货、配装等工作。

想一想

沃尔玛超市的配送业务是如何组织的？

3. 服务性

物流配送是将货物从物流节点一直送到用户的仓库、营业现场、车间乃至生产线。从服务方式上看，物流配送是一种"门到门"的服务。

4. 计划性

物流配送是一项有计划的活动，需要根据用户的需要以及从事配送的企业的能力，有计划地进行送货活动。

小知识

物流配送的作用

（1）推行配送有利于物流运动实现合理化。
（2）完善了运输和整个物流系统。
（3）提高了末端物流的效益。
（4）通过集中库存使企业实现低库存或零库存。
（5）简化事务，方便用户。
（6）提高供应保证程度。
（7）为电子商务的发展提供了基础和支持。

三、配送的类型

（1）按配送时间、数量不同可以划分为定时配送、定量配送、即时配送、定时定路线配送。

（2）按加工程度不同可以划分为集疏配送、加工配送。

（3）按配送商品种类及数量不同可以划分为少品种、大批量配送，多品种、小批量配送，配套成套配送。

（4）按配送组织者不同可以划分为配送中心配送、仓库配送、生产企业配送、商业门店配送。

（5）按经营形式不同可以划分为供应配送、销售配送、一体化配送、代存代供配送。

能力知识点 2 ▶ 配送中心的含义、功能、要求和类型

一、配送中心的含义和功能

1. 配送中心的含义

我国国家标准《物流术语》（GB/T 18354—2021）对配送中心的定义为："具有完善的配送基础设施和信息网络，可便捷地连接对外交通运输网络，并向末端客户提供短距离、小批量、多批次配送服务的专业化配送场所。"

配送中心是专门从事货物配送活动的物流场所或经济组织，它是集加工、理货、送货等多种职能于一体的物流节点，也可以说，配送中心是具集货中心、加工中心功能的综合组织。具体地说，配送中心有如下两层含义：

其一是指物流企业按用户要求进行货物集货、拣选、加工、包装、分割、组配的现代流通场所，它是物流节点的重要形式。

其二是指从事货物集货、拣选、加工、包装、分割、组配并组织为用户送货的现代物流企业。

2. 配送中心的功能

（1）存储功能。配送中心的服务对象是生产企业和商业网点，为了顺利有序地完成向用户配送商品（或货物）的任务，更好地发挥保障生产和消费需要的作用，配送中心都建有现代化的仓储设施，如仓库、堆场等，存储一定量的商品，形成对配送的资源保证。

（2）分拣功能。作为物流节点的配送中心，其用户是为数众多的企业和零售商。这些用户彼此之间存在着很大的差别，为满足不同用户的不同需求，有效地组织配送活动，配送中心必须采取适当的方式对组织来的货物进行分拣，然后按照配送计划组织配货和分装。

（3）集散功能。在一个大的物流系统中，配送中心将分散于各个生产企业的产品集中在一起，通过分拣、配货、配装等环节向多家用户进行发送，以经济、合理的批量来实现高效率、低成本的商品流通。

（4）衔接功能。通过开展货物配送活动，配送中心把各种生产资料和生活资料直接送到用户手中，通过发货和储存，起到了调节市场需求、平衡供求关系的作用，有效地解决了产销不平衡问题，缓解了供需矛盾，在产、销之间建立起一个缓冲平台，衔接生产与消费、供应与需求，使供需双方实现了无缝连接。

（5）流通加工功能。按照用户的要求来进行简单的配送加工，可以使配送的效率提高，同时增加客户的满意程度。

（6）信息处理功能。配送中心连接着物流干线运输和末端运输，直接面对着产品的供需双方，因而不仅是实物连接，更重要的是信息的传递和处理，包括在配送中心的信息生成和交换。

二、配送中心的要求

配送中心应符合下列要求：能为特定的用户服务；配送功能健全；具有完善的信息网络；配送辐射范围小；能实现多品种、小批量配送；业务以配送为主，储存为辅。

配送中心和仓库都是物流节点的重要形式，两者具有很多共同点。但总体上，配送中心是以配送为主、储存为辅的；而仓库则以储存为主，以配送等其他物流服务为辅。配送中心在现代装备和工艺方面远强于传统的仓库，是集商流、物流、信息流于一身的全功能流通设施。随着综合性的第三方物流的广泛发展，许多传统的仓库都在逐渐向配送中心转变。

三、配送中心的类型

1. 以生产厂为主的配送中心

以生产厂为主的配送中心，是为工厂自销业务而建立起来的。工厂的产品存放在工厂的物流中心里，然后可以向众多的零售店进行配送。它的特点是环节少、成本低。但对零售店来说，从这里配送的商品，只能局限于一个生产厂的产品，难以满足商店销售商品琳琅满目的要求。

小知识

第三方物流是指由物流劳务的供方、需方之外的第三方去提供物流服务的模式。

2. 以批发商为主的配送中心

以批发商为主的配送中心，是由批发商或代理商建立的。这种配送中心把从各个厂家购进的商品进行汇总，然后向零售店送货。虽然多了一道环节，但是一次送货，品种多样，有利于减少零售店的进货次数。

3. 以零售商为主的配送中心

以零售商为主的配送中心，一般都建立在大型零售商店或超级市场的附近。从批发商进货或从工厂直接进货的商品，经过零售店自有的配送中心，再向自己的网点和柜台直接送货。为保证商品不脱销，零售店必须有一定的"内仓"存放商品，这种配送中心可以及时不断地、高效率地向商店各部门送货，这样不仅有利于减轻商店内仓的压力，节省内仓占用的面积，而且由于库存集中在配送中心，还有利于减少商店的库存总量。

4. 以物流企业为主的配送中心

以物流企业为主的配送中心，是为批发企业服务的综合性物流中心。各地批发企业都有相当一部分的商品存储在当地的仓库里。在仓库实现由储存型向流通型转变的基础上建立起来的配送中心，可以越过批发企业自己的仓库或配送中心，直接向零售店配送商品。与批发企业各自建立的配送中心相比，它的特点是物流设施的利用率高、成本低、服务面广。

物流配送的特征及物流企业在配送中的法律地位

物流企业配送在现代物流体系中完善了运输和整个物流系统,使单位存货成本下降,使库存总量大大低于各企业的分散库存总量,可增加调节能力,提高经济效益,将物流推上专业化、社会化的轨道,同时,简化了采购等事务,减少了生产风险,为电子商务的发展提供了支持。

配送中心选址——
重心法

1. 物流配送的特征

(1)配送是各种业务的有机结合。配送不是简单的送货,除了出货、仓储外,它还要充分利用拣选、加工、包装、分割、组配等理货工作,使送货达到一定规模并取得竞争中的成本优势,是一系列物流作业的统称,是各种业务的有机结合。

(2)物流配送以用户需求为出发点。物流配送是根据用户的实际需要对用户实施的保障性服务,要从用户的利益出发,在满足用户利益的基础上取得本企业的利益。

(3)物流配送是末端运输。物流配送对象的数目以及距离、范围应在一个合理的限度之内,是面对用户的一种短距离的物流服务,能够实现定时刻、按地点、频繁性、小批量运输。

2. 物流企业在配送中的法律地位

配送活动作为现代物流的一个重要组成部分,也是众多物流企业的业务范围之一。然而,不同的物流企业,参与配送活动的方式不尽相同,这决定了其法律地位也会不同。以不同的法律关系为根据,实践中各物流企业参与配送活动的方式大致可分为以下几种。

(1)与用户签订单纯的配送服务合同。这类物流企业与用户签订单纯的配送服务合同,仅仅为用户提供短距离的货物配送服务,包括拣选、配货、包装、加工、组配等全部或部分配送环节,不提供其他物流服务,如长距离干线的运输服务等。此时,物流企业与用户是配送服务合同法律关系,物流企业为配送人,双方的权利义务按配送服务合同的约定,并适用《民法典》合同编通则的要求,参照法律最相类似的规定确定。例如,流通加工环节参照关于承揽合同的约定,储存环节参照关于仓储合同和保管合同的规定等。

(2)与用户签订单纯的销售配送合同。这类物流企业与用户签订单纯的销售配送合同,除要按用户要求负责集货、配货、送货外,还要负责订货、购货。此时,物流企业与用户之间是销售配送合同关系,物流企业为配送人,双方的权利义务按销售配送合同的约定,适用《民法典》合同编通则的要求,并按照法律最相类似的规定确定,其中关于转移货物所有权部分的权利义务可参照关于买卖合同的规定。

(3)为用户提供含配送的综合物流服务。这类物流企业一般为综合性物流企业,或者为具有两项(包括配送)以上的物流服务功能的物流企业。它们除了为用户提供短距离的货物配送服务外,还会根据用户要求为其提供长距离干线运输或者专门的仓储服务。此时,物流企业与用户签订的是物流服务合同,而不是单纯的配送服务合同,物流企业是物流服务提供者,用户是物流服务需求者,双方的权利义务按物流服务合同双方当事人的关系予以确定。

(4)以用户的身份出现。这类物流企业一般是指没有配送中心和配送设备的综合物流企业,或者虽有配送中心和配送设备,但数量能力不足的物流企业。这类物流企业(下称物流企业 A)与客户签订含有仓储服务的物流服务合同后,由于自身没有或者没有足够的配送中心和配送设备，只能将全部或者部分配送服务交由拥有配送中心及配送设备的物流企业（下称物流企业 B）实际履行。物流企业 B 通常为专门提供配送服务的专业配送中心。此时，物流企业 A 与物流企业 B 之间通常会签订配送服务合同，物流企业 A 为用户，物流企业 B 为配送人，双方之间的权利义务依据配送服务合同法律关系确定。

模块二 ▶ 快递服务

随着互联网技术的普及和发展，电子商务也迅猛发展，快递作为网购商品配送的最佳选择，网购用户多元的需求也迫使快递行业不断发展。

能力知识点 1 ➜ 快递服务的含义和特征

1. 快递服务的含义

我国国家标准《物流术语》（GB/T 18354—2021）对快递服务的定义为："在承诺的时限内快速完成的寄递服务。"

快递又称速递或快运，是物流企业（含货运代理）通过自身的独立网络或以联营合作（即联网）的方式，将用户委托的文件或包裹，快捷而安全地从发件人送达收件人的门到门（手递手）的新型运输方式。国内快递业务，是指从收寄到投递的全过程均发生在中华人民共和国境内的快递业务。

2. 快递服务的特征

（1）对时限要求高。

（2）服务更加便利。

（3）高效的网络组织和完善的网络覆盖。

（4）全程监控和实时查询。

能力知识点 2 ➜ 快递服务的分类及法律特征

1. 快递服务的分类

按快递寄达范围划分，快递服务可以分为以下几种：

（1）国内快递。

1）省际快递。

2）同城快递。

3）省内异地快递。

4）港澳台快递。

（2）国际快递。

1）国际进口快递。

2）国际出口快递。

2. 快递服务的法律特征

（1）法律关系动态运行，过程快速。

（2）参与法律关系的主体众多。

（3）法律纠纷数量多且标的额小。

能力知识点 3 ▶ 快递服务合同的含义、内容及特征

1. 快递服务合同的含义

快递服务合同是投递人与快递服务提供者之间订立的关于快递服务活动中双方的权利和义务关系的协议。也就是寄件人和快递服务公司之间订立的有关快递服务的契约。

由于快递服务活动要求快捷、方便、时效性强，当事人之间一般使用由投递人填写快递服务企业委派的快递从业人员提供的快递运单。快递运单为快递服务提供者事先单方面拟定好的、统一印刷的合同，投递人只需填写相关信息。快递运单是一种服务格式合同，其当事人是投递人和快递服务提供商。

2. 快递服务合同的内容

快递服务合同的内容包括：①寄件人信息。②收件人信息。③快递服务组织信息。④快件信息。⑤费用信息。⑥时限信息。⑦约定信息。⑧背书信息。

3. 快递服务合同的特征

（1）快递服务合同自寄件人与快递服务公司工作人员双方在合同上签字时生效。

（2）快递服务合同中寄件人和快递公司的权利义务条款一般由快递服务公司单方拟定。

（3）快递服务合同权利义务的具体体现是快递运单，即用于记录快件原始收寄信息及服务约定的单据。

能力知识点 4 ▶ 快递服务中快递企业及用户的权利和义务

1. 快递企业的权利和义务

（1）权利：

1）快件的验视权。

2）收取快递服务费的权利。

（2）义务：

1）保障用户的通信自由与通信秘密。

2）提供迅速、准确、安全、方便的快递服务。

四号定位法

2.　快递用户的权利和义务

（1）权利：

1）验收权。

2）查询权和求偿权。

3）知情权。

（2）义务：

1）遵守禁寄限寄物品的规定。

2）用户交寄的邮件、快件应当符合法律规定，准确、清楚地填写收件人姓名、地址等。

3）支付快递费的义务。

能力知识点 5 ▶ 快递服务中的索赔

1.　赔付对象

快件的赔付对象应为寄件人或寄件人指定的受益人。

2.　索赔因素

（1）快件延误。

（2）快件丢失。

（3）快件损毁。

（4）内件不符。

3.　快递服务提供者的免责事由

有下列情形之一的，快递服务提供者可不负赔偿责任。

（1）由于用户的责任或者所寄物品本身的原因造成快件损失的。

（2）由于不可抗力的原因造成损失的（保价快件除外）。

（3）用户自交寄快件之日起满一年未查询又未提出赔偿要求的。

能力知识点 6 ▶ 快递业管理的相关规定

1.　申请快递业务经营许可应当具备的条件

（1）符合企业法人条件。

（2）在省、自治区、直辖市范围内经营的，注册资本不低于人民币五十万元；跨省、自治区、直辖市经营的，注册资本不低于人民币一百万元；经营国际快递业务的，注册资本不低于人民币二百万元。

（3）有与申请经营的地域范围相适应的服务能力。

（4）有严格的服务质量管理制度和完备的业务操作规范。

（5）有健全的安全保障制度和措施。

（6）法律、行政法规规定的其他条件。

2. 快递业务经营许可管理

（1）快递业务经营许可的有效期为 5 年。经营快递业务的企业需要延续快递业务经营许可有效期的，应当在有效期届满 30 日前向做出行政许可决定的邮政管理部门提出申请；未在有效期届满 30 日前提出申请的，邮政管理部门可以不再受理。

（2）经营快递业务的企业应当按照快递业务经营许可证记载的业务范围、地域范围和有效期限开展快递业务经营活动。

（3）经营快递业务的企业应当在每年 4 月 30 日前向邮政管理部门提交快递业务经营许可年度报告。

（4）经营快递业务的企业在快递业务经营许可有效期内停止经营的，应当提前 10 日向社会公告，书面告知做出行政许可决定的邮政管理部门，交回快递业务经营许可证，并依法妥善处理未投递的快件。

（5）快递业务经营许可证应当按照国务院邮政管理部门规定的统一式样印制。

任何单位和个人不得伪造、涂改、冒用、租借、倒卖快递业务经营许可证以及邮政管理部门提供的备案文件。

3. 审批程序

申请快递业务经营许可，在省、自治区、直辖市范围内经营的，应当向所在地省、自治区、直辖市邮政管理机构提出申请。

跨省、自治区、直辖市经营或者经营国际快递业务的，应当向国务院邮政管理部门提出申请。

4. 申请材料

申请快递业务经营许可，应当向邮政管理部门提交下列申请材料。

（1）快递业务经营许可申请书。

（2）企业名称预核准通知书或者企业法人营业执照。

（3）符合《快递业务经营许可管理办法》第七条至第十条规定条件的情况说明。

（4）法律、行政法规规定的其他材料。

邮政管理部门应当自受理之日起 45 日内对申请材料审查核实，做出批准或者不予批准的决定。予以批准的，颁发快递业务经营许可证；不予批准的，书面通知申请人并说明理由。

小知识

外商不得投资经营信件的国内快递业务。

邮政企业以外的经营快递业务的企业，不得经营由邮政企业专营的信件寄递业务，不得寄递国家机关公文。

模块三　物流配送合同

由于配送是集装卸、包装、分拣、保管、加工、配货、运输等一系列活动于一身的综合性活动，因此它所涉及的法律法规问题错综复杂。物流配送合同不是单纯的仓储合同或运输合同，不是买卖合同，不是承揽合同，不是委托合同，它是具有仓储、运输、买卖、承揽和委托合同的某些特征的一种无名合同。

能力知识点 1　配送合同的含义、类型

一、配送合同的含义

配送合同是配送人根据用户需要为用户配送商品，用户支付配送费的合同。用户是配送活动的需求者，配送人是配送活动的提供者。作为配送活动需求者的用户，既可能是销售合同中的卖方，也可能是买方，甚至可能是与卖方或买方签订了综合物流服务合同的物流企业。作为配送活动提供者的配送人，则既可能是销售合同中的卖方，也可能是独立于买卖双方的第三方物流企业。配送费是配送人向用户配送商品而取得的报酬。

二、配送合同的类型

1. 配送服务合同

配送服务合同是指配送人接收用户的货物，予以保管，并按用户的要求对货物进行拣选、加工、包装、分割、组配作业，最后在指定时间送至用户指定地点，由用户支付配送服务费的合同。这是一种单纯的提供配送服务的合同，双方当事人仅就货物的交接、配货、运送等事项规定各自的权利、义务，不涉及货物所有权。在配送服务实施的过程中，货物所有权不发生转移，自始至终均属于用户所有；只发生货物物理位置的转移和物理形态的变化。配送人不能获得商品销售的收入，仅因提供了存储、加工、运送等业务而获得服务费收益。

2. 销售配送合同

销售配送合同是指配送人在将物品所有权转移给用户的同时为用户提供配送服务，由用户支付配送费（包括标的物价款和配送服务费）的合同。具体而言，销售配送合同又可以分为以下两类。

（1）销售企业与购买人签订的销售配送合同。销售企业出于促销目的，在向用户出售商品的同时又向其承诺提供配送服务。在这种配送合同中，销售企业向用户收取费用时，可能只收取商品的价款金额，而不另收配送服务费，如为促销而进行的一次性配送服务；也可能在商品价款之外，再收取一定数额的配送服务费。

（2）物流企业与用户签订的销售配送合同。这是一种商流合一的配送服务形式。用户

将自己需要的产品型号、种类、要求、规格、颜色和数量等信息提供给物流企业，由物流企业负责按此订货、购货（包括原材料、零部件等）、配货及送货。在这种方式中，物流企业与用户签订的配送合同，除约定配送人向用户提供配送服务外，还会就特定货物的交易条件达成一致。实质上，它是买卖合同与配送服务合同紧密结合的有机体。

能力知识点 2 → 配送合同的内容

一、配送服务合同的主要内容

（1）配送人与用户的名称或者姓名和住所。这是配送合同应具备的一般条款，以确定双方当事人的身份和联系方式。

（2）服务目标条款。该条款约定配送服务应实现的用户特定的经营、管理和财务目标。

（3）服务区域条款。该条款约定配送人向用户提供配送服务的地理范围的条款，配送人据此安排其运力。

（4）配送服务项目条款。该条款主要是就配送人的服务项目进行明确具体的约定，包括用户需要配送人提供配送的商品品种、规格、数量等；还包括用户需要配送人提供哪些具体的配送作业，如是否需要加工、包装等。

（5）服务资格管理条款。该条款约定配送人为实现配送服务目标应具备的设施、设备，以及相关设施、设备的管理、操作标准等。

（6）送货条款。送货既包括用户将货物交付给配送人的环节，也包括配送人将货物配送交付给用户或其指定的其他人这一环节。双方应就交货的方式、时间、地点等进行约定。

（7）检验条款。货物检验发生在两个环节：一是用户将货物交付给配送人时；二是配送人向用户或用户指定人交付货物时。检验条款应规定验收时间、检验标准，以及验收时发现货物残损的处理。

（8）配送费及支付条款。该条款主要规定配送人服务报酬的计算依据、计算标准以及配送费的支付时间、支付方式。

（9）合同期限条款。合同中应明确合同的起止时间，以及合同是否会延续。

（10）合同变更与终止条款。该条款约定当事人在合同存续期间得以变更、终止合同的条件，以及变更或终止合同的处理。

（11）违约责任条款。违约责任是当事人违反合同约定时应承担的责任，在配送合同中可以明确违约金的数额或具体的补救措施。

（12）争议解决条款。当双方当事人发生争议纠纷时，解决的办法有协商、调解、诉讼或仲裁，双方当事人可以在合同中约定仲裁及仲裁机构。

二、销售配送合同的主要内容

（1）当事人的名称和地址。

（2）商品的名称和品质条款。

（3）加工条款。即双方关于配送人对商品进行拣选、组配、包装等的约定。

（4）送货条款。该条款约定配送人送货的数量和批次、送货时间和地点等内容。

（5）检验条款。

（6）价格与报酬条款。该条款约定配送人向用户出售商品的价格和配送服务报酬的计算方式。双方当事人可以将配送费计入商品价格统一计算，也可以分别约定。

（7）结算条款。

（8）合同变更与终止条款。

（9）违约责任条款。

（10）争议解决条款。

能力知识点 3 ▶ 物流企业在配送活动中的法律地位

一、物流企业在配送服务合同中的权利和义务

1. 物流企业在配送服务合同中的权利

（1）要求用户支付配送费的权利。

（2）要求用户按约定提供配送商品的权利。

（3）要求用户及时接收货物的权利。

（4）要求用户协助的权利，即要求用户提供有关配送业务的单据文件的权利。

2. 物流企业在配送服务合同中的义务

（1）安全并及时供应的义务。

（2）按约定理货的义务。

（3）告知义务。

二、物流企业在销售配送合同中的权利和义务

1. 物流企业在销售配送合同中的权利

（1）要求用户支付配送费的权利。

（2）要求用户及时受领货物的权利。

（3）要求用户协助的权利。

2. 物流企业在销售配送合同中的义务

（1）及时提供符合合同约定货物的义务。

（2）转移货物所有权的义务。

（3）告知义务。

学习实践活动

步骤一：组建小组，解读实践活动。

将班级学生分成若干小组，每组选出一名组长，由组长带领小组成员共同解读"情景导入"及"情景要求"。

步骤二： 分工合作，完成实践活动。

小组成员进行分工，课堂上设计调查问卷或表格，课下通过电话、网络、走访或个人生活经历等了解配送法律法规基础知识，分组整理，填入设计好的问卷或表格。

步骤三： 共同分享，交流成果。

将以上收集的资料、设计的表格等内容做成PPT，每组选出一位发言人代表本组进行展示和分享，其他小组可以对其展示进行提问和质疑，发言人或者本组其他成员可以解释回答。

步骤四： 教师总结，点评成果。

教师对各小组的展示情况进行总结点评，并完成"素养与能力测评表"（见表5-1）的填写。

素养与能力测评

表 5-1　素养与能力测评表

名称					
组别		组员		班级	
考核项目	评价标准	参考分值	考核得分		
			自评	其他组评（平均）	教师评价
基本素养 （15分）	按时到岗，学习准备就绪	5			
	自觉遵守纪律，有责任心和荣誉感	5			
	积极主动，不怕困难，勇于探索	5			
职业素养 （15分）	能够有较强的沟通能力和团队合作精神	10			
	能够熟知岗位职责，具备法律意识	5			
专业素养 （30分）	能够认识配送的特点及物流企业在配送中的法律地位	10			
	能够掌握快递服务的分类及法律特征	10			
	能够熟悉配送合同的内容	10			
学习实践 活动完成 （40分）	按时正确完成学习实践活动	10			
	PPT内容完整、美观，表达清晰、流畅	10			
	能积极发现其他小组展示中的问题并大胆提出质疑	10			
	能正确回答其他组的提问	10			
小计		100			
合计（自评30%+ 互评30%+ 教师评40%）					

拓展提升

一、知识拓展

（一）物流配送的一般流程

1. 备货

备货是配送的准备工作或基础工作，备货工作包括筹集货源、订货或购货、集货、进货及有关的质量检查、结算、交接等。配送的优势之一，就是可以集中用户的需求进行一定规模的备货。

2. 储存

物流配送中的储存有储备及暂存两种形态。

物流配送储备是按一定时期的配送经营要求形成的对配送的资源保证。这种类型的储备数量较大，储备结构也较完善，视货源及到货情况，可以有计划地确定周转储备、保险储备结构及数量。配送的储备保证有时在配送中心附近单独设库解决。

另一种储存形态是暂存，是具体执行日物流配送时，按分拣配货要求，在理货场地所做的少量储存准备。由于总体储存效益取决于储存总量，所以，这部分暂存数量只会对工作方便与否造成影响，不会影响储存的总效益，因而在数量上控制并不严格。还有另一种形式的暂存，即分拣、配货之后形成的发送货载的暂存，这个暂存主要是调节配货与送货的节奏，暂存时间不长。

3. 分拣及配货

分拣及配货是完善送货、支持送货的准备性工作，是不同配送企业在送货时进行竞争和提高自身经济效益的必然延伸，所以，分拣及配货也可以说是送货向高级形式发展的必然要求。有了分拣及配货，就会大大提高送货服务水平，所以，分拣及配货是决定整个配送系统水平的关键要素。

4. 配装

在单个用户配送数量不能达到车辆的有效载运负荷时，就存在如何集中不同用户的货物进行搭配装载以充分利用运能、运力的问题，这就需要配装。和一般的送货不同，通过配装送货可以大大提高送货水平，可以降低送货成本，所以，配装是配送系统中有现代特点的功能要素，也是现代配送不同于以往送货的重要区别。

5. 运输

配送运输属于运输中的末端运输、支线运输，和一般运输形态的主要区别在于：配送运输是较短距离、较小规模、额度较高的运输形式，一般使用汽车作为运输工具。与干线运输的另一个区别是，配送运输的路线选择问题是一般干线运输所没有的，干线运输的干线是唯一的运输线，而配送运输由于配送用户多，一般城市交通路线又较复杂，如何组合最佳路线，如何使配装和路线有效搭配等，是配送运输工作的重点，也是难度较大的工作。

6. 送达服务

配好的货物运输到用户手中还不算配送工作的完结，这是因为送货和用户接货往往还会出现不协调，使配送前功尽弃。因此，配送工作需要圆满地实现货物的移交，有效、方便地处理相关手续并完成结算。送达服务还应考虑卸货地点、卸货方式等。

7. 加工

在配送活动中，配送加工不具有普遍性，但是往往具有重要的作用，这主要是因为通过配送加工可以大大提高用户的满意程度。配送加工是流通加工的一种，但配送加工有它不同于一般流通加工的特点，即配送加工一般只取决于用户要求，其加工的目的较为单一。

物流配送的一般流程比较规范，但并不是所有的配送都是按照上述流程进行的。不同产品的配送可能有独特之处，如燃油配送就不存在配货、分放、配装工序，水泥及木材配送就多出了一些流通加工的过程，而流通加工又可能在不同的环节出现。

（二）申请快递业务经营许可应当具备的服务能力

（1）与申请经营的地域范围、业务范围相适应的服务网络和信件、包裹、印刷品、其他寄递物品（以下统称快件）的运递能力。

（2）能够提供寄递快件的业务咨询、电话查询和互联网信息查询服务。

（3）收寄、投递快件的，有与申请经营的地域范围、业务范围相适应的场地或者设施。

（4）通过互联网等信息网络经营快递业务的，有与申请经营的地域范围、业务范围相适应的信息处理能力，能够保存快递服务信息不少于 3 年。

（5）对快件进行分拣、封发、储存、交换、转运等处理的，有封闭的、面积适宜的处理场地，配置相应的设备，且符合邮政管理部门和国家安全机关依法履行职责的要求。

（6）申请经营国际快递业务的，还应当能够向有关部门提供寄递快件的报关数据，位于机场和进出口岸等属于海关监管的处理场地、设施、设备应当符合海关依法履行职责的要求。

（三）许可管理

（1）《快递业务经营许可证》记载事项发生变化的，经营快递业务的企业应当向做出行政许可决定的邮政管理部门提出申请；邮政管理部门依法办理变更手续。

（2）经营快递业务的企业及其分支机构可以根据业务需要开办快递末端网点，并应当自开办之日起 20 日内向快递末端网点所在地邮政管理部门备案。经营快递业务的企业及其分支机构对其开办的快递末端网点承担服务质量责任和安全主体责任。

二、技能提升

实训 调查一家大型商业企业，分析它是如何做好商品配送的

【实训内容描述】

学生上网搜索配送相关资料，了解配送合同的内容，在全面把握配送相关资料的基础上，明确物流企业在配送活动中的法律地位。与几个同学搭伴参观一家大型商业企业，分析

它是如何做好商品配送的。此实训内容一方面可以加深学生对所学知识的理解，另一方面可以培养学生搜集信息、总结归纳的能力。

【实训步骤】

步骤一：将班级学生分成若干小组，选出一名组长，由组长带领小组成员共同解读实训内容。

步骤二：小组成员分工、查找资料。课堂上设计调查项目，课下通过网络、调查等形式搜集配送相关资料，小组成员共同分析、汇总、讨论配送的特征及物流企业在配送中的法律地位。

步骤三：将查找到的资料，总结得出的配送的含义、特征，配送合同的内容，做成PPT、Word文档或者卡片等形式，每组选出一位发言人代表本组进行展示、分享，其他小组可以进行提问和质疑，资料的搜集要能够充分体现学过的知识点。

步骤四：教师对各小组的展示情况进行总结点评。

【考核要求】

小组内部交流过程中，要求每位成员独立思考、积极参与。教师全程指导，观察每位小组成员在活动中的表现，及时给予帮助。各小组交流互评，教师点评，给予学生正面、积极的肯定，同时指出不足之处。

巩固提高

一、名词解释

1. 配送
2. 配送中心
3. 配送合同
4. 配送服务合同
5. 销售配送合同

二、填空题

1. _____是指从事配送业务的物流场所或组织。

2. _____是物流中一种特殊的、综合的活动形式，是物流的一个缩影或在特定范围内物流作业全部活动的体现。

三、单项选择题

1. （　　）是一种单纯的提供配送服务的合同，双方当事人仅就货物的交接、配货、运送等事项规定各自的权利和义务，不涉及货物所有权。

　A. 配送服务合同　　　　　　B. 销售配送合同

　C. 配送合同　　　　　　　　D. 配送仓储合同

2. 由于快递服务活动要求（　　），当事人之间一般使用由投递人填写快递服务企业委派的快递从业人员提供的快递运单。

A. 快捷、方便、时效性强　　　　B. 快捷、方便

C. 快捷、时效性强　　　　　　　D. 方便、时效性强

3. 快件的赔付对象应为（　　　）。

A. 寄件人或寄件人指定的受益人　B. 收件人或寄件人指定的受益人

C. 寄件人或收件人　　　　　　　D. 收件人或收件人指定的受益人

四、多项选择题

1. 根据配送的具体方式不同，配送费可能包括（　　　）。

A. 标的物价款　　　　　　　　　B. 配送服务费

C. 物流服务费　　　　　　　　　D. 管理费

2. 配送服务合同是指配送人接收用户的货物，予以保管，并按用户的要求对货物进行（　　　）作业，最后在指定时间送至用户指定地点，由用户支付配送服务费的合同。

A. 拣选　　　　　　　　　　　　B. 加工

C. 包装　　　　　　　　　　　　D. 分割

E. 组配

3. 快递服务的特征包括（　　　）。

A. 对时限要求高　　　　　　　　B. 服务更加便利

C. 高效的网络组织和完善的网络覆盖　D. 全程监控和实时查询

五、简答题

1. 简述配送企业在配送活动中的法律地位。

2. 简述申请快递业务经营许可应当具备的服务能力。

六、案例分析题

案例一

某公司把从国外进口的原材料运到甲配送企业的仓库，甲配送企业负责确定分货、配货计划和每日的配送数量，然后将配好的货物直接送到生产厂的流水线。某日，仓库在接货时发现原材料有部分锈蚀。

问题：（1）案例中原材料的损失应该由谁负责？为什么？

（2）如果在配送企业将原材料送到生产厂时发现原材料损失，又应该由谁负责？为什么？

案例二

吉祥公司（以下称用户）与大东货物配送中心（以下称配送人）订有销售配送合同，合同约定由配送人组织进货，并按用户的要求对货物进行拣选、加工、包装、分割、组配等作业后，在指定的时间送至用户指定地点，用户支付配送费。在合同履行过程中，先后出现了以下情况：2022年7月10日，用户检查配送货物，发现了漏送事件；2022年9月10日，用户接收货物后第五天发现包装货物不符合合同要求，属于次品。

问题：案例中的情况应当如何处理？为什么？

最美快递小哥荣获全国道德模范称号

迎着晨光，湖北顺丰速运有限公司江汉分部经理汪勇骑着电动车来到位于武汉市东西湖区的一处站点，跟同事热情地打招呼，查看收取的货件数额，了解"双十一"物流高峰情况……

"我就是一个普通的快递小哥，做了该做的事，党和政府、全社会给了我太多的荣誉，对我是莫大的鞭策；我除了干好自己的本职工作，还要为社会多做贡献，把志愿服务的旗帜坚定地扛下去。"汪勇说。

"组局人""逆行者""凡人英雄"……人们这样称赞汪勇在疫情期间的非凡表现。

时针拨回到2020年春节。大年三十晚上，汪勇得知武汉金银潭医院有医护人员求助，希望有人能开车将他们送回家。他对家人谎称要去公司值班，大年初一开始当起了金银潭医院医护人员的"专职司机"，住进了仓库。这一走，就是1个月。

一个人的力量毕竟有限，汪勇很快组建起二三十人的车队，又联系了共享单车公司、共享电动车公司和网约车公司，解决了医护人员出行的问题；为了解决医护人员吃饭难题，他又拉起志愿者队伍，得到了10万件方便面的赞助，并联系到一家快餐生产厂家；医护人员缺少无袖羽绒服，他自筹10万元采购；医院缺鞋套，他连夜开车到鄂州运回2 000双防护鞋套……汪勇组建的志愿者团队成了武汉金银潭医院的"编外后勤服务中心"。

"我这样一个普通人站出来，在疫情初期能迅速汇聚这么多的资源和力量，让人看到了社会公益、志愿服务的力量。这个社会不缺乏爱心！"汪勇感慨地说。

疫情过后，汪勇经常参加读书会、宣讲会、颁奖礼等社会活动，把那段不平凡的经历讲给更多人听，向社会传递志愿服务的魅力。

"通过参加这些活动，收获了很多感动，升华了自己的灵魂，明确了以后的路怎么走。"汪勇说。

繁忙的工作和社会活动之余，汪勇发动爱心人士为山区贫困孩童捐款以改善当地教育条件，组织社会力量为困难老人提供帮扶。他作为党员下沉社区协助防控……社会公益、志愿服务，成为他生活的一部分。

"汪勇现在社会活动很多，感觉到他不只是一个快递小哥，更想要为这个行业、为社会做更多的事。"顺丰武汉江汉经营分部主管陈明说，"他会经常鼓励我们参加社区的公益活动，为快递小哥接触最多的小区居民提供帮助。"

如今，湖北顺丰速运有限公司成立了党支部，汪勇的工作从纯业务岗位逐渐转向党务工作，在成风化人、凝心聚力等方面发挥引领作用。他在思考如何更好地发挥自身优势，带动社会公益力量，为快递小哥代言，帮助更多社会弱势群体。

"感恩这个时代，往后余生，尽自己所能做有益于社会的事，能帮助到更多的人，为社会贡献自己微薄的力量。"汪勇这条微信朋友圈展露了自己的新憧憬。

单 元 评 估

单元课程评估表见表 5-2。

表 5-2　单元课程评估表

单元名称：　　　　　　　　　　姓名：　　　班级：　　　　日期：

1. 本单元我学到的知识：

_____

2. 本单元我掌握的技能：

_____

3. 教师讲授思路是否清晰？是否有没讲清楚的内容？如有，请列出：

_____

4. 教师的教学方法对你的学习是否起到帮助作用？

_____

5. 你是否有学习目标？是否制订了学习计划？

_____

6. 为更有效地学习，你对本单元的教学有何建议？

_____

教师评语：

学生签字：　　　　　教师签字：

单元六

仓储法律法规

学习目标

知识目标
→ 了解仓储的概念、类型
→ 认识物流企业在仓储活动中的法律地位
→ 熟悉仓储合同的概念、订立和内容
→ 掌握仓单的概念和相关内容
→ 明确仓储合同的效力
→ 了解保税仓库的含义、分类及仓储对象
→ 了解设立保税仓库应具备的条件

技能目标
→ 能够根据所学的相关法律知识，判断仓储合同的效力
→ 能够完成仓单签发

素养目标
→ 培养学生自觉遵守仓储合同法律制度、诚实守信的观念

情景导入

　　小张和小李是一对年轻的夫妻，妻子小李有一个日记本，婚前小张就想看看这个日记本，但从来没有看到，于是心里耿耿于怀。这个日记本到底都记了些什么内容呢？对于小张来说这是一个谜团。某日，妻子小李在本市某银行开设了一个私人保险箱，并把这个日记本寄存到里面。没过多久，小张知道小李在本市某银行有保险箱，出于好奇，通过银行的朋友打开了保险箱，终于看到了这个"神秘"的日记本。原来细心的妻子把丈夫在恋爱期间对她的甜言蜜语和海誓山盟都一一记录了下来。

情景要求
结合以上案例，完成下列问题：
1. 丈夫小张这么做对吗？
2. 银行可以在不经过本人同意的情况下打开保险箱吗？

以上问题的完成要求以小组为单位，使用 PPT 的形式进行成果展示，每小组上交一份。

模块一 ▶ 仓储概述

为了保证社会再生产的顺利进行，满足一定时间内社会生产和消费的需要，必须存储一定量的物资。仓储就是通过仓库对商品进行储存和保管。进行仓储活动的主体设施是仓库，传统仓库的主要功能是防止物品的丢失和损伤，而现代仓库的仓储功能从重视保管效率逐渐演变为重视如何才能顺利地发货和配送，加快仓储商品周转，以提高物流的时间效用。在物流过程中，仓储承担了改变"物"的时间状态的重任。它与运输形成了物流过程的两大支柱，是物流系统的中心环节，其核心目标是提高仓库的运作效率和生产率。尽管理论上零库存是物流的理想状态，但在现实情况下，在物流及供应链中，仓储仍是十分重要的环节，仓储保管工作质量的好坏，直接影响着物流系统的经济效益。

能力知识点 1 ▶ 仓储、仓储活动及仓储的类型

一、仓储及仓储活动

我国国家标准《物流术语》（GB/T 18354—2021）对仓储的定义为："利用仓库及相关设施设备进行物品的入库、储存、出库的活动。"

储存就是保护、管理和储藏物品；保管就是对物品进行保存和对数量、质量进行控制的活动。

仓储活动是一项商业活动，不仅包括物品在一般的空间中的储藏与保管，也包括物品在其他一系列设施和场地中的储存；它也是一项物流活动，仓储活动从接收储存物品开始，经过储存保管作业，直到把货物完好地发放出去的全部活动过程，其中包括存货管理和各项作业活动。

想一想

仓储活动是在什么条件下产生的？

二、仓储的类型

1. 自营仓储

自营仓储是指物品的仓储业务由本企业自己来经营或管理的一种仓储形式，可分为自有仓储和租赁仓储两种形式。

2. 公共仓储

公共仓储是指企业委托提供营业性服务的公共仓库储存物品的一种仓储方式。它是一种专门从事经营管理的、面向社会的、独立于其他企业的仓库。企业不是仓库的所有人或经营人，而是存货人，公共仓库企业为保管人，双方的权利和义务按有关仓储合同方面的法规确定。

3. 合同仓储

合同仓储又称为第三方仓储，是指企业将仓储作为物流活动的一部分转包给外部公司，由外部公司为企业提供综合物流服务的仓储方式。

1）根据仓储经营主体的不同，仓储可分为：企业自营仓储、商业营业仓储、公共仓储、战略储备仓储。

2）根据仓储对象的不同，仓储可分为：普通物品仓储、特殊货物仓储。

3）根据仓储功能的不同，仓储可分为：储存仓储、物流中心仓储、配送中心仓储、运输转换仓储、保税仓储。

4）根据仓储经营方式的不同，仓储可分为：保管式仓储、加工式仓储、消费式仓储。

能力知识点 2 ▶ 物流企业在仓储活动中的法律地位

1. 为客户提供仓储服务

此时物流企业为专门从事营业性服务的公共仓库，与客户签订的是仓储合同，双方是仓储合同法律关系，物流企业为保管人，客户为存货人，双方的权利和义务按有关仓储合同方面的法律规范确定。

2. 为客户提供包含仓储在内的综合物流服务

此时物流企业为综合性物流企业，或者具有两项（包括仓储）以上的物流服务功能，与客户签订的是物流服务合同，而不是单纯的仓储合同，物流企业是物流服务提供者，客户是物流服务需求者，双方的权利和义务按物流服务合同双方当事人的关系予以确定。

3. 以存货人的身份出现

当物流企业没有仓储设备或虽有仓储设备但库存空间不足时，在与客户签订含有仓储服务的物流服务合同后，通常又会与仓库经营人签订仓储合同，以解决库存空间不足的问题，此时物流企业作为存货人，仓库经营人作为保管人，双方当事人的权利和义务依据仓储合同法律关系确定。

仓储经营者从事仓储经营活动应具备以下条件：仓库的位置和设施，装卸、搬运、计量等机具应符合行业技术规定；仓库安全设施须符合公安、消防、环保等部门的批准许可；有完整的货物进库、入库、存放等管理制度；有专职保管员。

模块二 ▶ 仓储合同

随着商品经济的发展、市场分工的深化，专门从事仓储服务的企业越来越多。在实际仓储服务工作中，经常出现存货方与保管方之间的矛盾纠纷。而仓储合同的法律适用，就是仓储活动中发生争议时用来解决双方纠纷的法律，它按照《民法典》适用的一般规则，将各自的责任加以明确。在进行实际的物流仓储活动中，必须填写仓单、签订仓储合同，确保责任明确。作为接受报酬、提供仓储服务的物流工作人员，必须明确掌握仓储合同，了解其内涵，履行其义务，这对于提高仓储服务质量具有至关重要的意义。

想一想
仓储在现代物流体系中的作用。

能力知识点 1 → 仓储合同的概念和相关内容

一、仓储合同的概念

仓储合同是指保管人储存存货人交付的仓储物，存货人支付仓储费的合同。存货人就是仓储服务的需求者，保管人就是仓储服务的提供者，仓储物就是存货人交由保管人进行储存的物品，仓储费就是保管人向存货人提供仓储服务取得的报酬。在实际生活中，仓储合同往往是格式合同，经营公共仓库的保管人为了与多数存货人订立仓储合同，通常事先拟定并印制了大部分条款，如存货单、入库单、仓单等，在实际订立仓储合同时，再将双方通过协商议定的内容填进去从而形成仓储合同关系，而不另行签订独立的仓储合同。

二、仓储合同的订立

仓储合同的订立要经过要约和承诺两个阶段。仓储合同的要约既可以由保管人根据自己的仓储能力发出，也可以由存货人根据自己的委托存储计划发出。由于仓储合同是诺成合同，因而一方发出要约，经双方协商，对方当事人承诺后，仓储合同即告成立。

三、仓储合同的内容

在仓储合同中，要明确保管人和存货人双方的权利和义务关系，将它们体现在合同的条款上。仓储合同主要包括以下内容。

（1）应订明货物储存库场的种类。
（2）仓储物的存储期间、保管要求和保管条件。
（3）保管人、存货人的名称或者姓名和住所。
（4）仓储物的品名、品种、规格。
（5）仓储物的数量、质量、包装、件数和标记。
（6）仓储物验收的项目、标准、方法、期限和相关材料。
（7）仓储物进出库手续、时间、地点和运输方式。
（8）仓储物的损耗标准和损耗处理。
（9）计费项目、标准和结算方式、银行账号。
（10）合同的有效期。
（11）责任划分和违约责任条款。
（12）合同变更、解除的程序和期限。

四、仓储合同的法律特征

（1）仓储合同为诺成合同。
（2）仓储合同的一方当事人必须具备专业资格。

（3）仓储合同为双务有偿合同。

（4）仓储合同的标的物必须是动产。

（5）仓单是仓储合同的必备要件。

（6）仓储合同一般是格式合同。

保管合同中，保管人和存货人应承担的义务和责任是不一样的。

五、签订仓储合同时应注意的陷阱及防范措施

1. 主体方面

陷阱：保管人简写或没有保管资格。

防范措施：核实保管人是否有保管资格，实际保管人与保管人是否一致，防止储存仓储物被骗走。

2. 仓储物的品名、品种、规格、数量、质量和包装方面

陷阱：只填写仓储物名称，其他不填。

防范措施：应详细、具体地填写仓储物的品名、品种、规格、数量、质量和包装等。这关系到因保管不当或因其他保管事由而产生的索赔。

3. 仓储物验收内容、标准、方法、时间和资料方面

陷阱：不填或漏填验收内容、标准、方法、时间和资料。

防范措施：

（1）要逐项认真填写存、取仓储物的验收方面内容。若没有订明以何标准、用何方法、在多长时间内验收，保管责任不易分清，索赔困难。

（2）要注意写明仓储物的验收期限，验收时间与仓储物实际入库时间应尽量缩短，对易发生变质的仓储物，更应注意验收时间。必须注明超过验收时间所造成的实际损失，由保管人负责。仓储物验收期限，是自仓储物和验收资料全部送达保管人之日起，至验收报告送出之日止，日期均以运输或邮政部门的戳记或直接送达的签收日期为准。

（3）要写明保管人应按合同规定的品名、规格、数量、外包装状况、质量对入库仓储物进行验收。如果发现入库仓储物与合同规定不符，应在约定的时间内通知存货人。保管人验收后，如果发生仓储物品种、数量、质量不符合合同规定时，保管人应承担赔偿责任。

4. 仓储物入库手续、出库手续、时间、地点和运输方式方面

陷阱：不填入库、出库手续和运输方式。

防范措施：

（1）要将入库手续、出库手续、时间、地点、运输方式写全、写清，这关系到风险责任的承担。另外，有运费时还应写明运费由谁承担。

（2）合同中要注意明确仓储物出入库手续的办理方法，确立仓储物的入库时间，双方当事人必须办理签收手续，在没有存货人在场的情况下，仓储物的出库手续应当与存货人指定的第三者办理，不能直接与仓储物的买方办理。另外，仓储物在出库后，原合同约定由保管人代为发运的，合同条款中必须明确仓储物的运输方式，是公路运输还是铁路、水路运输，抑或是所有运输方式都可以，要规定清楚。如果因合同规定不明确而造成仓储物迟延到达，

其责任由合同双方承担。合同规定了发运方式后，还必须规定送达目的地的时间；否则，所引起的纠纷双方均应承担责任。

5. 仓储物的损耗标准和损耗处理方面

陷阱：不填写损耗或不实写损耗。

防范措施：

（1）如实正确填写损耗。不填或少填，保管人赔偿责任重；多填，存货人损失大；少填或多填也容易出现纠纷。

（2）合同中要订明仓储物在储存期间、运输过程中的损耗和磅差标准的执行原则。有国家或专业标准的，按国家或专业标准规定执行；没有国家或专业标准的，可以商定在保证运输和存储安全的前提下由双方做出约定。

6. 包装条款方面

陷阱：包装条款方面不写或填写不明。

防范措施：

（1）合同中要明确仓储物的包装条款，如包装仓储物必须明确由存货人负责。因为保管人不负有对仓储物包装的义务，只负有对仓储物的包装储存的义务，所以必须明确。

（2）必须明确包装的各种具体要求，如包装物的外层包装用料，内层包装要求；易碎、易腐物品或危险物品的包装要求等要有具体规定。仓储物包装，有国家标准或专业标准的，按国家或专业标准执行；没有国家标准或专业标准的，在保证运输和储存安全的条件下，按合同规定执行。因此，在缺少包装标准的情况下，合同应根据实际情况约定包装执行的标准。

7. 保管条件与要求方面

陷阱：不写明或不写保管条件与要求。

防范措施：仓储物的储存条件和储存要求必须在合同中明确做出规定，需要在冷冻库里储存或是在高温、高压下储存的，都应通过合同订明。特别是对易燃、易爆、易渗漏、易腐烂、有毒等危险物品的储存要明确操作要求、储存条件和方法。原则上，有国家规定操作程序的，按国家规定执行；没有国家规定的，按合同约定储存。

8. 计费项目、标准和结算方式方面

陷阱：不写清结算事项。

防范措施：写清结算方式和结算时间、数额，若是分期结算，还要将每期的结算额写清。

9. 违约责任方面

陷阱：少填违约责任，填写违约责任的附加条件。

防范措施：详细、明确地填写违约责任，剔除违约责任的附加条件。

10. 变更和解除合同的期限方面

陷阱：不填写变更和解除合同的期限。

防范措施：认真填写变更和解除合同期限的时间要求，选择权威、公正的机构出具材料。

11. 争议的解决方式方面

陷阱：不填或只填协商解决。

防范措施：选择便利、公正的纠纷解决机关、方式和地域管辖。

12. 仓储物商检、验收、包装、保险和运输等其他约定事项方面

陷阱：不填写仓储物商检、验收、包装、保险和运输等其他约定事项。

防范措施：若是进出口仓储物仓储，一定要逐项认真填写，不然，风险责任和储存责任不易分清。

13. 签字盖章方面

陷阱：只签字，不盖章。

防范措施：要求对方盖章，并核实盖章单位与保管人是否一致。

能力知识点 2　仓单的概念和相关内容

一、仓单的概念

我国国家标准《物流术语》（GB/T 18354—2021）对仓单的定义为："仓储保管人在与存货人签订仓储保管合同的基础上，按照行业惯例，以表面审查、外观查验为一般原则，对存货人所交付的仓储物品进行验收之后出具的权利凭证。"

仓单是提取货物的凭证，也表示货物的所有权。仓单必须有保管人的签字或盖章才有效。因为在合同有效期间，货物是受保管人合法占有并管理的，因此必须在仓单上有保管人的签字或盖章认可该票货物是保管人暂时占有，存货人或仓单持有人可以凭仓单对货物进行处置。

二、仓单的法律性质

1. 仓单是一种有价证券

仓单是在存货人交付仓储物时，保管人应存货人的请求所填发的有价证券。

2. 仓单具有交付指示证券的性质

即存货人对保管人予以指示，向仓单持有人支付仓储物的全部或一部分的指示证券。基于仓单的这一性质，仓单可以通过背书方式进行转让。

3. 仓单是一种物权凭证

仓单代表存储物品，仓单的占有意味着物品本身的占有，仓单的转移意味着仓储物品占有的转移。

4. 仓单是一种文义证券，以仓单上文字记载的内容为准

如果仓单上文字记载的内容与实际情况不符，保管人有义务按仓单上所记载的内容履行义务，即仓单上记载有某批货物，而实际仓库中并没有，保管人对仓单持有人有交付该批货物的义务。

5. 仓单是要因证券

仓单上记载的权利以仓储合同为基础，如果没有仓储合同，也就无所谓仓单的存在，这样的仓单只能是一种假仓单。

6. 仓单是要式证券

根据《民法典》第九百零九条的规定，保管人须在仓单上签字或盖章，仓单上应该有法定的必须记载的事项。没有法定的完备的形式，保管人出具的仓单是无效的。而一般保管

合同的成立，有当事人之间的合意即可，不以特别方式为必要；保管合同的形式由当事人自由选择，可以选择口头形式、书面形式、公证形式等。

《民法典》第九百零九条规定，保管人应当在仓单上签名或者盖章。仓单包括下列事项：

（1）存货人的姓名或者名称和住所。

（2）仓储物的品种、数量、质量、包装及其件数和标记。

（3）仓储物的损耗标准。

（4）储存场所。

（5）储存期限。

（6）仓储费。

（7）仓储物已经办理保险的，其保险金额、期间以及保险人的名称。

（8）填发人、填发地和填发日期。

7. 仓单是换取证券

保管人按仓单持有人的要求交付仓储物以后，可要求仓单持有人缴还仓单，因此，仓单又称为缴还证券。如果仓单持有人拒绝缴还仓单，保管人可拒绝交付仓储物。

三、仓单上记载的内容

1. 存货人的名称或者姓名和住所

存货人为法人或者其他社会组织、团体的，应当写明其名称，名称应写全称。存货人为自然人的，则应写明姓名。

2. 仓储物的品种、数量、质量、包装、件数和标记

仓储物的品种、数量、质量、包装、件数和标记等内容是经过保管人验收确定后再填写在仓单上的。需注意的是，保管人和存货人订立仓储合同时，对仓储物上述情况的约定，不能作为填写仓单的依据。

3. 仓储物的损耗标准

一般地，在仓储合同中约定有仓储物的损耗标准，仓单上所记载的损耗标准通常与该约定相同。当然，当事人也可以在仓单上对仓储合同中约定的标准进行变更。当仓储合同约定的标准与仓单上所记载的标准不一致时，一般以仓单的记载为准。

📁 资料卡

"仓单质押"业务在我国物资储运行业开展了数年，是解决仓库存货客户资金紧缺、保证银行放贷安全和增加储运仓库货源的有效途径，可以取得一举三得的效果。

---

4. 储存场所

储存场所即仓单上标明仓储物所在的具体地点。

5. 储存期间

在一般情况下，存货人与保管人在仓储合同中商定储存期间，仓单上的储存期间与仓储合同中的储存期间一般是相同的。

6. 仓储费

仓储费即存货人向保管人支付的报酬。

7. 仓储物保险

仓储物已经办理保险的，应写明保险金额、期间及保险人的名称。

8. 填发人、填发地和填发日期

填发人也就是仓储合同的保管人，填发地一般是仓储物入库地。

四、仓单的作用

仓单作为仓储保管的凭证，其作用主要表现在以下几个方面。

1. 仓单是保管人向存货人出具的货物收据

当存货人交付的仓储物经保管人验收后，保管人需向存货人填发仓单。仓单是保管人已经按照仓单所载状况收到货物的证据。

2. 仓单是仓储合同存在的证明

仓单是存货人与保管人双方订立的仓储合同存在的一种证明，只要签发仓单，就证明了合同的存在。

3. 仓单是货物所有权的凭证

仓单代表仓单上所列的货物，合法占有仓单就等于占有该货物，仓单持有人有权要求保管人返还货物，有权处理仓单所列的货物。仓单的转移，也就是仓储物所有权的转移。因此，保管人应该向持有仓单的人返还仓储物。也正由于仓单代表着其项下货物的所有权，所以，仓单作为一种有价证券，也可以按照《民法典》的规定设定权利质押担保。

4. 仓单是提取仓储物的凭证

仓单持有人向保管人提取仓储物时，应当出示仓单。保管人一经填发仓单，则持单人对于仓储物的受领，不仅应出示仓单，而且还应缴回仓单。仓单持有人为第三人，而该第三人不出示仓单的，除了能证明其提货身份外，保管人应当拒绝返还仓储物。

此外，仓单还是处理保管人与存货人或仓单持有人之间关于仓储合同纠纷的依据。

五、仓单的效力

仓单一经依法签发，就具有法律效力。仓单上所载明的权利与仓单是不可分离的，仓单主要具有以下效力。

1. 提取仓储物的效力

仓单是提取仓储物的凭证。保管人一经填发仓单，则仓单持有人对于仓储物的受领，不仅应出示仓单，而且还应缴回仓单。

2. 转让提取仓储物权利的效力

存货人或仓单持有人在仓单上背书，并经保管人签名或者盖章的，可以转让提取仓储物的权力。

能力知识点3 ➡ 仓储合同的效力

一、保管人的权利和义务

1. 保管人的权利

（1）有权要求发货人按照合同约定交付货物。

（2）有权要求发货人就所交付的危险货物或易变质货物的性质进行说明并提供相关资料。

（3）对入库货物进行验收时，有权要求发货人配合并提供验收资料。

（4）发现货物有变质或者其他损坏时，有权催告发货人做出必要的处置。

（5）有权在情况紧急时，对变质或者有其他损坏的货物进行处置。

（6）有权要求发货人按时提取货物。

（7）发货人逾期提取货物的，有权加收仓储费。

（8）有权提存发货人逾期未提取的货物。

（9）有权要求发货人按约定支付仓储费和其他费用。

2. 保管人的义务

（1）出具仓单的义务。根据《民法典》的相关规定，存货人交付仓储物的，保管人应当出具仓单、入库单等凭证，并在仓单上签字或者盖章。

（2）及时接收货物并验收入库的义务。按照有关法律规定及合同的约定，对保管物要及时接收并验货。保管人没有按合同约定接货的，应承担违约责任。验收时发现与合同约定不符的，应及时向存货人提出；若接收货物时未提出异议的，视为货物品种、数量和质量符合合同约定。保管物入库后，发生仓储物的损害和灭失，保管人应当承担损害赔偿责任。保管人应按合同约定或国家规定的验收项目、验收方法、验收期限进行验收；若未能按照合同约定或国家有关规定进行验收，以致验收不准确的，因此造成的损失由保管人负责。

（3）妥善保管仓储物的义务。保管人要按照约定的储存条件和要求保管货物，特别是对于危险品和易腐物品，要按国家和合同规定的要求操作、储存。保管人因保管不当造成仓储物灭失、短少、变质、污染的，应当承担赔偿责任。但是，由于不可抗力或货物本身性质发生的毁损，保管人可以免责。

（4）接受检查的义务。存货人或仓单持有人在储存期间请求检查仓储物或提取样品的，保管人应予以准许。根据《民法典》第九百一十一条的规定，保管人根据存货人或者仓单持有人的要求，应当同意其检查仓储物或者提取样品。

（5）危险通知义务。当货物或外包装上标明了有效期或合同上申明了有效期的，保管人应在货物临近失效期60天前通知存货人；若发现货物有异状，或因第三人主张权利而起诉或被扣押的，也应及时通知存货人。

（6）紧急处置的义务。《民法典》第九百一十三条规定，保管人发现入库仓储物有变质或者其他损坏，危及其他仓储物的安全和正常保管的，应当催告存货人或者仓单持有人做出必要的处置。因情况紧急，保管人可以做出必要的处置；但是，事后应当将该情况及时通知存货人或者仓单持有人。

（7）按期如数出库义务。保管期限届满，应按约定的时间、数量将货物交给存货人或仓单持有人；保管期限未到，但存货人要求返还保管货物的，保管人应及时办理交货手续。

保管人没有按约定的时间、数量交货的，应承担违约责任；未按货物出库原则发货而造成货物损坏的，应负责赔偿实际损失。此外，合同约定由保管人代办运输保管货物的，保管人有义务按期发货，妥善代办运输手续。如果保管人没有按合同规定的期限和要求发货或错发到货地点，应负责赔偿由此造成的实际损失。

一般来说，仓储合同对储存期间有约定的，在储存期限届满前，保管人不得要求存货人取回仓储物。但是，在存货人要求返还时，保管人不得拒绝返还，但可以就其因此所受到的损失请求存货人赔偿。另外，仓储合同对储存期间没有约定或者约定不明确的，保管人随时可以向存货人或仓单持有人要求提取货物，但应当给予必要的准备时间。

二、存货人的权利和义务

1. 存货人的权利

（1）有权要求保管人给付仓单。

（2）有权要求保管人对入库货物进行验收并就不符情况予以通知，保管人未及时通知的，有权认为入库货物符合约定。

（3）有权对入库货物进行检查并提取样品。

（4）保管人没有或者怠于将货物的变质和其他损坏情形向存货人催告的，存货人有权对因此遭受的损失向保管人请求赔偿。

（5）对保管人未尽妥善储存、保管货物的义务造成的损失，有权要求保管人赔偿。

（6）储存期满，有权凭仓单提取货物。

（7）未约定储存期间的，有权随时提取货物，但应当给予保管人必要的准备时间。

（8）储存期间未满，也有权提取货物，但应当加交仓储费。

2. 存货人的义务

（1）提交储存货物。存货人要按合同约定的品名、时间、数量向保管人提交储存货物，并向保管人提供必要的入库验收资料。存货人不能全部或部分按合同约定入库时，应承担违约责任；因未提供验收资料或提供的资料不齐全、不及时，造成验收差错及贻误索赔期的，由存货人负责。存货人交付货物有瑕疵或者按货物的性质需要采取特殊保管措施的，应当告知保管人。存货人因过错未告知保管人瑕疵或者特殊保管要求，致使保管人受到损害的，应承担损害赔偿责任。储存易燃、易爆、有毒、有放射性等危险物品或者易腐物品，存货人应当说明货物的性质和预防危险、腐烂的方法，提供有关资料，并采取相应的防范措施。存货人未履行这些义务的，保管人可以拒收该货物；保管人因接收该货物造成的损失，由存货人负责赔偿。

（2）负责包装货物。存货人应按照规定负责货物的包装。包装标准有国家或专业标准的，按国家或专业标准规定执行；没有国家或专业标准的，按双方约定的标准执行。包装不符合国家或合同规定，造成货物损坏、变质的，由存货人负责。

（3）支付报酬和必要费用。仓储合同均为有偿合同，因此，存货人在提取货物时应向保管人支付保管费及因保管货物所支出的必要费用。否则，保管人有权对仓储物行使留置权。具体费用包括以下几方面。

仓储费，即保管人因其所提供的仓储服务而应取得的报酬。根据《民法典》第九百零四条的规定，仓储费应由存货人支付。存货人支付仓储费的时间、金额和方式依据仓储合同的约定。仓储费与一般保管费有所不同，当事人通常约定由存货人在交付货物时提前支付，而非等到提取货物时才支付。《民法典》第九百零四条规定，仓储合同是保管人储存存货人交付的仓储物，存货人支付仓储费的合同。

《民法典》第九百一十五条规定，储存期限届满，存货人或者仓单持有人应当凭仓单、入库单等提取仓储物。存货人或者仓单持有人逾期提取的，应当加收仓储费；提前提取的，不减收仓储费。

其他费用，即为了保护存货人的利益或者避免其损失而发生的费用。例如，存货人所储存的货物发生变质或者其他损坏，危及其他货物的安全和正常保管的，在紧急情况下，保管人可以做出必要的处置，因此而发生的费用，应当由存货人承担。

（4）按合同规定及时提取货物。合同期限届满，存货人应按合同约定及时提取货物。如因存货人的原因不能如期出库时，存货人应承担违约责任。提前提取的，除当事人另有约定外，不减少其仓储费。出库货物由保管人代办运输的，存货人应按合同规定提供有关材料、文件，未及时提供包装材料或未按期变更货物的运输方式、到站、收货人的，应承担延期的责任和增加的费用。

储存期间届满，仓单持有人应当凭仓单提取仓储物，并向保管人提交仓储验收资料。仓单持有人逾期提取的，应当加收仓储费；提前提取的，不减收仓储费。储存期间届满，仓单持有人不提取仓储物的，保管人可以催告其在合理期限内提取，逾期不提取的，保管人可以提存该仓储物。保管人在储存期间届满后，在仓单持有人不提取仓储物的情况下，可以在通知的期间内加收仓储费。

除以上规定外，仓储合同对双方当事人的效力，还适用保管合同的规定。

（5）对变质或者有其他损坏的货物进行处置的义务。为了确保其他货物的安全和正常的保管活动，根据《民法典》第九百一十三条的规定，当入库货物发生变质或者其他损坏，危及其他货物的安全和正常保管，保管人催告时，存货人或仓单持有人有做出必要处置的义务。对于存货人或仓单持有人的这种处置义务，应当注意以下几点：①以能够保证其他货物的安全和正常保管为限。②如果保管人对存货人或者仓单持有人的货物的处置要求过高，存货人或者仓单持有人可以拒绝。③如果存货人或者仓单持有人对货物的处置已主动地超过必要的范围，由此而给保管人造成不便或带来损害的，保管人有权要求赔偿。④如果存货人或者仓单持有人怠于处置，则应对这些损失承担赔偿责任。

> **小知识**
>
> **仓储合同与保管合同的区别与联系**
>
> 仓储合同与保管合同都是指保管寄存人交付的保管物，并返还该物的合同。仓储合同是一种特殊的保管合同。
>
> 1. 仓储合同与保管合同的区别
>
> （1）仓储合同是有偿合同，保管合同既可以是有偿合同也可以是无偿合同。
>
> （2）仓储合同是诺成性合同，保管合同通常是实践性合同。
>
> （3）根据仓储合同可签发仓单，而保管合同中不存在仓单，保管人可出具收货凭证（或保管凭证）。

（4）现有法律对仓储经营人要求特殊的经营资格条件，而对保管人未做出限制。

（5）仓储合同根据无过错原则确定责任，而保管合同根据过错原则确定责任。

（6）仓储合同的仓储物应该是动产；而对保管合同的保管物法律上没有仅限于动产，在理论上，不动产也可成立保管合同。

2. 仓储合同与保管合同的联系

（1）仓储合同与保管合同都是对他人的货物提供一定的保管服务，在保管期限届满时返还该物的合同。因此，当事人在合同的权利、义务上具有相似性。

（2）仓储合同是一种特殊的保管合同。虽然我国《民法典》对保管合同和仓储合同各自设有专门的章节，但保管与仓储这两种活动具有许多相似性。《民法典》第九百一十八条规定："本章没有规定的，适用保管合同的有关规定。"

（6）容忍保管人对变质或者有其他损坏的货物采取紧急处置措施的义务。保管人的职责是储存、保管货物，一般对货物并无处分的权利。然而，在货物发生变质或其他损坏，危及其他货物的安全和正常保管，情况紧急时，根据《民法典》第九百一十三条的规定，保管人可以做出必要的处置，但事后应当将该情况及时通知存货人或者仓单持有人。在这种情况下，存货人和仓单持有人事后不得对保管人的紧急处置提出异议。但是，保管人采取的紧急处置措施必须符合下列条件：①必须是情况紧急，即保管人无法通知存货人、仓单持有人的情况。②保管人虽然可以通知，但可能会延误时机的情况。③处置措施必须是有必要的，即货物已经发生变质或者其他损坏，并危及其他货物的安全和正常保管。④所采取的措施应以必要的范围为限，即以能够保证其他货物的安全和正常保管为限。

三、保管人的责任

（1）存储期间，因保管不善造成货物毁损、灭失的，保管人应承担损害赔偿责任。存货人储存货物的目的是使货物得到妥善适当的保管，以保持货物的品质，便于日后的生产、消费或交易。因此，保管人应按国家有关规定和合同的约定进行保管及必要的仓库储存、堆码、装卸与操作。在存储期间，保管人没有适当履行保管义务而造成货物毁损、灭失的，应承担相应的违约责任。

（2）因货物的性质、包装不符合约定或超过储存期造成货物变质、损坏的，保管人不承担损害赔偿责任。根据传统的交易习惯，货物几乎都是存货人自行包装的，所以，货物在交付之时均已包装妥当，保管人没有包装的义务，因而不应由其承担因包装不符合约定而造成损失的赔偿责任。物流业的兴起使传统的生产和流通理念发生了变化，仓储经营者根据客户的需要同时从事包装服务的已不少见，所以，如果当事人约定货物入库前由保管人负责包装，则相应的责任由保管人承担。货物超过有效储存期造成货物变质、损坏的，保管人不承担损害赔偿责任。存货人对于自己货物的内在品质应予充分考虑，因为货物的内在品质是保管人无法处置的。

模块三 ▶ 保税仓库

能力知识点 1 ▶ 保税仓库的含义、分类及仓储对象

一、保税仓库的含义

我国国家标准《物流术语》（GB/T 18354—2021）对保税仓库的定义为："经海关批准设立的专门存放保税货物及其他未办结海关手续货物的仓库。"

> 🔖 **小知识**
>
> 《海关对保税仓库及所存货物的管理规定》第二十二条规定："保税仓储货物可以进行包装、分级、分类、加刷唛码、分析、拼装等简单加工，不得进行实质性加工。"储存于保税仓库内的进口货物经批准方可在仓库内进行改装、分级、抽样、混合和再加工等。这些货物如再出口则免缴关税，如进入国内市场则须缴关税。各国对保税仓库货物的堆存期限均有明确规定。设立保税仓库主要是货物的保税储存，除为贸易商提供便利外，还可促进转口贸易。

二、保税仓库的分类

保税仓库按照使用对象不同分为公用型保税仓库、自用型保税仓库和专用型保税仓库。

1. 公用型保税仓库

由主营仓储业务的中国境内独立企业法人经营，专门向社会提供保税仓储服务的仓库。

2. 自用型保税仓库

由特定的中国境内独立企业法人经营，仅存储供本企业自用的保税货物的仓库。

3. 专用型保税仓库

保税仓库中专门用来存储具有特定用途或特殊种类商品的仓库。

三、保税仓库的仓储对象

（1）加工贸易进口货物。

（2）转口货物。

（3）供应国际航行船舶和航空器的油料、物料和维修用零部件。

（4）供维修外国产品所进口寄售的零配件。

（5）外商暂存货物。

（6）未办结海关手续的一般贸易货物。

（7）经海关批准的其他未办结海关手续的货物。

电商行业退货入库
的作业流程

能力知识点 2 ▸ **经营保税仓库及设立保税仓库应具备的条件**

一、经营保税仓库的企业应具备的条件

（1）取得经营主体资格。
（2）具有专门存储保税货物的营业场所。

二、设立保税仓库应具备条件

（1）符合海关对保税仓库布局的要求。
（2）具备符合海关监管要求的安全隔离设施、监管设施和办理业务必需的其他设施。
（3）具备符合海关监管要求的保税仓库计算机管理系统并与海关联网。
（4）具备符合海关监管要求的保税仓库管理制度。
（5）公用保税仓库面积最低为 2 000m^2。
（6）液体保税仓库容积最低为 5 000m^3。
（7）寄售维修保税仓库面积最低为 2 000m^2。

能力知识点 3 ▸ **申请设立保税仓库的程序**

步骤一：企业申请设立保税仓库的，应当向仓库所在地主管海关提交以下书面材料。
（1）保税仓库申请书。
（2）申请设立的保税仓库位置图及平面图。
（3）对申请设立寄售维修型保税仓库的，还应当提交经营企业与外商的维修协议。

步骤二：主管海关审核申请资料并派员实地勘查验收。

申请材料齐全有效的，主管海关予以受理。申请材料不齐全或者不符合法定形式的，主管海关应当在 5 个工作日内一次告知申请人需要补正的全部内容。主管海关应当自受理申请之日起 20 个工作日内提出初审意见并将有关材料报送直属海关审批。

直属海关应当自接到材料之日起 20 个工作日内审查完毕，对符合条件的，出具批准文件，批准文件的有效期为 1 年；对不符合条件的，应当书面告知申请人理由。

申请设立保税仓库的企业应当自海关出具保税仓库批准文件 1 年内向海关申请保税仓库验收，由主管海关按照相关规定进行审核验收。申请企业无正当理由逾期未申请验收或者保税仓库验收不合格的，该保税仓库的批准文件自动失效。

步骤三：保税仓库验收合格后，经海关注册登记并核发"保税仓库注册登记证书"，方可以开展有关业务。"保税仓库注册登记证书"有效期为 3 年。

能力知识点 4 ▸ **保税仓库所存货物的管理**

（1）保税仓储货物入库时，收发货人或其代理人持有关单证向海关办理货物报关入库手续，海关根据核定的保税仓库存放货物范围和商品种类对报关入库货物的品种、数量、金额进行审核，并对入库货物进行核注登记。

入库货物的进境口岸不在保税仓库主管海关的，经海关批准，按照海关转关的规定或

者在口岸海关办理相关手续。

（2）保税仓储货物可以进行包装、分级分类、加刷唛码、分拆、拼装等简单加工，不得进行实质性加工。

保税仓储货物，未经海关批准，不得擅自出售、转让、抵押、质押、留置、移作他用或者进行其他处置。

（3）保税仓储货物出库时依法免征关税和进口环节代征税，具体包括以下几种。

1）用于在保修期限内免费维修有关外国产品并符合无代价抵偿货物有关规定的零部件。

2）用于国际航行船舶和航空器的油料、物料。

3）国家规定免税的其他货物。

（4）保税仓储货物存储期限为1年。确有正当理由的，经海关同意可予以延期；除特殊情况外，延期不得超过1年。

（5）保税仓储货物经海关批准可以办理出库手续，海关按照相应的规定进行管理和验放，具体包括以下几种情形。

1）运往境外的。

2）运往境内海关特殊监管区域或者保税监管场所继续实施保税监管的。

3）转为加工贸易进口的。

4）转入国内市场销售的。

5）海关规定的其他情形。

（6）保税仓储货物出库运往境内其他地方的，收发货人或其代理人应当填写进口报关单，并随附出库单据等相关单证向海关申报，保税仓库向海关办理出库手续并凭海关签印放行的报关单发运货物。

出库保税仓储货物批量少、批次频繁的，经海关批准可以办理集中报关手续。

（7）保税仓储货物出库复运往境外的，发货人或其代理人应当填写出口报关单，并随附出库单据等相关单证向海关申报，保税仓库向海关办理出库手续并凭海关签印放行的报关单发运货物。

能力知识点 5 ▶ 法律责任

（1）保税仓储货物在存储期间发生损毁或者灭失的，除不可抗力外，保税仓库应当依法向海关缴纳损毁、灭失货物的税款，并承担相应的法律责任。

（2）保税仓储货物在保税仓库内存储期满，未及时向海关申请延期或者延长期限届满后既不复运出境也不转为进口的，海关应当按照《中华人民共和国海关关于超期未报关进口货物、误卸或者溢卸的进境货物和放弃进口货物的处理办法》第五条的规定处理。

（3）海关在保税仓库设立、变更、注销后，发现原申请材料不完整或者不准确的，应当责令经营企业限期补正，发现企业有隐瞒真实情况、提供虚假资料等违法情形的，依法予以处罚。

（4）未经海关批准，在保税仓库擅自存放非保税货物的和私自设立保税仓库分库的，保税仓库经营企业将受到处罚。

学习实践活动

步骤一：组建小组，解读实践活动。

将班级学生分成若干小组，每组选出一名组长，由组长带领小组成员共同解读"情景导入"及"情景要求"。

步骤二：分工合作，完成实践活动。

小组成员进行分工，课堂上设计调查问卷或表格，课下通过电话、网络、走访或个人生活经历等了解仓储及物流企业在仓储活动中的法律地位，分组整理，填入设计好的问卷或表格。

步骤三：共同分享，交流成果。

将以上收集的资料、设计的表格等内容做成 PPT，每组选出一位发言人代表本组进行展示和分享，其他小组可以对其展示进行提问和质疑，发言人或者本组其他成员可以解释回答。

步骤四：教师总结，点评成果。

教师对各小组的展示情况进行总结点评，并完成"素养与能力测评表"（见表 6-1）的填写。

素养与能力测评

表 6-1　素养与能力测评表

名称						
组别		组员			班级	
考核项目	评价标准		参考分值	考核得分		
				自评	其他组评（平均）	教师评价
基本素养 （15分）	按时到岗，学习准备就绪		5			
	自觉遵守纪律，有责任心和荣誉感		5			
	积极主动，不怕困难，勇于探索		5			
职业素养 （15分）	有较强的沟通能力和团队合作精神		10			
	能够熟知岗位职责，具备法律意识		5			
专业素养 （30分）	了解仓储及物流企业在仓储活动中的法律地位		10			
	熟悉仓储合同的概念、订立、内容和效力		10			
	了解保税仓库		10			
学习实践 活动完成 （40分）	按时正确完成学习实践活动		10			
	PPT 内容完整、美观，表达清晰、流畅		10			
	能积极发现其他小组展示中的问题并大胆提出质疑		10			
	能正确回答其他组的提问		10			
小计			100			
合计（自评 30%＋互评 30%＋教师评 40%）						

拓展提升

一、知识拓展

（一）仓单的签发

我国《民法典》规定，存货人交付仓储物的，保管人应当给付仓单。保管人签发仓单的条件是存货人交付仓储物，一般是在验收之后。根据《民法典》的规定，签发仓单时，保管人应当在仓单上签字或者盖章。未经保管人签字或者盖章的仓单为无效仓单。

从世界各国的立法来看，关于仓单有三种立法主义：①以法国为代表的"两单主义"，又称"复券主义"。采取这种立法主义的，保管人应同时填发两个仓单，一个为提取仓单，用以提取保管物，并可转让；另一个为出质仓单，可用于担保。②以德国商法为代表的"一单主义"。采取"一单主义"的，保管人仅填发一个仓单，该仓单既可用以转让，又可用于质押。③以日本商法为代表的"两单与一单并用主义"。采取此种立法主义的，保管人应存货人的请求填发两个仓单或者一个仓单。

我国《民法典》实际上采用的就是"一单主义"，即保管人仅填发一个仓单，不能同时填发两个仓单；该仓单既可转让，也可用于质押。

（二）仓单的转让与分割

实际生活中，仓单持有人可以请求保管人将保管的货物（仅适用在数量上可以分割的货物，特别是大宗货物）分割为数个部分，并分别填发仓单，同时持有人须交还原仓单。这在学说上称为仓单的分割。其目的是便于存货人处分仓储物，如将1 000吨水泥分割成10份，分别卖给不同的人。但是，因分割仓单所支出的费用是由存货人支付或偿还的。

《民法典》规定，存货人或仓单持有人在仓单上背书并经保管人签字或者盖章的，可以转让提取仓储物的权利。

（三）仓单交付的后果

1. 仓储物风险承担随仓单而转移

依《民法典》的基本理论，风险自交付时转移，尽管仓单的交付不是货物的直接交付，但具有了法律上交付的意义，所有权的转移得到了实现，风险的转移也随之完成。

2. 仓单仅具有单纯的物权效力

仓单毕竟只是低层次的有价证券，它远不及票据，仓单的交付只对于那些由仓单而发生的权利以及对于仓储物上的权利具有物权转移的效力，不涉及其他方面的权利关系，如票据上对前手背书人的追索权。

3. 仓单具有物权的排他性

在同一仓储物上，不能存在两份或多份内容相同的仓单。这是一物一权主义所决定的，即使在混藏仓储合同的情况下，也只能理解为各仓单持有人为共同所有人。如果出现两份或多份仓单请求给付，则应当以最先签发的仓单为准。

4. 仓储物的非所有人取得的仓单仍然具有物权效力

除盗窃、抢夺、拾得遗失物等违背所有权人本意占有他人之物外，只要是基于合法的占有而将物品储存、保管于保管人的，则据此取得的仓单同样具有物权效力，即在仓单交付时，被背书人基于仓储物已经交付储存与保管的事实，相信背书人即为仓储物的所有人。在此情形下，被背书人取得仓储物的所有权。

二、技能提升

实训 参观某企业仓库

【实训内容描述】

组织学生到某企业仓库进行参观，了解仓储及物流企业在仓储活动中的法律地位，在全面掌握仓储相关资料的基础上，理解仓储合同的含义、效力。此实训内容一方面可以加深学生对所学知识的理解，另一方面可以培养学生搜集信息、总结归纳的能力。

【实训步骤】

步骤一： 将班级学生分成若干小组，选出一名组长，由组长带领小组成员共同解读实训内容。

步骤二： 小组成员分工、查找资料。课堂上设计调查项目，课下通过网络、调查等形式搜集仓储的相关资料，小组成员共同分析、汇总、讨论物流企业在仓储活动中的法律地位。

步骤三： 将查找到的资料、总结得出的物流企业在仓储活动中的地位等内容，做成PPT、Word文档或者卡片等形式，每组选出一位发言人代表本组进行展示、分享，其他小组可以进行提问和质疑，资料的搜集要能够充分体现学过的知识点。

步骤四： 教师对各小组的展示情况进行总结点评。

【考核要求】

小组内部交流过程中，要求每位成员独立思考、积极参与。教师全程指导，观察每位小组成员在活动中的表现，及时给予帮助。各小组交流互评，教师点评，给予学生正面、积极的肯定，同时指出不足之处。

巩固提高

一、名词解释

1. 仓储合同
2. 仓单
3. 保税仓库

二、填空

1. _____是一种专门从事经营管理的、面向社会的、独立于其他企业的仓库。
2. _____是物品的仓储业务由本企业自己来经营或管理的一种仓储形式。

三、单项选择题

1. 保管合同的索赔时效一般为（　　　）。

A. 1年　　　　　B. 2年　　　　　C. 3年　　　　　D. 4年

2. （　　　）是指企业将仓储作为物流活动的一部分转包给外部公司，由外部公司为企业提供综合物流服务。

    A. 自营仓储　　　　B. 租赁仓储　　　　C. 公共仓储　　　　D. 合同仓储

四、多项选择题

1. 仓储的类型包括（　　　）。

    A. 自营仓储　　　　B. 租赁仓储　　　　C. 公共仓储　　　　D. 合同仓储

2. 仓单的法律性质包括（　　　）。

    A. 有价证券　　　　B. 物权凭证　　　　C. 要因证券　　　　D. 要式证券

3. 自营仓储具体又可分为（　　　）。

    A. 自有仓储　　　　B. 租赁仓储　　　　C. 公共仓储　　　　D. 合同仓储

4. 仓储合同的法律特征包括（　　　）。

    A. 诺成性合同　　　B. 双务合同　　　　C. 有偿合同　　　　D. 格式合同

五、简答题

1. 简述仓储合同存货人的义务。
2. 简述仓单的法律性质。
3. 简述仓储合同保管人的义务。

六、案例分析题

案例一

上海某公司到湖南收购了一份干辣椒，价值8万元，准备用于出口。因收购时没有组织好运输，故在当地与湖南某储运公司签订了一份仓储合同，约定上海公司将该批干辣椒在湖南储运公司仓库存放7天（5月10日至16日），待上海公司派车来运。上海公司支付了仓储费后即回去组织车辆来运。没想到从5月11日开始，湖南连下暴雨，由于仓库年久失修，暴雨形成的积水将库存货物严重浸湿，等上海公司前来提货时，辣椒已变质。湖南储运公司以遭受不可抗力为由拒绝进行赔偿。

    问题：（1）本案中的暴雨是否构成不可抗力？请说明理由。

            （2）本案应当如何处理？

案例二

某市金属材料公司与某建筑公司签订买卖螺纹钢合同，其中约定：由金属材料公司卖给建筑公司上海宝钢产螺纹钢5万吨，总价款5 000万元；建筑公司于2023年5月20日前支付价款4 000万元；货款转入金属材料公司账户后，金属材料公司将储存于某物资仓库的宝钢产螺纹钢5万吨的仓单交付给建筑公司，由建筑公司持单到该物资仓库提货；自收到仓单后的10日内，由建筑公司向金属材料公司付清余款。

2023年5月18日，建筑公司依约向金属材料公司支付货款4 000万元，并于次日进到金属材料公司的账户。但金属材料公司要求建筑公司再付货款500万元，因双方未能协商一致，金属材料公司拒绝向建筑公司交付5万吨螺纹钢的仓单。建筑公司遂向法院提起诉讼，请求判决金属材料公司立即交付储存于物资仓库的5万吨上海宝钢产螺纹钢仓单，并承担逾期交付仓单的违约责任。

问题：金属材料公司是否应立即向建筑公司交付仓单？请说明理由。

知识链接 ▶ 郑州海关积极创新带来活力

2023 年 6 月 12 日，海关总署出台了《海关优化营商环境 16 条》，郑州海关结合河南外贸特点和广大进出口企业诉求，推出优化营商环境 22 条举措。在畅通进出口物流方面，郑州海关聚焦提升口岸物流效率，全力支持航空口岸、铁路口岸、邮政口岸发展。郑州海关副关长介绍说："例如，在航空口岸充分发挥了郑州航空港和新郑综合保税区毗邻优势，在空港货站和综合保税区内分别设立'整板交接平台'和'口岸作业区'，实现进口货物在机坪分拨直提入区，区内出口货物一站直达，货物在港时间可压缩至 4 小时以内。"

在帮助企业减负增效方面，郑州海关聚焦"政策找人"。例如，针对企业政策掌握不足、缺少主动受惠意识问题，在国际贸易"单一窗口"中上线"智享惠"自贸协定服务平台，即时为企业推送最优享惠政策智能匹配。在服务外贸创新发展方面，郑州海关聚焦河南开放平台和新业态发展，不断深化改革创新。郑州海关副关长表示："在全国率先实现跨境电商出口跨关区退货仓模式的基础上，向海关总署争取进口跨关区退货模式试点，把河南打造成为商品最大集聚、物流最大集约、效率最大提升的跨境电商进出口全球退货中心仓。"

单 元 评 估

单元课程评估表见表 6-2。

表 6-2　单元课程评估表

单元名称：		姓名：	班级：	日期：

1. 本单元我学到的知识：

2. 本单元我掌握的技能：

3. 教师讲授思路是否清晰？是否有没讲清楚的内容？如有，请列出：

4. 教师的教学方法对你的学习是否起到帮助作用？

5. 你是否有学习目标？是否制订了学习计划？

6. 为更有效地学习，你对本单元的教学有何建议？

教师评语：

学生签字：　　　　　　　　　　教师签字：

单元七

物流包装法律法规

学习目标

知识目标

→ 了解包装的含义及物流包装的基本要求

→ 熟悉物流中与包装相关的各类法律规定

→ 明确物流企业在包装活动中的法律地位

→ 了解普通货物包装应遵循的基本原则

→ 了解危险货物运输包装的基本要求

技能目标

→ 能够用所学的包装相关法律知识在未来工作中解决实际问题

→ 能够根据实际情况正确选择包装材料和方法

素养目标

→ 使学生掌握物流包装法律法规，增强学生自觉践行科学包装、绿色包装的主动意识及法律意识

情景导入

某日用化工品生产厂购进一批具有腐蚀性的原料，这些原料有的用强化玻璃瓶装置，有的用密封硬塑料桶盛载。该日用化工品生产厂与某物流公司签订合同，明确告知了所运输商品的详细情况。物流公司采用内层为普通钢材质的集装箱运输该批货物。在运输途中，路途颠簸，个别玻璃瓶和塑料桶破损，腐蚀性原料流入集装箱内，由于集装箱材料为普通钢，所以被腐蚀，造成箱体、车体部分损坏。物流公司要求化工品生产厂赔偿损失。

情景要求

结合以上案例，完成下列问题：

你认为该日用化工品生产厂有责任赔偿物流公司的损失吗？

以上问题的完成要求以小组为单位，使用 PPT 的形式进行成果展示，每小组上交一份。

模块一 ▶ 物流包装概述

　　包装是生产活动及生活需求对商品提出的客观要求，是满足商品运输、储存、销售等活动的必然要求，是实现商品价值和使用价值的必要手段。包装是物流过程的起点，也是保证物流活动顺利进行的重要条件。包装在整个物流活动中具有特殊的地位。包装作业的合理化是商品正常流转的必要条件，包装材料、形式、方法以及外形设计都对其他物流环节产生重要影响。从现代物流发展的趋势来看，包装在物流系统以及整个国民经济中的地位越来越重要。

能力知识点 1 ▶ 包装的含义及物流包装的基本要求

一、包装的概念

　　我国国家标准《物流术语》（GB/T 18354—2021）对包装的定义为："为在流通过程中保护产品、方便储运、促进销售，按一定技术方法而采用的容器、材料及辅助物等的总体名称。也指为了达到上述目的而采用容器、材料和辅助物的过程中施加一定技术方法等的操作活动。"

　　在社会再生产过程中，包装既是生产的终点，又是物流的起点。作为生产的终点，包装必须根据产品的性质、形状和生产工艺的要求来满足生产要求。作为物流的起点，包装完成之后，被包装的产品有了物流的能力，在整个物流的过程中，包装便可以发挥对产品的保护作用和方便物流的作用，最后实现销售。现代物流认为，包装与物流的关系比包装与生产的关系要密切得多，包装作为物流起点的意义比它作为生产终点的意义要大得多。因此，包装应进入物流系统之中，这是现代物流的一个新观念。

　　由于近年来包装工业的迅速发展，新的包装材料、包装技术、包装形式的出现和采用，为包装工业的发展开拓了新的前景。现代物流的发展又对包装提出了新的、更高的要求。事实已经告诉我们：包装对物流的合理化起到了非常重要的作用。

二、包装的分类及标志

1. 包装的分类

　　（1）根据包装在流通中的作用，可将包装分为销售包装和运输包装。

　　销售包装属于流通领域的包装，又称为商业包装，是指为了方便零售和美化商品而进行的包装。

　　运输包装是从物流需要出发的包装，也称工业包装。运输包装是以运输、储存为主要目的的包装，它具有保障产品安全，方便贮运、装卸，加速交接、点验等作用。运输包装涉及多部门、多作业。

　　（2）根据包装容器，可将包装分为硬包装、软包装；一次性包装、多次周转包装等。

　　（3）根据包装材料，可将包装分为纸包装、金属包装、木质包装、塑料包装等。

2. 包装的标志

　　货物包装标志是指为标明被包装货物的性质和为了物流活动的安全及理货分运的需要

而进行的文字和图像的说明,分为指示性标志和警告性标志。国家对包装标记和包装标志有明确的要求:必须按照国家有关部门的规定办理;必须简明清晰、易于辨认;涂刷、拴挂、粘贴标记和标志的部位要适当;要选用明显的颜色作标记和标志。

三、物流包装的基本要求

1. 流动要求

流动要求是使搬运、储存和装卸等各环节更加有效的包装功能所决定的。基于流动要求,包装将发挥三种重要功能。

(1)防护功能。包装可防止商品在流通中发生破损。

(2)操作功能。通过包装使商品方便地在市场上流通。

(3)销售功能。包装实用美观是适应市场竞争的需要,而便于运输和陈列,也是扩大销售的必要条件。

2. 市场要求

市场要求是使产品具有附加值,并使其更加吸引人的包装功能所决定的。基于市场要求,包装将发挥下述三项功能。

(1)信息功能。包装及产品上有必要的、符合规范的信息或说明,如产品特性、使用说明、维修方法、注意事项及条码等。

(2)促销功能。通过符合现代美学的装潢设计、先进的结构方案以及其他吸引消费者的方法吸引消费者购买。

(3)安全功能。无论是对于商品,还是对于消费者本身及其财产而言,包装都是有安全保障作用的,如防伪包装、防偷换包装和儿童安全包装等。

3. 环境要求

环境要求是由致力于减缓物流对环境压力的包装功能所决定的。包装作为现代物流体系的组成部分,这项要求显得尤为重要。基于环境要求包装将发挥以下三种功能。

(1)改善资源利用率。包装件在生产加工及流动过程中,材料和能源必须得到有效利用,降低其消耗率。

(2)减少或避免有害材料的使用。这主要是指在包装材料的选用中,有害材料的使用量要最小,尽可能不采用不利于环境和有害于人体的原材料、辅材料作为包装材料。

(3)减少产生的废物量。这是指在包装用品加工及使用过程中产生的废料数量少或体积小。在处理包装废弃物时,要大力提倡和重视材料再循环。例如,想方设法把包装件分离成不同种类的材料成分,并在恰当条件下使用可回收材料或重复利用包装容器等。

小知识

商品包装的四大要素

(1)包装材料。包装材料是包装的物质基础,是包装功能的物质承担者。

(2)包装技术。包装技术是实现包装保护功能,保证内装商品质量的关键。

(3)包装结构造型。包装结构造型是包装材料和包装技术的具体形式。

(4)表面装潢。表面装潢是通过画面和文字美化、宣传和介绍商品的主要手段。

能力知识点 2 ▶ 包装法律规范的含义和特点

一、包装法律规范的含义

包装法律规范，是一切与包装有关的法律的总称。目前，我国的包装法律散见在各类相关的法律中，如《中华人民共和国专利法》（以下简称《专利法》）、《中华人民共和国商标法》（以下简称《商标法》）等。另外，出版、印刷等相关的法律中也有关于包装法的内容。

液晶电视的包装

二、包装法律法规的特点

1. 强制性

强制性是指在进行包装的过程中必须按照相应法律规范的要求进行，不得随意变更。包装法律法规具有这一特点，是由于大部分包装法律都属于强制性法律规范，如《中华人民共和国食品安全法》（以下简称《食品安全法》）。此外，关于包装的国家标准，如《一般货物运输包装通用技术条件》（GB/T 9174—2008）、《危险货物运输包装通用技术条件》（GB 12463—2009）、《危险货物包装标志》（GB 190—2009）等，都是应遵守的技术规范。

2. 标准性

标准性是指包装法律多体现为国家标准或行业标准。标准化是现代化生产和流通的必然要求，也是现代化科学管理的重要组成部分，我国的包装立法也体现了这一特点。包装标准体系主要包括以下四大类：①包装相关标准，主要包括集装箱、托盘、运输和储存条件的有关标准。②综合基础包装标准，包括标准化工作导则、包装标志、包装术语、包装尺寸、运输包装件基本试验方法、包装技术与方法和包装管理等方面的标准。③包装专业基础标准，包括包装材料、包装容器和包装机械标准。④产品包装标准，涉及建材、机械、轻工、电子、仪器仪表、电工、食品、农畜水产、化工、医疗器械、中药材、西药、邮政和军工 14 大类，每一大类产品中又有许多种类的具体标准。

3. 技术性

技术性是指包装法律中包含大量以自然科学为基础而建立的技术性规范。包装具有保护物品不受损害的功能，特别是高精尖产品和医药产品，采取何种技术和方法进行包装将对物品有重要的影响。因此，国家颁布的包装法律规范具有很强的技术性。

4. 分散性

分散性是指包装法律规范以分散的形态分布于各个相关的法律规范中。我国的包装法律不仅分散于各类与包装有关的法律中，如《食品安全法》《商标法》，还广泛地分布于有关主管单位的通知和意见中，如交通运输部颁发的一系列关于铁路运输包装的通知和规定等。

能力知识点 3 ▶ 物流企业在包装活动中的法律地位

包装是物流的一个重要环节，在物流运转的仓储、运输、搬运、装卸或者流通加工环节中均有可能涉及包装。因此，当物流企业承担包括包装在内的几种物流作业时，其法律地位首先应当根据物流服务合同确定，其次再根据物流企业是否与他人签订分包合同进一步加以确定。

一、自身进行包装活动的物流企业在包装活动中所处的法律地位

具有包装能力的物流企业，是指以自身的技术和能力完成物流过程中包装环节的物流企业。此时，物流企业根据其与物流需求方签订的物流服务合同，成为物流服务合同的一方当事人。其权利和义务由物流服务合同决定，同时在包装的过程中应该遵守国家相关法规和相应的标准。

物流公司在进行物流运输时，要对所运输的商品进行了解。如果包装容器（如内层为普通钢材质的集装箱）与其所盛装的商品（如浓硫酸等具有腐蚀性的原料）会发生化学反应，就有可能使得包装容器破损，导致内容物泄漏而发生事故。对金属具有腐蚀性的物质被装在金属桶内或内层为普通钢材质的集装箱内，就会腐蚀金属桶或集装箱，极易造成危险物质渗漏。本单元情景导入中，日用化工品生产厂与物流公司签订了合同，在明确告知所运输商品的详细情况后，物流公司仍然采用内层为普通钢材质的集装箱运输该批货物，损失完全是物流公司自己造成的，因此，日用化工品生产厂不会赔偿物流公司的损失。

📁 资料卡

向日本出口货物不能使用竹片类包装物，因为在包装中使用竹片可能滋生害虫，日本买方通常拒绝在包装中使用竹子。

二、自身不进行包装活动的物流企业在包装活动中所处的法律地位

如果该物流企业没有进行包装的能力或由于某种原因不亲自进行包装，物流企业可以与其他主体（如专门的包装企业）签订劳务合同。此时，物流企业同时是两个合同的当事人，对物流服务合同而言，它是受托人，按照物流合同完成委托事项；对劳务合同而言，它是委托人，有权要求劳务提供者按照约定的时间和相应的标准完成包装事项。物流企业的权利和义务同时受到两个合同的调整和约束。

能力知识点 4 ▸ 包装涉及的知识产权

一、商标权

商标权又称商标专用权，是指商标所有人在法律规定的有效期限内，对其经商标主管机关核准的商标享有独占的、排他的使用和处分的权利。商标通常印刷在包装上，特别是销售包装上，成为包装的一部分。它作为知识产权，受到法律的保护，在进行包装设计时要特别注意不要造成对商标权的侵害。

《商标法》第五十七条规定，有下列行为之一的，均属侵犯注册商标专用权：

（1）未经商标注册人的许可，在同一种商品上使用与其注册商标相同的商标的。

（2）未经商标注册人的许可，在同一种商品上使用与其注册商标近似的商标，或者在类似商品上使用与其注册商标相同或者近似的商标，容易导致混淆的。

（3）销售侵犯注册商标专用权的商品的。

（4）伪造、擅自制造他人注册商标标识或者销售伪造、擅自制造的注册商标标识的。

（5）未经商标注册人同意，更换其注册商标并将该更换商标的商品又投入市场的。

（6）故意为侵犯他人商标专用权行为提供便利条件，帮助他人实施侵犯商标专用权行为的。

（7）给他人的注册商标专用权造成其他损害的。

二、专利权

专利权是指专利主管机关依照《专利法》授予专利的所有人、持有人或者他们的继承人在一定期限内依法享有的，对该专利制造、使用或者销售的专有权。根据我国《专利法》的规定，专利包括发明、实用新型和外观设计。

1. 发明

发明是指对产品、方法或者其改进所提出的新的技术方案。新的包装材料的发明可以申请发明专利。

2. 实用新型

实用新型是指对产品的形状、构造或者其结合所提出的适于实用的新的技术方案。新的包装形状可以申请实用新型专利。

3. 外观设计

外观设计是指对产品的整体或者局部的形状、图案或者其结合以及色彩与形状、图案的结合所做出的富有美感并适于工业应用的新设计。新的包装图案设计可以申请外观设计专利。

专利权是一种无形资产，在知识经济时代，专利作为一种资产的价值越来越明显，专利侵权的事情也越来越多。

此外，按出版、印刷方面法律的规定，有些文字、图案等在包装物上的使用也要受到限制。

小知识

知识产权是指民事主体对其创造性的智力劳动成果依法享有的专有权利。它可以分为工业产权和著作权（版权）两大部分，其中，工业产权包括专利权和商标权。包装中所涉及的知识产权主要为商标权和专利权。

模块二　普通货物、危险货物包装知识

能力知识点 1　普通货物包装知识

普通货物是指除危险货物、鲜活易腐货物以外的一切货物。与危险货物相比，普通货物的危险性大大小于危险货物，因而，其对包装的要求相对较低。物流企业在对普通货物进

行包装时，有国家强制性的包装标准时，应当按照标准执行；在没有强制性规定时，应从适于仓储、运输、搬运和销售的角度考虑，按照对普通货物包装的原则妥善地进行包装。

我国没有关于包装的专门法律，但是与货物销售、运输、仓储有关的法律、行政法规、部门规章、国际公约中都包含了对包装的规定，如《民法典》《海商法》《食品安全法》《联合国国际货物销售合同公约》《国际海运危险货物规则》等。除此之外，包装法律规范还包含各种包装标准。

一、普通货物包装应遵循的基本原则

1. 安全原则

（1）商品的安全。包装的第一大功能就是保护商品不受外界伤害，保证商品在物流的过程中保持原有的形态，不致损坏和散失。生产的商品最终要通过物流环节送达消费者手中，在这个过程中，商品经常会遇到一系列的危险。例如，外力的作用，如冲击、跌落；环境的变化，如高温、潮湿；生物的入侵，如霉菌、昆虫的入侵；化学侵蚀，如海水、盐酸等的侵蚀；人为的破坏，如偷盗等。而包装则是对抗这些危险、保护商品的一道屏障。

（2）相关人员的人身安全。一些危险的商品，如农药、液化气等，具有易燃、易爆、有毒、腐蚀、放射性等特征，如果包装的性能不符合要求或者使用不当，很可能引发事故。对于这些商品，包装除起到保护商品不受损害的作用外，还可保护与这些商品发生接触的人员，如搬运工人、售货人员等的人身安全。包装如果不符合要求，将会造成严重的后果。

2. "绿色"原则

"绿色"原则是指物品或货物的包装符合环境保护的要求。环境保护是当今世界经济发展的主题之一，它在包装行业中也有所体现。用来包装食品和药品的材料，以塑料制品居多。让人担忧的是，在一定的介质环境和温度条件下，塑料中的聚合物单体和一些添加剂会溶出，并且会少量地转移到食品和药物中，从而引起急性或慢性中毒，严重的甚至会致癌。而且，由于世界每年消耗的塑料制品很多，它们在被使用后遭人抛弃成为垃圾，很难分解。因此，绿色包装问题是一个迫切需要解决的问题，已经有许多国家和地区开始行动，它们颁布法律，在包装中全面贯彻绿色意识。我国的包装立法顺应国际包装的发展趋势，将"绿色"原则作为包装法的基本原则之一。

3. 经济原则

经济原则是指包装应该以最小的投入得到最大的收益。包装成本是物流成本的一个重要组成部分，昂贵的包装费用将会降低企业的收益率。奢华的包装会造成社会资源的浪费，但是，包装过于粗糙，也会降低商品的吸引力，形成商品销售的障碍。经济原则是在两者之间达到平衡，使包装既不会造成资源浪费，又不会影响商品的销售。

二、普通货物销售包装的基本要求

商品生产的目的是销售，因此商品生产出来以后还要进行销售包装。

普通货物销售包装是指直接接触商品并随商品进入零售网点与消费者直接见面的包装。其特点是外形美观，有必要的装潢，包装单位满足消费者购买及商店陈设的要求。销售包装通常情况下由商品的生产者提供，但是，如果物流合同规定由物流企业为商品提供销售包装，则物流企业需要承担商品的销售包装义务，在进行销售包装时需要按照销售包装的基本要求进行操作。在销售包装上，一般会附有装饰图画和文字说明，选择合适的装潢和说明将会促进商品的销售。销售包装的基本要求主要涉及以下几个方面。

1. 图案设计

图案是包装设计的三大要素之一，包括商标图案、产品形象、使用场景、产地景色、象征性标志等内容。在图案的设计方面，使用人们喜爱的形象固然重要，但更重要的是避免使用商品销售地所禁忌的图案。同时销售包装要符合《专利法》和《商标法》的要求，不能侵犯他人专利权和商标权。

2. 文字说明

销售包装要符合《中华人民共和国反不正当竞争法》和《中华人民共和国产品质量法》的要求。在销售包装上应该附一定的文字说明，表明商品的品牌、名称、产地、数量、成分、用途、使用方法等。在制作文字说明时一定要符合相关规定。

3. 条码

商品包装上的条码是指按一定编码规则排列的条空符号，它由具有一定意义的字母、数字及符号组成，通过光电扫描阅读设备，可作为计算机输入数据的特殊代码语言。条码自问世以来得到了广泛运用。20 世纪 70 年代，美国将其运用到食品零售业。目前，世界上许多国家的商品都使用条码，许多国家的超级市场都使用条码进行结算。如果没有条码，即使是名优商品也不能进入超级市场。有些国家还规定，如果商品包装上没有条码，则不予进口。

三、普通货物运输包装的基本要求

普通货物在运输时对包装也有一定要求。普通货物运输包装是指以强化运输、保护产品为主要目的的包装。货物的运输包装必须符合国家标准《一般货物运输包装通用技术条件》（GB/T 9174—2008），它对铁路、公路、水运、航空承运的一般货物运输包装的总体要求做出了规定。运输包装如不符合该标准规定的各项技术要求，运输过程中一旦造成货损或对其他关系方的人身、财产造成损害，均由包装责任人承担赔偿责任。对包装不符合要求的货物，运输部门可以拒收。运输包装的基本要求如下。

（1）货物运输包装是以运输储存为主要目的的包装，必须具有保障货物安全、便于装卸储运、加速交接点验等功能。

（2）货物运输包装应符合科学、牢固、经济、美观的要求。

（3）货物运输包装应确保货物在正常的流通过程中，能抵御环境条件的影响而不发生破损、损坏等现象，保证安全、完整、迅速地将货物运至目的地。

（4）货物运输包装材料、辅助材料和容器，均应符合国内有关国家标准的规定。无标准的材料和容器须经试验验证，其性能可以满足流通环境条件的要求。

（5）货物运输包装应完整、成型。内装货物应均布装载、压缩体积、排摆整齐、衬垫适宜、内货固定、重心位置尽量居中靠下。

（6）根据货物的特性及搬运、装卸、运输、仓储等流通环境条件，选用带有防护装置的包装，如防震、防盗、防雨、防潮、防锈、防霉、防尘等防护包装。

（7）货物运输包装的封口必须严密牢固，对体轻、件小、易丢失的货物应选用胶带封合、钉合或全黏合加胶带封口加固。根据货物的品名、体积、特性、重量、长度和运输方式的要求选用钢带、塑料捆扎带或麻绳等进行二道、三道、十字、双十字、井字、双井字等型式的捆扎加固。捆扎带应搭接牢固、松紧适度、平整不扭，不得少于两道。

（8）各类直方体货物运输包装的底面积尺寸应符合《硬质直方体运输包装尺寸系列》（GB/T4892—2021）的规定。

（9）货物运输包装必须具有标志。标志应符合内装货物性质和对运输条件的要求。

四、普通货物运输合同包装条款的要求

1. 明确包装的提供方

在物流服务合同中，包装条款应该载明包装由哪一方来提供。这样的规定不仅有助于明确物流企业在包装活动中所处的法律地位，而且有助于在由于包装问题引起货物损坏或灭失时划分责任。

2. 明确包装材料和方式

包装材料和方式是包装的两个重要方面，它分别反映了静态的包装物和动态的包装过程。包装材料条款主要载明采用什么包装材料，如木箱装、纸箱装、铁桶装、麻袋装等；包装方式条款则主要载明怎样进行包装。在这两点之外，可以根据需要加注尺寸、每件重量或数目、加固条件等。随着科学技术的发展，包装材料和包装方式也越来越精细，同样都是塑料包装，不同的塑料有不同的特性，所以在订立这一条款时应准确详细，以免产生不必要的纠纷。

包装条款不能太笼统。例如，在一些合同中，包装条款仅写明"标准出口包装"。这是一个较为笼统的概念，在国际上还没有统一的标准来界定包装是否符合"标准出口包装"的要求。

> **小知识**
>
> 包装材料通常有：金属包装材料、玻璃包装材料、木材包装材料、纸质包装材料。

3. 明确运输标志

运输标志是包装条款中的主要内容。运输标志通常表现在商品的运输包装上。在贸易合同中，按照国际惯例，一般由卖方设计确定，也可由买方决定。运输标志会影响货物的搬运装卸，所以要在合同条款中明确说明。

> **资料卡**
>
> 包装标牌、标记是指在钉在货物包装上的说明商品性质、特征、规格、质量、产品批号和生产厂家等内容的标识牌。

4. 明确包装术语

合同中的某些包装术语如"适合海运包装""习惯包装"等,可以有不同的理解,从而容易引起争议,除非合同双方事先取得一致认识,否则应避免使用。尤其是设备包装条件,应在合同中做出具体明确的规定,如对特别精密的设备,除规定包装必须符合运输要求外,还应规定防震措施等条款。

5. 明确包装费用

包装费用一般都包括在货价内,合同条款不必列入。但是,如果一方要求特殊包装,则可增加包装费用,如何计费及何时收费也应在条款中列明。如果包装材料由合同的一方当事人供应,则条款中应明确包装材料、到达时间以及到达时该方当事人应负的责任。运输标志如由一方当事人决定,也应规定标志到达时间(标志内容须经卖方同意)及逾期不到时该方当事人应负的责任等。

能力知识点 2 ▸ 危险货物的含义及运输包装基本要求

一、危险货物的含义

危险货物是指具有爆炸、易燃、毒害、腐蚀、放射性等性质,在运输、装卸和保管储存过程中容易造成人身伤亡和财产损毁而需要特别防护的货物。

物流企业在进行危险货物的包装时,应当严格按照我国的法律规定和标准执行,以避免危险货物在储存、运输、搬运装卸过程中出现重大事故。

二、危险货物运输包装的基本要求

1. 不适用《危险货物运输包装通用技术条件》(GB 12463—2009)的情况

危险货物运输所适用的国家标准是《危险货物运输包装通用技术条件》(GB 12463—2009)。该标准规定了危险货物运输包装的分类、包装要求、防护材料、包装标志及标记代号、运输包装性能试验等内容,是运输生产和检验部门对危险货物运输包装质量进行性能试验和检验的依据。该标准不适用于以下几种情况的包装。

(1)盛装放射性物质的运输包装。

(2)盛装压缩气体和液体气体的压力容器的运输包装。

(3)净重超过 400kg 的运输包装;容积超过 450L 的运输包装。

2. 根据《危险货物运输包装通用技术条件》(GB 12463—2009),危险货物运输包装应满足的基本要求。

(1)运输包装应结构合理,并具有足够强度,防护性能好。材质、型式、规格、方法和内装货物重量应与所装危险货物的性质和用途相适应,便于装卸、运输和储存。

(2)运输包装应质量良好,其构造和封闭形式应能承受正常运输条件下的各种作业风险,不应因温度、湿度或压力的变化而发生任何渗(撒)漏,表面应清洁,不允许黏附有害的危险物质。

（3）运输包装与内装物直接接触部分，必要时应有内涂层或进行防护处理，运输包装材质不应与内装物发生化学反应而形成危险产物或导致削弱包装强度。

（4）内容器应予固定。如内容器易碎且盛装易撒漏货物，应使用与内装物性质相适应的衬垫材料或吸附材料衬垫妥实。

（5）盛装液体的容器，应能经受在正常运输条件下产生的内部压力。灌装时应留有足够的膨胀余量（预留容积），除另有规定外，并应保证在温度55℃时，内装液体不致完全充满容器。

（6）运输包装封口应根据内装物性质采用严密封口、液密封口或气密封口。

（7）盛装需浸湿或加有稳定剂的物质时，其容器封闭形式应能有效地保证内装液体（水、溶剂和稳定剂）的百分比，在贮运期间保持在规定的范围以内。

（8）运输包装有降压装置时，其排气孔设计和安装应能防止内装物泄漏和外界杂质进入，排出的气体量不应造成危险和污染环境。

（9）复合包装的内容器和外包装应紧密贴合，外包装不应有擦伤内容器的凸出物。

（10）无论是新型包装、重复使用的包装，还是修理过的包装，均应符合危险货物运输包装性能测试的要求。

3. 危险货物运输包装分类

根据盛装内装物的危险程度，可将运输包装分为三个类别：Ⅰ类包装，适用于内装危险性较大的货物；Ⅱ类包装，适用于内装危险性中等的货物；Ⅲ类包装，适用于内装危险性较小的货物。

模块三　国际物流包装法律法规

国际物流是相对于国内物流而言的，是国内物流的延伸和发展，同样包括运输、包装、流通加工等若干子系统。各国根据国情对包装检疫的要求各不相同，通常对包装的材料做了相应的规定，各有侧重。在国际物流中选择包装材料十分重要，若选择不当，在海关检疫的过程中可能被禁止入境。这就要求物流企业在实际操作中了解进口国的法律法规，事前做好准备，避免不必要的损失。

能力知识点 1　国际物流运输包装的特点及相关规定

一、国际物流运输包装的特点

1. 国际物流对包装强度要求较高

国际物流的过程与国内物流相比时间长、工序多，因此，在国际物流中，一种运输方式往往难以完成物流的全过程，经常采取多种运输方式联运，与此同时就增加了搬运装卸的次数及存储的时间。在这种情况下，只有增加包装的强度才能起到保护商品的作用。

2. 国际物流对包装标准化要求较高

这也是由国际物流过程的复杂性决定的。为了提高国际物流的效率，减少不必要的活动，便于商品顺利地流通，国际物流过程中对包装标准化程度的要求越来越高。

3. 包装产品信息化

目前，数字化、网络化、信息化成为物流发展的主题。电子订货系统、电子数据交换等技术的广泛应用，都需要产品包装走向信息化，如将条码技术适当地应用于包装上，当货物经过扫描器时，即可读取条码上的信息。

4. 包装走向环保型

绿色环保型物流是当今经济可持续发展的一个重要组成部分，注重保护生态环境，减少物流对环境造成的危害，成为物流发展的另一大主题。采用绿色环保包装材料，提高包装材料利用率，建立包装的回收利用制度，已成为物流包装的发展方向。

二、国际物流运输包装应遵循的法律法规

1. 国际物流参与国的国内法

国际物流是商品在不同国家的流动，所以其包装应该遵守相关国家的法律规定。这里的相关国家指的是物流过程的各个环节所涉及的国家，如运输起始地所在国、仓储地所在国、流通加工地所在国。国际物流运输包装必须遵守参与国际物流国家关于包装的强制法，对于任意性的法律规定及当事人可以选择适用的法律，可以由当事人自行决定。

2. 相关的国际公约

目前世界上并没有专门规定商品包装的国际公约，但是在国际贸易以及国际运输领域的公约中包含着对商品包装的规定，如《汉堡规则》《联合国国际货物销售公约》等。

三、《国际海运危险货物规则》对于危险货物包装的基本要求

1. 包装的材质、种类应与所装危险货物的性质相适应

危险货物的种类不同，性质也有所差异，所以对包装的要求也不相同，这一点在一些化学制品上表现得十分明显。包装应该具备一定的强度，以保证在正常的海运条件下，包装内的物质不会散漏和受到污染。越危险的货物对包装的要求越高；同样危险的货物单件包装质量越大，对包装的强度要求越高。同时，包装的强度也应该与运输的长度成正比。包装的设计应考虑到在运输过程中温度、湿度的变化。包装应该保证在环境发生变化的情况下不发生损坏。

2. 包装的封口应该符合所装危险货物的性质

在通常情况下，危险物质的包装封口应该严密，特别是易挥发、腐蚀性强的气体。但是，有些物质由于温度上升或其他原因会散发气体，使容器内的压力逐渐加大，导致危险

的发生，对于这种货物，封口不能密封。所以采用什么样的封口应该由所装的危险货物的性质来决定，封口可以分为气密封口、液密封口。

3. 内外包装之间应该有合适的衬垫

为防止内包装发生破裂、渗透和刺破，使货物进入外包装，应该在内外包装之间采取适当的减震衬垫材料。衬垫不能削弱外包装的强度，而且衬垫的材料还必须与所装的危险货物的性能相适应，以避免危险的发生。

4. 包装应该能经受一定范围内温度和湿度的变化

在物流过程中，包装除应具有一定的防潮衬垫外，本身还要具有一定的防水、抗水性能。

5. 包装的质量、规格和形式应便于装卸、运输和储存

每件包装的最大容积和最大净重均有规定。根据《国际海运危险货物规则》，包装最大容量为450L，最大净重为400kg。同样，包装的外形尺寸与船舱的容积、载重、装卸机具应该相适应，以方便装卸、积载、搬运和储存。

能力知识点 2 ▶ 国际物流运输包装的标志

在国际物流中，为了方便装卸、运输、仓储、检验和交接工作的顺利进行，提高物流效率，防止发生错发错运、损坏货物与伤害人身等事故，保证货物安全、迅速、准确地交给收货人，同样要在运输包装上书写、压印、刷制各种有关的标志，用来识别和提醒人们操作时注意。相对于国内物流来说，国际物流中的运输包装标志更加重要，具体包括以下三种形式。

一、运输标志

运输标志又称唛头，通常由一个简单的几何图形和一些字母、数字及简单的文字组成。运输标志主要包括以下内容：目的地的名称或代号、收货人的代号、发货人的代号、件号、批号。有些运输标志还包括原产地、合同号、许可证号、体积和质量等内容。运输标志的内容繁简不一，由买卖双方根据商品特点和具体要求商定。顺应物流业迅速发展的要求，联合国欧洲经济委员会简化国际贸易程序工作组，在国际标准化组织和国际货物装卸协调协会的支持下，制定了一套运输标志，向各国推荐使用。该标准中的运输标志包括：收货人（或买方）名称的首字母或简称；参考号，如运单号码、订单号码、发票号码；目的地；件数号码。

二、指示性标志

指示性标志用来提示人们在装卸、运输和保管过程中需要注意的事项，一般都是以简单、醒目的图形在包装中标出，故有人称其为注意事项。我国国家技术监督局发布的《包装

储运图示标志》（GB/T 191—2008）对指示性标志做出了规定，见表 7-1。

表 7-1　包装储运指示性标志

序号	标志名称	标志图形	含义	序号	标志名称	标志图形	含义
1	易碎物品		表明运输包装件内装易碎品，因此搬运时应小心轻放	9	禁用叉车		表明不能用升降叉车搬运的包装件
2	禁用手钩		表明搬运运输包装件时禁用手钩	10	由此夹起		表明装运货物时夹钳放置的位置
3	向上		表明运输包装件的正确位置是竖直向上	11	此处不能卡夹		表明装卸货物时不能用夹钳夹持的面
4	怕晒		表明运输包装件不能直接照晒	12	堆码质量极限	…kgmax	表明该运输包装件所能承受的最大质量极限
5	怕辐射		表明包装内物品一旦受辐射便会变质或损坏	13	堆码层数极限	n	表明可堆码相同运输包装件的最大层数，n 表示层数极限
6	怕雨		表明该包装件怕雨淋	14	禁止堆码		该包装件不能堆码，并且其上也不能放置其他负载
7	重心		表明该包装件的重心位置，便于起吊	15	由此吊起		起吊货物时挂绳索的位置
8	禁止翻滚		表明搬运时不能翻滚该运输包装件	16	温度极限		表明运输包装件应该保持的温度极限（右边横线为最高温度，左边横线为最低温度）

　　根据商品性质的不同应该选择不同的标志，确保商品在整个物流过程中不被错误操作。由于国际物流的特殊性，标志上的文字大多采用英文。

三、警告性标志

　　警告性标志又称危险货物包装标志。国家标准《危险货物包装标志》（GB190—2009）规定了危险货物包装图示标志的分类图形、尺寸、颜色及使用方法等。危险货物包装图示标志分为标记和标签。标记 4 个；标签 26 个，其图形分别标示了 9 类危险货物的主要特性。部分标签图形见表 7-2。

表 7-2 部分标签图形

标签名称	标签图形	标签名称	标签图形
易燃气体	（符号：黑色，底色：正红色） （符号：白色，底色：正红色）	易燃固体	（符号：黑色，底色：白色红条）
非易燃无毒气体	（符号：黑色，底色：绿色） （符号：白色，底色：绿色）	易于自燃的物质	（符号：黑色，底色：上白下红）
毒性气体	（符号：黑色，底色：白色）	遇水放出易燃气体的物质	（符号：黑色，底色：蓝色） （符号：白色，底色：蓝色）
易燃液体	（符号：黑色，底色：正红色） （符号：白色，底色：正红色）	氧化性物质	（符号：黑色，底色：柠檬黄色）

（续）

标签名称	标签图形	标签名称	标签图形
有机过氧化物	5.2 （符号：黑色，底色：红色和柠檬黄色） 5.2 （符号：白色，底色：红色和柠檬黄色）	一级放射性物质	RADIOACTIVE II CONTENTS ACTIVITY 7 （符号：黑色，底色：白色，附一条红竖条） 黑色文字，在标签下半部分写上： "放射性" "内装物_____" "放射性强度_____" 在"放射性"字样之后应有一条红竖条
毒性物质	6 （符号：黑色，底色：白色）	腐蚀性物质	8 （符号：黑色，底色：上白下黑）
感染性物质	6 （符号：黑色，底色：白色）	杂项危险物质和物品	9 （符号：黑色，底色：白色）

学习实践活动

步骤一：组建小组，解读实践活动。

将班级学生分成若干小组，每组选出一名组长，由组长带领小组成员共同解读"情景导入"及"情景要求"。

步骤二：分工合作，完成实践活动。

小组成员进行分工，课堂上设计调查问卷或表格，课下通过电话、网络、走访或个人生活经历等了解包装的含义及物流包装的基本要求，分组整理，填入设计好的问卷或表格。

步骤三：共同分享，交流成果。

将以上收集的资料、设计的表格等内容做成PPT，每组选出一位发言人代表本组进行展示和分享，其他小组可以对其展示进行提问和质疑，发言人或者本组其他成员可以解释回答。

步骤四：教师总结，点评成果。

教师对各小组的展示情况进行总结点评，并完成"素养与能力测评表"（见表7-3）的填写。

素养与能力测评

表7-3　素养与能力测评表

名称						
组别		组员			班级	
考核项目	评价标准		参考分值	考核得分		
				自评	其他组评（平均）	教师评价
基本素养（15分）	按时到岗，学习准备就绪		5			
	自觉遵守纪律，有责任心和荣誉感		5			
	积极主动，不怕困难，勇于探索		5			
职业素养（15分）	有较强的沟通能力和团队合作精神		10			
	能够熟知岗位职责，具备法律意识		5			
专业素养（30分）	了解包装法律规范的含义和特点		10			
	掌握货物包装知识		10			
	了解国际物流运输包装的特点及包装应遵循的法律法规		10			
学习实践活动完成（40分）	按时正确完成学习实践活动		10			
	PPT内容完整、美观，表达清晰、流畅		10			
	能积极发现其他小组展示中的问题并大胆提出质疑		10			
	能正确回答其他组的提问		10			
小计			100			
合计（自评30%+互评30%+教师评40%）						

拓展提升

一、知识拓展

（一）常见商品包装的分类

1. 按商业经营习惯分类

按商业经营习惯，商品包装可分为内销包装、出口包装和特殊包装。

（1）内销包装。内销包装是指为了适应商品在国内销售而采用的包装，具有简单、经济、实用的特点。

（2）出口包装。出口包装是指为了适应商品在国外销售，针对商品的国际长途运输而采用的包装。出口包装在保护性、装饰性、竞争性和适应性上要求更高。

（3）特殊包装。特殊包装是指为工艺品、美术品、文物、精密贵重仪器、军需品等采用的包装，一般成本较高。

2．按流通领域中的环节分类

按流通领域中的环节，商品包装可分为小包装、中包装和外包装。

（1）小包装。小包装是指直接接触商品，与商品同时装配出厂，构成商品组成部分的包装。商品的小包装上多有图案或文字标识，具有保护商品、方便销售、指导消费的作用。

（2）中包装。中包装是指商品的内层包装，通常称为商品销售包装，多为具有一定形状的容器等。它具有防止商品受外力挤压、撞击而损坏，或受外界环境影响而发生潮解、霉变、腐蚀等变化的作用。

（3）外包装。外包装是指商品最外部的包装，又称运输包装，多是若干个商品集中的包装。商品的外包装上都有明显的标记。外包装具有保护商品在流通中安全的作用。

3．按包装材料分类

按包装材料，商品包装可分为纸包装、塑料包装、玻璃包装、金属包装、木制包装、复合材料包装、陶瓷包装、纺织品包装和其他材料包装。

4．按防护技法分类

按包装防护技法，商品包装可分为贴体包装、透气包装、收缩包装、冷冻包装、保鲜包装、隔热包装、真空包装、充气包装、防潮包装、防锈包装、防霉包装、防虫包装、无菌包装、防震包装、遮光包装、危险品包装、特种包装等。

（二）危险货物包装容易出现的问题

1．包装与其所装的内容物不相容

不相容是指包装容器与其所装的危险品会发生化学反应，从而降低包装的强度甚至使包装破损，导致内容物泄漏而发生事故。例如，某些对金属具有腐蚀性的物质被装在普通钢桶内就会腐蚀钢桶，极易造成危险物质渗漏。

2．选用的包装不适合

选用的包装不适合主要表现在：

（1）包装容器内所装的危险品的质量或相对密度超出了该包装所能承载内容物的最大质量或相对密度。例如，包装设计的最大质量为25kg，但是实际装入了超过25kg的内容物。又如，包装设计规定该包装所装内容物的相对密度不能超过1.2，但是实际装入了相对密度超过1.2的内容物。

（2）包装的安全级别未达到危险物所需求的包装类别。危险品共分为三个安全级别：Ⅰ类（高度）危险品、Ⅱ类（中度）危险品、Ⅲ类（低度）危险品，相对应地，这些危险品所使用的包装就需要分别达到Ⅰ、Ⅱ、Ⅲ类的要求，如某种需要Ⅰ类包装装运的危险品，实际使用了Ⅱ类或Ⅲ类包装装运，则这种包装的使用是不合格的。

（3）没有排气孔的包装装运了在储运过程中会释放出气体的危险品，如过氧化氢装入没有排气孔的塑料罐内，在储运过程中产生的大量气体极易造成包装破损，发生泄漏、甚至爆炸。

（4）包装容器内所装的危险品的单件质量或容积超出了有关危险品运输国际规则的最高限定。例如，国际规则规定某种包装装入某种物质单件质量不得超过30kg，但实际装入了超过30kg的货物等。

3. 包装使用不当

包装使用不当，主要是由于工作人员在将货物装入包装的过程中操作不当造成的，主要包括：①包装在装入液体危险品后，盖子没有旋紧，使得危险品在储运过程中泄漏。②塑料袋类内包装热封不良或扎口松动，使得危险品在储运过程中泄漏。③在装入危险品时，腐蚀或损坏了包装的外表面。

4. 使用没有检验合格的包装

包装的理化性能在使用前没有按规定要求通过国家规定的检测机构检测合格。

5. 使用过期的包装

包装在使用前已经检测合格，但是由于长时间不用，待到需要使用时已超出了检测合格的有效期。一般来说，包装在储存期间会受到自然界不同程度的腐蚀，导致包装品质降低，成为危险品储运过程中发生事故的隐患。

6. 包装标记错误

包装标记与实际的包装情况不一致，如有涂膜和内衬的集装袋标记被打成13H2（实际应该为13H4），甚至有的包装上没有任何标记。

上述的种种现象，轻则会留下安全隐患、延误出运，重则可能会发生爆炸、燃烧、中毒等，造成人民生命和财产的重大损失，所以对上述问题不能掉以轻心，应引起足够的重视。

（三）《国际贸易中木质包装材料管理准则》

国际植物保护公约组织于2002年制定了第15号植物检疫措施国际标准——《国际贸易中木质包装材料管理准则》（即ISPM15标准），目的在于规范国际贸易中货物木质包装质量，防止农林有害生物随木质包装在世界范围内传播和扩散。

ISPM15标准要求所有进境木质包装必须进行检疫处理，并加贴国际标识。ISPM15标准中的处理方法如下。

（1）热处理，即木材中心温度至少达到56℃，持续30分钟以上，其他方法只要达到热处理要求，可以视为热处理。

（2）溴甲烷熏蒸处理，即熏蒸最低温度不低于10℃，时间不少于16小时。

（3）输入国家或地区认可的其他除害处理方法。

二、技能提升

实训 到市场上观察商品的包装

【实训内容描述】

让学生到市场上去观察商品的包装，在全面把握货物包装的基础上，熟悉普通货物包装应遵循的基本原则，销售包装、运输包装的基本要求，掌握危险货物运输包装基本要求。此实训内容一方面可以加深学生对所学知识的理解，另一方面可以培养学生搜集信息、总结归纳的能力。

【实训步骤】

步骤一：将班级学生分成若干小组，选出一名组长，由组长带领小组成员共同解读实训内容。

步骤二：小组成员分工、查找资料。课堂上设计调查项目，课下通过网络、调查等形式搜集物流包装的相关资料，小组成员共同分析、汇总、讨论包装应遵循的基本原则，销售包装、运输包装的基本要求。

步骤三：将查找到的资料、总结得出销售包装、运输包装的基本要求，做成 PPT、Word 文档或者卡片等形式，每组选出一位发言人代表本组进行展示、分享，其他小组可以进行提问和质疑，资料的搜集要能够充分体现学过的知识点。

步骤四：教师对各小组的展示情况进行总结点评。

【考核要求】

小组内部交流过程中，要求每位成员独立思考、积极参与。教师全程指导，观察每位小组成员在活动中的表现，及时给予帮助。各小组交流互评，教师点评，给予学生正面、积极的肯定，同时指出不足之处。

巩固提高

一、名词解释

1. 包装
2. 包装法律法规
3. 普通货物
4. 危险货物

二、填空题

1. _____是指按一定编码规则排列的条空符号，它由具有一定意义的字母、数字及符号组成，通过光电扫描阅读设备，可作为计算机输入数据的特殊代码语言。

2. 危险货物运输所适用的国家标准是_____，该标准规定了危险货物运输包装的分类、包装要求、防护材料、包装标志及标记代号、运输包装性能试验等内容。

三、单项选择题

1. （　　）又称唛头，通常有一个简单的几何图形和一些字母、数字及简单的文字组成。

    A. 运输标志　　　　　　　　　　　B. 指示性标志
    C. 警告性标志　　　　　　　　　　D. 包装检疫

2. 根据《国际海运危险货物规则》，包装最大容量为 450L，最大净重为（　　）。

    A. 400kg　　　　B. 500kg　　　　C. 600kg　　　　D. 700kg

四、多项选择题

1. 商品包装根据其在流通中的作用可分为（　　）。

    A. 商业包装　　　B. 工业包装　　　C. 销售包装　　　D. 运输包装

2. 包装法律法规的特点包括（　　）。

    A. 强制性　　　　B. 标准性　　　　C. 技术性　　　　D. 分散性

3. 包装中所涉及的知识产权主要为（　　　　）。
   A. 商标权
   B. 专利权
   C. 著作权
   D. 工业产权
4. 普通货物包装应遵循的基本原则包括（　　　　）。
   A. 安全原则
   B. "绿色"原则
   C. 经济原则
   D. 标准原则

五、简答题

1. 简述普通货物运输运输包装的基本要求。
2. 简述危险货物运输包装的基本要求。
3. 简述《国际海运危险货物规则》对于危险货物包装的基本要求。

六、案例分析题

📖 案例

　　甲为农副产品进出口公司，乙为综合物流服务商。2022年7月，甲有黄麻出口至印度，甲将包装完好的货物交付给乙，乙为甲提供仓储、运输等服务。黄麻为易燃物，储存和运输的环境都不得超过常温。甲因听说乙已多次承运过黄麻，便未就此情况通知乙，也未在货物外包装上做有警示标志。2022年8月9日，乙将货物运至其仓储中心准备联运。8月11日，货物突然起火，损失严重。据查，起火原因为仓库温度过高导致货物自燃。双方就此发生争议。

　　问题：甲公司的损失应该由谁来承担？为什么？

知识链接　物流高峰带来快递包装堆积，如何让包装"瘦身变绿"？

　　近年来，电商平台、快递企业及专业的回收公司都在快递物流包装的绿色环保上做了不少文章。比如，有的企业采用了物流主动回收的生鲜箱、循环包装来实现配送；有的快递公司推出可以重复使用的PP材料（聚丙烯）快递箱；在一些城市，还有鼓励用户送回包装获得积分、小礼品的活动，以培养新的使用习惯……快递包装的循环回收目前发展如何？大面积推广需要从哪些方面破题？

1. 可循环快递箱更节能环保

　　可循环快递箱与平时的纸箱不太一样，它的外壳要坚硬许多，开口处用魔术贴黏合，通常可循环使用70次以上。降本增效的同时，这种箱子也更加安全环保。

　　除可循环快递箱外，"绿色包装"正以更多的形式出现在消费者身边。近几年来，一些平台在配送生鲜食品时，不再是通过清一色的白色泡沫箱保温，而是使用可以回收的保温周转箱来实现货物配送。如果不能面签，用户将货品取出之后，将空的周转箱放到原处，之后快递员会再来取走，以此循环使用。

2. 倡导原箱发货减少包装，鼓励消费者完成包装的回收利用

　　目前多个电商平台已尝试与商家合作，倡导原箱发货来减少纸箱、填充泡沫等物品的使用。比如，一些类似牛奶、饮料等本身有较为完整和坚固的包装箱的产品，快递时

不再加用新的包装了。

另外，从消费端入手，鼓励消费者主动完成包装的回收利用，是破题的另一个关键点。一些城市社区中安放了回收柜、快递驿站投放回收箱，主动完成投放，有时还可以获得一定的奖励或小礼品。

3. 各个企业目前有不同探索，可以统一包装打通企业间的循环

当商家及用户消费习惯逐渐养成之后，就需要探寻一条可执行的循环路径——如何让包装低成本地从用户手中再次回到快递企业或商家那里？循环包装是依托于企业自建的正逆向物流体系来完成的。如果无法当面签收，可能会进行二次上门回收，造成成本偏高。如果消费者没有意识暂存包装，也有可能存在丢失风险，这是包装回收面临的一个主要问题。

各个企业目前有不同的探索。例如，有的通过识别码来进行管理，实现对包装的全流程监控；有的通过鼓励用户面签，直接将包装带回。

如果可以统一包装，或许可以打通企业之间的循环，让回收的路径更宽一些。通过在不同企业、不同行业之间的流转循环使用，同时最大化地将快递网点和驿站的末端资源利用起来，结合社区的回收站模式，能够实现循环保证的高效回收和流转。

长远来看，需要政府引导，推出行业标准，以城市为单位来建立快递包装的循环与回收体系。

单 元 评 估

单元课程评估表见表7-4。

表7-4　单元课程评估表

单元名称：　　　　　　　姓名：　　　　班级：　　　　　日期：
1. 本单元我学到的知识：
2. 本单元我掌握的技能：
3. 教师讲授思路是否清晰？是否有没讲清楚的内容？如有，请列出：
4. 教师的教学方法对你的学习是否起到帮助作用？
5. 你是否有学习目标？是否制订了学习计划？
6. 为更有效地学习，你对本单元的教学有何建议？
教师评语：
学生签字：　　　　　　教师签字：

单元八

装卸搬运法律法规

学习目标

知识目标

→ 了解装卸搬运的概念、组成、特点及分类

→ 了解装卸搬运合理化的原则及装卸搬运在物流中的作用

→ 明确物流企业在装卸搬运作业中的法律地位

→ 了解港口、铁路、公路、集装箱码头装卸搬运作业的相关法律法规

技能目标

→ 能够合理地规划装卸搬运作业

→ 能够运用所学的装卸搬运相关法律法规解决未来工作中的问题

素养目标

→ 使学生掌握物流中的装卸搬运法律法规，强化遵法、守法的意识

情景导入

长江物流服务公司（以下简称长江公司）为武汉俏佳人制衣厂的服装出口提供长期国际综合物流服务，即由长江公司进行服装包装，安排国际联运以及到货配送。2022 年 10 月 10 日，长江公司对包括俏佳人制衣厂等在内的 6 家供货方提供服务，并将货物同船承运，其中，提单号 WH20221001—WH20221010 的货物为俏佳人服装。在上海港装船时，集装箱脱落，掉入海中，致使提单号 WH20221001—WH20221010 的货物遭海水浸泡。

情景要求

结合以上案例，完成下列问题：

俏佳人制衣厂的货物损失应该由谁来承担？为什么？

以上问题的完成要求以小组为单位，使用 PPT 的形式进行成果展示，每小组上交一份。

模块一 ▶ 装卸搬运概述

产品在从生产到消费的流通过程中，装卸搬运作业是不可缺少的重要环节。它是物流系统的构成要素之一，是为采购、配送、运输和保管的需要而进行的作业。装卸搬运作业要花费很长时间，所消耗的人力也很多，装卸搬运作业虽然不直接创造价值，但是，装卸搬运作业效率的高低会直接影响物流整体的效率，所以它是决定物流速度和物流成本的关键，也是决定物流技术经济效果的重要环节。因此，合理的装卸搬运作业是提高物流效率的重要手段之一。

能力知识点 1 ▶ 装卸搬运的概念、组成、特点及分类

一、装卸搬运的概念及组成

1. 装卸搬运的概念

装卸搬运事实上包括装卸和搬运两部分。

我国国家标准《物流术语》（GB/T 18354—2021）对装卸的定义为："在运输工具间或运输工具与存放场地（仓库）间，以人力或机械方式对物品进行载入或卸下卸出的作业过程。"

通过装卸可完成物品在指定地点进行的垂直方向的移动。

我国国家标准《物流术语》（GB/T 18354—2021）对搬运的定义为："在同一场所内，以人力或机械方式对物品进行空间移动的作业过程。"

由于装卸、搬运这两者通常是密不可分的，是伴随在一起发生的，所以将这两者统称为装卸搬运。

总的来说，装卸搬运是指在同一地域范围内进行的，以改变物品的存放状态和空间位置为主要内容和目的的活动。这一作业活动包括货物的装载、卸货、移动、货物堆码上架、取货、备货、分拣等作业以及连接上述各项运作的短程输送，是随运输和仓储等活动而产生的必要活动。

在物流科学中，并不过分强调两者的差别，而是作为一种活动来对待。实际上，有时候在特定场合，单称"装卸"或单称"搬运"也包含了"装卸搬运"的完整含义。区别于运输活动，装卸搬运是在同一地域的小范围内发生的；而运输则是在较大范围内发生的，即运输活动是在物流节点之间进行的；而装卸搬运则是在物流节点内进行的，是短距离的移动。

2. 装卸搬运的组成

（1）堆垛拆垛作业。堆垛（或称装上、装入）作业是指把货物移动或举升到装运设备

或固定设备的指定位置，再按所要求的状态放置的作业；拆垛（或称卸下、卸出）作业则是堆垛作业的逆向作业。例如，用叉车进行叉上叉下作业，将货物托起并放置到指定位置场所（如卡车车厢、集装箱、货架或地面等）；利用各种形式的起重机进行各种吊装作业，将货物从轮船货仓、火车车厢、卡车车厢吊出或吊进等。

（2）分拣配货作业。分拣是指在堆垛作业前后或配送作业之前把货物按品种、出入先后、货流进行分类，再放到指定地点的作业。配货是指把货物从所在的位置按品种、下一步作业种类、发货对象进行分类的作业。

（3）搬运移送作业。搬运移送作业是指为了进行装卸、分拣、配送活动而发生的移动物资的作业，包括水平、垂直、斜行搬送，以及几种组合的搬送。

（4）其他作业。如贴标签、拴卡片、分类、理货等作业。

二、装卸搬运的特点

1. 装卸搬运是附属性、伴生性的活动

装卸搬运是物流过程中每一项活动开始及结束时必然发生的一项活动，经常被视为其他操作不可缺少的组成部分。

2. 装卸搬运是支持性、保障性的活动

装卸搬运对其他物流活动有一定的决定性，会影响其他物流活动的质量和速度。许多物流活动只有在有效的装卸搬运支持下，才能实现高水平、高效率。

3. 装卸搬运是衔接性的活动

在其他物流活动相互过渡时，一般都是以装卸搬运来衔接的，它是物流各环节之间能否形成有机联系和紧密衔接的关键。

4. 装卸搬运是增加物流成本的活动

任何一次装卸搬运活动都要消耗一定的人力、物力，因此，必然会增加物流成本。

三、装卸搬运的分类

（1）按装卸搬运的手段，装卸搬运可分为：①人工装卸搬运，即使用人力进行装卸搬运。②机械化装卸搬运，即采用各种装卸搬运机械进行工作，完成装卸搬运的活动。③综合装卸搬运，即各种装卸搬运设备、设施相配合，采用以电子计算机管理为中心的自动化控制系统完成装卸搬运。

（2）按装卸搬运的机械及机械作业方式，装卸搬运可分为：①吊装吊卸（垂直装卸）；②滚装滚卸（水平装卸）。

（3）按装卸搬运施行的地点，装卸搬运可分为：①港口装卸；②铁路站点装卸；③汽车站点装卸；④一般仓库装卸。

（4）按装卸搬运的作业特点，装卸搬运可分为：①连续装卸；②间歇装卸。

能力知识点 2 ➜ 装卸搬运合理化的原则及装卸搬运在物流中的作用

一、装卸搬运合理化的原则

（1）防止和消除无效作业的原则。

（2）适当搬运活性的原则。

（3）省力化原则。

（4）机械化原则。

（5）顺畅化原则。

（6）短距化原则。

（7）集装单元化原则。

（8）人格化原则。

（9）提高综合效果的原则。

二、装卸搬运在物流中的作用

在物流过程中，物流系统各个环节的先后或同一环节的不同活动之间，都必须进行装卸搬运作业。具体来说，装卸搬运在物流中具有如下作用。

1. 装卸搬运是控制物流费用的重要环节

装卸搬运是随着运输和保管等活动而产生的必要活动。在物流过程中，装卸搬运活动都要花费很长时间，这是决定物流速度和成本的关键。

2. 装卸搬运是影响物流效率的重要环节

在整个物流过程中，装卸搬运活动是不断出现和反复进行的，它出现的频率高于其他各项物流活动，在物流体系中所占的时间是很多的，往往成为决定物流速度的关键。

3. 装卸搬运是降低产品损坏率的重要环节

进行装卸搬运操作时需要接触货物，容易造成货物破损、散失、损耗、混合等损失。合理安排装卸搬运，减少装卸次数，尽可能缩短搬运距离，可减少货损货差。

能力知识点 3 ➜ 物流企业在装卸搬运作业中的法律地位

一、根据合同亲自完成装卸搬运作业的物流企业的法律地位

物流企业根据物流服务合同的要求需要完成并且亲自完成装卸搬运时，其在装卸搬运过程中处于装卸搬运经营人的地位。根据搬运类型的不同，可能为港口经营人、铁路装卸搬运经营人、装卸搬运经营人。物流企业根据物流服务合同及相关法律法规享有权利并承担义务。

二、需要完成但不亲自完成装卸搬运作业的物流企业的法律地位

物流企业根据物流服务合同的要求需要完成但不亲自完成，而是委托专业的装卸公司来实际完成装卸作业的，其在装卸搬运过程中处于装卸搬运作业委托人的地位。物流企业根

据物流服务合同、装卸作业合同及相关法律法规享有权利并承担义务。

模块二 ▶ 港口、铁路、公路装卸搬运作业的相关法律法规

我国物流方面的立法还处于起步阶段，专门的关于装卸搬运作业的法律法规目前尚未存在，但由于装卸搬运与运输、仓储、配送活动紧密相关，因此要受到与这些活动相关的法律法规中和装卸搬运内容有关的条款约束，如《中华人民共和国民法典》《中华人民共和国海商法》《中华人民共和国劳动法》等。至于国际公约和国际惯例，则主要有《联合国国际贸易运输港站经营人赔偿责任公约》《国际海协劳工组织装箱准则》和《国际铁路货物联运协定》等。

能力知识点 1 ▶ 港口装卸搬运作业中的法律法规

调整港口装卸搬运法律、法规有《中华人民共和国港口法》《港口经营管理规定》《港口危险货物安全管理规定》。

港口经营人从事经营活动，必须遵守有关法律、法规，遵守国务院交通主管部门有关港口作业规则的规定，依法履行合同约定的义务，为客户提供公平、良好的服务。

一、港口货物作业合同

1. 港口货物作业合同的概念

港口货物作业合同是指港口经营人在港口对水路运输货物进行装卸、搬运、储存、装拆集装箱等作业，作业委托人支付作业费用的合同。当物流企业不亲自对货物实施装卸搬运作业时，即需要与专业的装卸公司就某一港口的货物装卸搬运签订作业合同，该合同即属于港口货物作业合同。港口经营人，是指与作业委托人订立作业合同的人。作业委托人，是指与港口经营人订立作业合同的人。货物接收人，是指作业合同中，由作业委托人指定的从港口经营人处接收货物的人。

> 🕐 **小知识**
>
> 港口经营人是指接受货主、承运人或其他有关方的委托，在港口对水路运输货物提供或安排堆存、仓储、搬运、装卸、积载、平舱、隔垫和绑扎等有关服务的人。

2. 港口作业合同的主要内容和形式

（1）港口货物作业合同的主要内容。

1）作业委托人、港口经营人和货物接收人名称。

2）作业项目。

3）货物名称、件数、重量、体积（长、宽、高）。

4）作业费用及其结算方式。

5）货物交接的地点和时间。

6）包装方式。

7）识别标志。

8）船名、航次。

9）起运港（站、点）和到达港（站、点）。

10）违约责任。

11）解决争议的方法。

以上合同条款并不是每个作业合同都必须订立的条款。根据《民法典》的规定，除合同成立所必需的条款外，缺少其他条款并不会影响合同的效力。

（2）港口货物作业合同的形式。港口货物作业合同的形式既可以是书面形式，也可以是口头形式或其他形式。但是由于口头合同操作不便，在实践中应该尽量避免，以防止遭受不必要的损失或者产生不必要的纠纷。

二、物流企业在港口装卸搬运作业中的义务

1. 物流企业自行进行港口装卸搬运作业时应承担的义务

（1）按照作业合同的约定，根据作业货物的性质和状态，配备适合的机械、设备、工具、库场，并使之处于良好的状态。

订舱委托书的审核

（2）在单元滚装装卸作业中，物流企业应当提供适合滚装运输单元候船待运的停泊场所、上下船舶和进出港的专用通道；保证作业场所的有关标志齐全、清晰，照明良好；配备符合规范的运输司乘人员及旅客的候船场所。旅客与运输单元上下船和进出港的通道应当分开。

（3）按照合同的要求进行装卸搬运作业。

2. 物流企业委托他人进行港口装卸搬运作业时应承担的义务

（1）及时办理港口装卸搬运作业所需的各种手续，因办理各项手续和有关单证不及时、不完备或者不正确，造成港口经营人工作时间延误或其他损失的，物流企业应当承担赔偿责任。

（2）对有特殊装卸搬运要求的货物，应当与港口经营人约定货物装卸搬运的特殊方式和条件。

（3）以件为单位进行装卸搬运的货物，港口经营人验收货物时，发现货物的实际重量或者体积与物流企业申报的重量或者体积不符时，物流企业应当按照实际重量或者体积支付费用并向港口经营人支付超重等费用。

（4）对危险货物的装卸搬运作业，物流企业应当按照有关危险货物运输的规定妥善包装，制作危险品标志和标签，并将其正式名称和危害性质以及必要时应当采取的预防措施书面通知港口经营人。

物流企业未按照上述（4）的规定通知港口经营人或者通知有误的，港口经营人可以在任何时间、任何地点根据情况需要停止装卸搬运作业、销毁货物或者使之不能为害，而不承担赔偿责任。物流企业对港口经营人经营此类货物所受到的损失，应当承担赔偿责任。港口经营人知道危险货物的性质并且已同意作业的，仍然可以在该项货物对港口设施、人员或者其他货物构成实际危险时，停止作业、销毁货物或者使之不能为害，而不承担赔偿责任。

作业合同约定港口经营人从第三方接收货物进行装卸搬运作业的，物流企业应当保证第三方按照作业合同的约定交付货物。

三、港口经营人在港口装卸搬运作业中的义务

（1）提供作业条件。港口经营人应当按照作业合同的约定，根据作业货物的性质和状态，配备适合的机械、设备、工具、库场，并使之处于良好的状态。

（2）接收货物。港口经营人应当按照作业合同的约定接收货物，除另有约定外，散装货物按重量交接；其他货物按件数交接。接收货物后应当签发用以确认接收货物的收据。

（3）按照合同的要求进行装卸搬运作业。

（4）保管货物。港口经营人应当妥善地保管和照料作业货物。经对货物的表面状况检查，发现有变质、滋生病虫害或者其他损坏，应当及时通知作业委托人或者货物接收人。

（5）单元滚装运输作业。港口经营人应当提供适合滚装运输单元候船待运的停泊场所、上下船舶和进出港的专用通道；保证作业场所的有关标识齐全、清晰，照明良好；配备符合规范的运输单元司乘人员及旅客的候船场所。旅客与运输单元上下船和进出港的通道应当分开。

（6）交付货物。港口经营人应当按照作业合同的约定交付货物。

四、港口经营人港口装卸搬运危险货物作业相关规定

（1）从事港口作业的企业，应当按照安全管理制度和操作规程组织危险货物港口作业。

（2）从事危险货物港口作业的人员，应当按照企业安全管理制度和操作规程进行危险货物的操作。

（3）危险货物港口经营人应当对危险货物包装和标志进行检查，发现包装和标志不符合国家有关规定的，不得予以作业，并应当及时通知或者退回。

（4）危险货物港口经营人进行爆炸品、气体、易燃液体、易燃固体、易于自燃的物质、遇水放出易燃气体的物质、氧化性物质、有机过氧化物、毒性物质、感染性物质、放射性物质、腐蚀性物质的港口作业，应当划定作业区域，明确责任人并实行封闭式管理。作业区域应当设置明显标志，禁止无关人员进入和无关船舶停靠。

（5）在港口内进行危险货物的装卸、过驳作业，应当按照国务院交通主管部门的规定将危险货物的名称、特性、包装和作业的时间、地点报告港口行政管理部门。港口行政管理部门接到报告后，应当在国务院交通主管部门规定的时间内做出是否同意的决定，通知报告人，并通报海事管理机构。

五、集装箱码头装卸搬运作业特殊规定

集装箱码头装卸搬运作业是指集装箱船舶装卸以及集装箱船舶装卸作业前后所进行的一系列作业，主要包括集装箱装卸船作业、堆场作业、货运站作业。集装箱装卸船作业是指将集装箱装上、卸下船舶的作业；堆场作业是指对集装箱在堆场内进行搬运、装卸等的作业；货运站作业是指集中、分散集装箱的作业。

1．物流企业在集装箱码头装卸搬运作业中的义务

（1）物流企业自行进行集装箱码头装卸搬运作业时应承担的义务。

1）应使装卸机械及工具、集装箱场站设施处于良好的技术状况，确保集装箱装卸、运输和堆放安全。

2）物流企业在装卸过程中应做到：稳起稳落、定位放箱，不得拖拉、甩关、碰撞。起吊集装箱要使用吊具；使用吊钩起吊时，必须四角同时起吊；起吊后，每条吊索与箱顶的水平夹角应大于45°；随时关好箱门。

3）物流企业如发现集装箱货物有碍装卸搬运作业安全时，应采取必要的处置措施。

（2）物流企业委托他人进行集装箱码头装卸搬运时应承担的义务。

1）物流企业委托他人进行集装箱码头装卸搬运作业，应填制"港口集装箱作业委托单"。

2）物流企业委托他人进行集装箱码头装卸搬运作业，应保证货物的品名、性质、数量、重量、体积、包装、规格与委托作业单记载相符。委托作业的集装箱货物必须符合集装箱装卸运输的要求，标志应当明显、清楚。由于申报不实给集装箱码头经营人造成损失的，物流企业应当负责赔偿。

2．集装箱相关规定

（1）装载货物的集装箱应具备的条件。

① 集装箱应符合国际标准化组织的标准。

② 集装箱四柱、六面、八角完好无损。

③ 集装箱各焊接部位牢固。

④ 集装箱内部清洁、干燥、无味、无尘；集装箱不漏水、不漏光。

（2）装载货物前应该做的检查。

① 外部检查。对集装箱的六面进行查看，外部是否有损伤、变形、破口等异常现象，如果发现这些现象应该及时进行维修。

② 内部检查。对集装箱的内侧进行查看，查看是否漏水、漏光，是否有污点、水迹等。

③ 箱门检查。箱门是否完好，是否能够270°开启。

④ 清洁度检查。查看集装箱是否清洁。

⑤ 附属件检查，检查附属件是否齐备，是否处于正常工作状态。

📁 **资料卡**

国际标准化组织（ISO）对作为运输工具的货物集装箱的要求如下：具有足够的强度，能长期反复使用；途中转运不需移动箱内货物，可以直接换装；有适当装置，可进行快速装卸，并可以从一种运输工具直接方便地换装到另一种运输工具；便于货物存放取出；具有 $1m^3$ 以上的容积。

（3）对集装箱货物进行积载时的注意事项。

① 集装箱内所载的货物不能超过集装箱所能承受的最大重量。

❓**想一想**

你知道还有什么样的集装箱吗？

② 根据货物的性质、体积、质量、包装强度的不同安排积载。

③ 集装箱内应当均匀分布重量；根据货物包装的强度决定堆码的层数。

④ 注意不同货物的物理及化学性能，避免发生污染和串味。

⏱ 小知识

专用集装箱是指具有集装箱的基本结构，但为满足不同专业领域的特殊需要而装有各种专用设备或有特殊构造的集装箱。具体包括：保温集装箱、通风集装箱、罐式集装箱、动物集装箱、汽车集装箱。

能力知识点 2 → 铁路、公路装卸搬运作业中的法律法规

一、铁路装卸搬运作业涉及的法律问题

同其他物流环节涉及的法律法规相同，铁路装卸搬运作业相关规定也是散布在各个法律法规中。《民法典》《铁路法》中的许多规定都适用于铁路装卸搬运。

《铁路危险货物运输安全监督管理规定》已于 2022 年 12 月 1 日起施行。

1. 《铁路危险货物运输安全监督管理规定》中危险货物装卸相关规定

（1）危险货物装卸、储存场所和设施应当符合下列要求：

1）装卸、储存专用场地和安全设施设备封闭管理并设立明显的安全警示标志。设施设备布局、作业区域划分、安全防护距离等符合有关技术要求。

2）设置有与办理货物危险特性相适应，经相关部门验收合格的仓库、雨棚、场地等设施，配置相应的计量、检测、监控、通信、报警、通风、防火、灭火、防爆、防雷、防静电、防腐蚀、防泄漏、防中毒等安全设施设备，并进行经常性维护、保养和定期检测，保证设施设备的正常使用。维护、保养、检测应当做好记录，并由有关人员签字。

3）装卸设备符合安全要求，易燃、易爆的危险货物装卸设备应当采取防爆措施，罐车装运危险货物应当使用栈桥、鹤管等专用装卸设施，危险货物集装箱装卸作业应当使用集装箱专用装卸机械。

4）法律、行政法规、有关标准和安全技术规范规定的其他要求。

（2）运输单位应当按照《中华人民共和国安全生产法》《危险化学品安全管理条例》等国家有关法律、行政法规的规定，对本单位危险货物装卸、储存作业场所和设施等安全生产条件进行安全评价。新建、改建危险货物装卸、储存作业场所和设施；在既有作业场所增加办理危险货物品类，以及危险货物新品名、新包装和首次使用铁路罐车、集装箱、专用车辆装载危险货物，改变作业场所和设施安全生产条件的，应当及时进行安全评价。

法律、行政法规规定需要委托相关机构进行安全评价的，运输单位应当委托符合国家规定的机构进行。

（3）危险货物装卸作业应当遵守安全作业标准、规程和制度，并在装卸管理人员的现场指挥或者监控下进行。

2. 物流企业在铁路装卸搬运作业中的义务

（1）物流企业自行进行铁路装卸搬运作业时应承担的义务。

1）装车前，应该认真检查车体（包括透光检查）、车门、车窗、盖阀是否完整良好。

2）认真核对待装货物的品名、件数，检查标志、标签和货物状态；对集装箱还应检查箱内装载情况，检查箱体、箱号和封印。

3）装车后，认真检查车门、车窗、盖阀的关闭、拧固和装载加固情况；需要填制货车装载清单及标画示意图的，应按规定填制；需要施封的货车，按规定施封；对装载货物的敞车，要检查车门插销、底开门搭扣和篷布苫盖、捆绑情况；装载超限、超长、集重货物，应按装载加固定型方案或批准的装载加固方案检查装载加固情况。

4）货物装车或卸车，应在保证货物安全的条件下，积极组织快装、快卸，昼夜不间断地作业，以缩短货车停留时间，加速货物运输。

5）等待装车或者从机车上卸下的货物存放在装卸场所内时，应距离货物线钢轨外侧1.5m 以上，并应堆放整齐、稳固。

（2）物流企业委托他人进行铁路装卸搬运作业时应承担的义务。

1）及时办理检验、检疫、公安和其他铁路装卸搬运作业所需的各种手续。

2）按照合同提供约定的货物。合同约定铁路装卸搬运作业人从第三方接收货物进行装卸搬运作业的，物流企业应当保证第三方按照作业合同的约定交付货物。

3）按照合同支付相应的费用。

二、公路装卸搬运作业涉及的法律问题

公路装卸搬运涉及的法律法规，在法律层面上包括《民法典》《中华人民共和国公路法》；在部门规章层面上包括交通运输部颁布的《道路货物运输及站场管理规定》《危险货物道路运输安全管理办法》等一系列法规。

1.《危险货物道路运输安全管理办法》中危险货物装卸相关规定

（1）装货人应当在充装或者装载货物前查验以下事项；不符合要求的，不得充装或者装载：

1）车辆是否具有有效行驶证和营运证。

2）驾驶人、押运人员是否具有有效资质证件。

3）运输车辆、罐式车辆罐体、可移动罐柜、罐箱是否在检验合格有效期内。

4）所充装或者装载的危险货物是否与危险货物运单载明的事项相一致。

5）所充装的危险货物是否在罐式车辆罐体的适装介质列表范围内，或者满足可移动罐柜导则、罐箱适用代码的要求。

充装或者装载剧毒化学品、民用爆炸物品、烟花爆竹、放射性物品或者危险废物时，还应当查验本办法第十五条规定的单证报告。

（2）装货人应当按照相关标准进行装载作业。装载货物不得超过运输车辆的核定载质

量，不得超出罐式车辆罐体、可移动罐柜、罐箱的允许充装量。

（3）危险货物交付运输时，装货人应当确保危险货物运输车辆按照《道路运输危险货物车辆标志》（GB 13392）要求安装、悬挂标志，确保包装容器没有损坏或者泄漏，罐式车辆罐体、可移动罐柜、罐箱的关闭装置处于关闭状态。

爆炸品和剧毒化学品交付运输时，装货人还应当确保车辆安装、粘贴符合《道路运输爆炸品和剧毒化学品车辆安全技术条件》（GB 20300）要求的安全标示牌。

（4）装货人应当建立危险货物装货记录制度，记录所充装或者装载的危险货物类别、品名、数量、运单编号和托运人、承运人、运输车辆及驾驶人等相关信息并妥善保存，保存期限不得少于 12 个月。

（5）充装或者装载危险化学品的生产、储存、运输、使用和经营企业，应当按照本办法要求建立健全并严格执行充装或者装载查验、记录制度。

（6）收货人应当及时收货，并按照安全操作规程进行卸货作业。

（7）禁止危险货物运输车辆在卸货后直接实施排空作业等活动。

2. 物流企业在公路装卸搬运作业中的义务

（1）物流企业自行进行公路装卸搬运作业时应承担的义务。

1）应对车厢进行清扫，保证车辆、容器、设备适合装卸货的要求。

2）装卸搬运作业应当轻装轻卸，堆码整齐；清点数量；防止混杂、散漏、破损；严禁有毒、易污染物品与食品混装，危险货物与普通货物混装。

3）装卸搬运危险货物，应按《危险货物道路运输安全管理办法》进行作业。

4）装卸搬运作业完成后，货物需绑扎苫盖篷布的，装卸搬运人员必须将篷布苫盖严密，绑扎牢固，编制有关清单，做好交接记录，并按有关规定施加封志和外贴等有关标志。

5）应当认真核对装车的货物名称、重量、件数是否与运单上记载相符，包装是否完好。

（2）物流企业委托他人进行公路装卸搬运作业时应承担的义务。

1）及时办理检验、检疫、公安和其他货物运输和公路装卸搬运作业所需的各种手续。

2）按照合同提供约定的货物。合同约定公路装卸搬运作业人从第三方接收货物进行作业的，物流企业应当保证第三方按照作业合同的约定交付货物。

3）按照合同支付费用。

学习实践活动

步骤一：组建小组，解读实践活动。

将班级学生分成若干小组，每组选出一名组长，由组长带领小组成员共同解读"情景导入"及"情景要求"。

步骤二：分工合作，完成实践活动。

小组成员进行分工，课堂上设计调查问卷或表格，课下通过电话、网络、走访或个人生活经历等了解装卸搬运的概念、组成、特点、分类及装卸搬运合理化的原则，分组整理，填入设计好的问卷或表格。

步骤三：共同分享，交流成果。

将以上收集的资料、设计的表格等内容做成PPT，每组选出一位发言人代表本组进行展示和分享，其他小组可以对其展示进行提问和质疑，发言人或者本组其他成员可以解释回答。

步骤四：教师总结，点评成果。

教师对各小组的展示情况进行总结点评，并完成"素养与能力测评表"（见表8-1）的填写。

素养与能力测评

表8-1 素养与能力测评表

名称						
组别		组员			班级	
考核项目	评价标准		参考分值	考核得分		
				自评	其他组评（平均）	教师评价
基本素养（15分）	按时到岗，学习准备就绪		5			
	自觉遵守纪律，有责任心和荣誉感		5			
	积极主动，不怕困难，勇于探索		5			
职业素养（15分）	有较强的沟通能力和团队合作精神		10			
	能够熟知岗位职责，具备法律意识		5			
专业素养（30分）	了解物流企业在装卸搬运作业中的法律地位及作用		10			
	掌握港口装卸搬运作业中的法律法规、集装箱码头装卸搬运作业特殊规定		10			
	掌握铁路、公路装卸搬运作业中的法律法规		10			
学习实践活动完成（40分）	按时正确完成学习实践活动		10			
	PPT内容完整、美观，表达清晰、流畅		10			
	能积极发现其他小组展示中的问题并大胆提出质疑		10			
	能正确回答其他组的提问		10			
小计			100			
合计（自评30%+互评30%+教师评40%）						

拓展提升

一、知识拓展

（一）组合化装卸搬运

在装卸搬运作业过程中，根据不同物料的种类、性质、形状、重量来确定不同的装卸作业方式。处理物料装卸搬运的方式有三种：①普通包装的物料逐个进行装卸，叫作"分块处理"。②将颗粒状物料不加小包装而原样装卸，叫作"散装处理"。③将物料以托盘、集装箱、集装袋为单位进行组合后进行装卸，叫作"集装处理"。对于包装的物料，尽可能进行"集装处理"，实现组合化装卸搬运，可以充分利用机械进行操作。

组合化装卸搬运具有以下优点。

（1）装卸单位大、作业效率高，可大量节约装卸搬运作业时间。

（2）能提高物料装卸搬运的灵活性。

（3）操作单元大小一致，易于实现标准化。

（4）不用手去触碰各种物料，可达到保护物料的效果。

（二）合理规划装卸搬运作业过程

合理规划装卸搬运作业过程，是指对整个装卸搬运作业的连续性进行合理安排，以减少运距和装卸次数。

装卸搬运作业现场的平面布置是直接关系到装卸、搬运距离的关键因素，装卸搬运机械要与货场长度、货位面积等互相协调。要有足够的场地集结货物，并满足装卸搬运机械工作面的要求，场内的道路布置要为装卸搬运创造良好的条件，有利于加速货位的周转。装卸搬运作业现场的平面布置，目的是使装卸搬运距离达到最小，减少装卸搬运距离是平面布置的理想目标。

提高装卸搬运作业的连续性应做到：①作业现场装卸搬运机械合理衔接；②不同的装卸搬运作业在相互联结使用时，力求使它们的装卸搬运速率相等或接近；③充分发挥装卸搬运调度人员的作用，一旦发生装卸搬运作业障碍或停滞状态，立即采取有力的措施补救。

（三）绿色装卸搬运

1. 绿色装卸搬运的概念

绿色装卸搬运是指为尽可能减少装卸搬运环节产生的粉尘、烟雾等污染物而采取的现代化的装卸搬运手段及措施。

2. 绿色装卸搬运的措施

（1）消除无效搬运。①提高搬运纯度，搬运必要的物品，如有些物品去除杂质之后再搬运是比较合理的；②避免过度包装，减少无效负荷；③提高装载效率，充分发挥搬运机器的能力和装载空间；④中空的物品可以填装其他小物品再进行搬运；⑤减少倒搬次数，作业次数增多不仅浪费人力、物力，还增加物品损坏的可能性，更重要的是无效搬运次数的增加会使装卸搬运中的粉尘增加，对环境造成污染。

（2）提高搬运活性。放在仓库的物品都是待运物品，应使之处在易于移动的状态（即搬运活性，是指物品进行装卸搬运作业的方便性）。物品放置时要有利于下次搬运，在装上时要考虑便于卸下，在入库时要考虑便于出库，还要创造易于搬运的环境和使用易于搬运的包装。这样做一方面提高了装卸搬运效率，另一方面也减少了可能造成的污染。

（3）注意货物集散地的污染防护工作。在货物集散地要采用防尘装置，制订最高容许度标准；废水应集中收集、处理和排放，加强现场的管理和监督。

二、技能提升

实训 到车站或码头观察集装箱和装卸搬运设备

【实训内容描述】

让学生到车站或码头观察集装箱和装卸搬运设备，在全面把握装卸搬运基础知识的基础上，了解物流企业在集装箱码头装卸搬运作业中的义务。此实训内容一方面可以加深学生对所学知识的理解，另一方面可以培养学生搜集信息、总结归纳的能力。

【实训步骤】

步骤一： 将班级学生分成若干小组，选出一名组长，由组长带领小组成员共同解读实训内容。

步骤二： 小组成员分工、查找资料。课堂上设计调查项目，课下通过网络、调查等形式搜集装箱装卸搬运的相关资料，小组成员共同分析、汇总、讨论物流企业在集装箱码头装卸搬运作业中的义务。

步骤三： 将查找到的资料、总结得出的集装箱装卸搬运作业涉及的法律法规，做成PPT、Word 文档或者卡片等形式，每组选出一位发言人代表本组进行展示、分享，其他小组可以进行提问和质疑，资料的搜集要能够充分体现学过的知识点。

步骤四： 教师对各小组的展示情况进行总结点评。

【考核要求】

小组内部交流过程中，要求每位成员独立思考、积极参与。教师全程指导，观察每位小组成员在活动中的表现，及时给予帮助。各小组交流互评，教师点评，给予学生正面、积极的肯定，同时指出不足之处。

巩固提高

一、名词解释

1. 装卸搬运
2. 港口货物作业合同
3. 港口经营人

二、填空题

1. 装卸搬运作业应当轻装轻卸，堆码整齐；_____；防止混杂、散漏、破损；严禁有毒、易污染物品与食品混装，_____与_____混装。

2. 集装箱码头装卸搬运作业是指集装箱船舶装卸以及集装箱船舶装卸作业前后所进行的一系列作业，主要包括集装箱_____、_____、_____。

三、单项选择题

1. （　　）是指与港口经营人订立作业合同的人。

　　A. 作业委托人　　　B. 货物接收人　　　C. 作业经营人　　　D. 作业接收人

2. 等待装车或者从机车上卸下的货物存放在装卸场所内时，应距离货物线钢轨外侧（　　）以上，并应堆放整齐、稳固。

　　A. 1.5m　　　　　B. 2m　　　　　C. 2.5m　　　　　D. 1m

四、多项选择题

1. 装卸搬运在物流中的作用包括（　　　　）。

　　A. 装卸搬运是控制物流费用的重要环节

　　B. 装卸搬运是影响物流效率的重要环节

　　C. 装卸搬运是降低产品损坏率的重要环节

　　D. 装卸搬运是增加产品价值的重要环节

2. 按装卸搬运施行的地点，装卸搬运可分为（　　　　）。

　　A. 港口装卸　　　　　　　　　　B. 铁路站点装卸

　　C. 汽车站点装卸　　　　　　　　D. 一般仓库装卸

3. 装卸搬运是指在同一地域范围内进行的，以改变物品的（　　　）为主要内容和目的的活动。

　　A. 存放状态　　　B. 空间位置　　　C. 物理状态　　　D. 流通方式

五、简答题

1. 装卸搬运的特点有哪些？

2. 装卸搬运合理化的原则有哪些？

六、案例分析题

📖 **案例**

王某为甲物流公司在上海港的代理人。2022年春节期间，因事务过于繁忙，王某又恰逢身体不适，遂委托赵某代理其处理日常业务。代理中赵某因业务不熟，将一批业务错发他处，造成货主37万元的直接损失，给物流公司的运营声誉造成恶劣影响，导致物流公司被货主追究赔偿责任。

问题：本案中，物流公司的经济损失应该由谁来承担？为什么？

知识链接 职业操守——拒绝暴力分拣

记者小刘通过投递简历，应聘来到位于武汉市××区的A快递武汉分拣中心，可是入职前，公司并没有进行相应的岗位培训，也未交代分拣注意事项。

早上8时正值货车卸货高峰，小刘发现，现场易碎包裹和普通包裹并没有区分，快递员将包裹从货车上卸到传送带上，再按照包裹编号将包裹分拣到不同片区。部分包裹在搬运过程中存在随意抛掷情况。抛投距离从两米到近十米不等。

在小件分拣处，一位女员工从传送带上拿到包裹后，无论是纸盒包装还是泡沫包装，直接以投篮的方式将包裹精准扔到各个分区堆放处。

在现场，小刘还看到一些大件的快递被快递员当作凳子坐在上面。还有部分快递包装箱已经破损，随意丢弃在地上。

这种现象是行业普遍现象吗？小刘再次应聘到B快递武汉分拣中心，看到这里的包裹被随意抛投的现象也很常见，几位快递员站在两米高的站台上，直接将包裹扔下来，甚至还用脚踢下来。

暴力分拣是包裹破损的主要原因之一。特别是一些大的的分拣中心，快递满天飞的现象更容易发生。

《中华人民共和国邮政法》第四十七条规定：未保价的给据邮件丢失、损毁或者内件短少的，按照实际损失赔偿，但最高赔偿额不超过所收取资费的三倍。

2021年3月1日，国家邮政局明确：邮件快件抛件、踩踏、着地摆放等问题属于不规范操作，法规标准是不允许的。快递公司应加强管理，避免类似的情况发生，爱护大家的包裹。

单元评估

单元课程评估表见表8-2。

表8-2 单元课程评估表

单元名称：　　　　　　姓名：　　　班级：　　　日期：

1. 本单元我学到的知识：

2. 本单元我掌握的技能：

3. 教师讲授思路是否清晰？是否有没讲清楚的内容？如有，请列出：

4. 教师的教学方法对你的学习是否起到帮助作用？

5. 你是否有学习目标？是否制订了学习计划？

6. 为更有效地学习，你对本单元的教学有何建议？

教师评语：

学生签字：　　　　　　教师签字：

单元九

流通加工法律法规

学习目标

知识目标

→ 认识流通加工的作用
→ 了解承揽合同的主要内容及效力
→ 掌握承揽人和定作人的权利和义务

技能目标

→ 能够审定承揽合同
→ 能够运用所学法律知识解决现实工作中承揽合同纠纷

素养目标

→ 使学生掌握流通加工法律法规，培养具有扎实法律功底的应用型物流人才
→ 培养具有家国情怀的物流人才

情景导入

保山家具有限公司与兄弟木器加工厂签订了家具制作承揽合同，兄弟木器加工厂为保山家具有限公司加工家具，所需材料由保山家具有限公司提供，兄弟木器加工厂收取加工费。2023年的某日，兄弟木器加工厂失火，将保山家具有限公司的原料以及库房中准备出库的成品烧毁，造成损失近百万元。

情景要求

结合以上案例，完成下列问题：
你认为这次损失应由谁来承担？为什么？
以上问题的完成要求以小组为单位，使用PPT的形式进行成果展示，每小组上交一份。

模块一　流通加工概述

随着现代流通业的发展，作为现代物流企业，从单一经营业务向多种经营业务转变已成为必然的趋势。流通加工作为现代物流企业的一项具有广阔发展前景的经营业务，已成为社会再生产的重要环节。在流通过程中，流通加工仍然和流通总体一样起着"桥梁和纽带"的作用。但是，它却不是通过保护流通对象的原有形态而实现这一作用的，它和生产一样，通过改变或完善流通对象的原有形态来实现"桥梁和纽带"的作用，是生产加工的延伸，是流通领域为了更好地服务于市场而在职能方面的扩大，它的根本目的是市场销售，是完成流通。流通加工能为流通领域带来巨大的经济效益和社会效益，已成为现代物流系统中不可缺少的组成部分。

能力知识点 1　流通加工的含义、类型和作用

一、流通加工的含义

我国国家标准《物流术语》（GB/T 18354—2021）对流通加工的定义为："根据顾客的需要，在流通过程中对产品实施的简单加工作业的总称。"

简单加工作业活动包括包装、分割、计量、分拣、刷标志、拴标签、组装、组配等。流通加工的主要工作，是在生产原料使用前的简单加工和为了配合运输或使用需要而进行的必要整理，它是一种加工承揽性的工作。委托此项工作的通常是货主，委托既可以是单项的，也可以包括在整个物流项目管理协议中。流通加工工作由物流经营者按照用户的要求完成，收取相应的报酬。同时，加工整理与物流中的配送和包装有着较为密切的关系，用户经常根据最终目的来对加工整理工作提出要求，选择适当的加工形式。例如，包装前对商品的加工，主要是稳固、改装、品质保护（如保鲜）；而配送前的加工，主要是根据用户的要求进行初步加工，以便集中下料，或者是对货物进行分拣、配料或在出售前加标签。

二、流通加工的类型

1. 为满足需求多样化进行的服务性加工

生产部门为了实现高效率、大批量生产，其产品往往不能完全满足用户的需求。为了满足用户对产品多样化的需求，同时又要保证高效率的大生产，可将生产出来的单一化、标准化的产品进行多样化的改制加工。例如，对钢材卷板的舒展、剪切加工；平板玻璃按客户所需规格的开片加工；木材改制成枕木、板材、方材等加工。

2. 为方便消费进行的流通加工

根据下游生产的需要，将商品加工成生产直接可用的状态。例如，根据需要将钢材定尺、定型，按要求下料；将木材制成可直接投入使用的各种型材；将水泥制成混凝土拌合料，只需稍加搅拌即可使用等。

3. 为保护产品进行的流通加工

在物流过程中，直到用户投入使用前，都存在对产品的保护问题，防止产品在运输、

存贮、装卸、搬运、包装过程中遭到损坏，保障其使用价值能顺利实现。例如，新鲜的食品在运输过程中容易变质，可将其冷冻或经过真空处理。

4. 为弥补生产领域加工不足进行的流通加工

有许多产品在生产领域的加工只能到达一定程度，这是由于存在许多因素限制了生产领域不能完成最终的加工。例如，木材如果在产地加工成木制品，就会造成运输的极大困难，所以原生产领域只能加工到原木、板材、方材这个程度，进一步的下料、切裁、处理等加工则由流通加工进行。

5. 为促进销售进行的流通加工

流通加工也可以起到促进销售的作用。例如，将过大包装或散装物分装成适合销售的小包装的分装加工；将以保护商品为主的运输包装改换成以促进销售为主的销售包装；将蔬菜、肉类洗净切块，以满足消费者要求等。

6. 为提高加工效率进行的流通加工

许多生产企业的初级加工由于数量有限，加工效率不高。而流通加工以集中加工的形式，解决了单个企业加工效率不高的问题。它以一家流通加工企业的集中加工代替了若干家生产企业的初级加工，促使生产水平有一定的提高。例如，乡镇企业的米、面加工厂，为农户提供的磨米、磨面服务，以一家流通加工企业的集中加工代替了若干家农户的初级加工，提高了加工效率，降低了加工成本。

7. 为提高物流效率、降低物流损失进行的流通加工

有些商品本身的形态使之难以进行物流操作，而且商品在运输、装卸搬运过程中极易受损，因此需要进行适当的流通加工，从而使物流各环节易于操作，提高物流效率，降低物流损失。例如，造纸用的木材磨成木屑的流通加工，可以极大地提高运输工具的装载效率；自行车在消费地区的装配加工可以提高运输效率，降低损失；石油气的液化加工，使很难输送的气态物转变为容易输送的液态物，提高了物流效率。

8. 为衔接不同运输方式，使物流更加合理进行的流通加工

在干线运输和支线运输的节点设置流通加工环节，可以有效地解决大批量、低成本、长距离的干线运输与多品种、少批量、多批次的末端运输和集货运输之间的衔接问题。在流通加工点与生产企业间形成大批量、定点运输的渠道，以流通加工中心为核心，组织对多个用户的配送，也可以在流通加工点将运输包装转换为销售包装，从而有效地衔接不同目的的运输方式。例如，散装水泥中转仓库把散装水泥装袋，将大规模散装水泥转化为小规模袋装水泥的流通加工，就衔接了水泥厂大批量运输和工地小批量装运的需要。

9. 生产—流通一体化的流通加工

依靠生产企业和流通企业联合，或者生产企业涉足流通，或者流通企业涉足生产形成的对生产与流通加工进行合理分工、合理规划、合理组织，统筹进行生产与流通加工的安排，就是生产—流通一体化的流通加工形式。这种形式可以促成产品结构及产业结构的调整，充分发挥企业集团的经济技术优势，是目前流通加工领域的新形式。例如，乳制品生产厂从牛奶生产到制成成品，再到流通环节进行加工、包装、整合促销。

10. 为实施配送进行的流通加工

这种流通加工形式是配送中心为了实现配送活动，满足用户的需要而对物资进行的加工。例如，混凝土搅拌车可以根据用户的要求，把沙子、水泥、石子、水等各种不同材料按比例要求装入可旋转的罐中。在配送路途中，汽车边行驶边搅拌，到达施工现场后，混凝土已经均匀搅拌好，可以直接投入使用。

三、流通加工的作用

1. 流通加工能有效地完善流通

流通加工在实现时间、场所两个重要效用方面，确实不能与运输和储存相比。流通加工不是在所有物流活动中都必然出现的，但并不意味着流通加工不重要，实际上它在物流系统中是不可轻视的，起着补充、完善、提高、增强物流水平，促进流通现代化的作用。

2. 流通加工是物流活动的重要利润来源

流通加工是一种投入高、产出大的加工方式，往往以简单的加工就可以解决大问题。

3. 流通中的加工可以提高原材料的利用率

流通加工可以将原材料进行初级加工，为物流的其他环节创造条件；可以提高加工效率及设备利用率，充分发挥各种输送手段的优势。

能力知识点 2 ➡ **与流通加工相关的法律**

流通加工法律是与流通加工相关的法律规范的总称，关于流通加工的立法主要表现在承揽合同上。就我国现有的法律而言，与其他物流法律一样，目前我国还没有单独的流通加工方面的法律，《民法典》关于承揽合同的具体规定，可适用于流通加工。

流通加工是物流活动中的一个特殊环节，与其他环节不同的是，流通加工具有生产的性质，它可能改变商品的形态，对物流的影响较大。并不是每个物流活动都必须进行流通加工，所以也不是每个物流合同都含有关于流通加工的规定。当双方当事人在物流合同中约定物流企业承担流通加工义务时，根据物流企业履行流通加工义务所采用方式的不同，物流企业会具有不同的法律地位。

物流企业如果有加工能力，并以自身的技术和设备亲自从事加工，则物流企业是物流服务合同中的物流服务提供方，其权利和义务根据物流服务合同和相关法规的规定予以确定。

虽然物流活动中的流通加工与生产加工相比较为简单，但在一些情况下仍然需要一些特殊的技能或工具。从效率和技术的角度考虑，物流企业可能将流通加工转交给有能力的专业加工人进行。此时，物流企业通过与加工人签订承揽合同的方式履行其在物流服务合同中的义务。在这种情况下，物流企业对于物流服务合同的需求方而言，为物流服务的提供方；对于承揽人而言，为定作人。它在流通加工中受到物流服务合同和承揽合同的约束，并根据相关的法律规范享有权利，承担义务。

> **❓想一想**
>
> 物流中流通加工环节有哪些作用？

模块二　承揽合同

在流通加工环节中，物流企业可能通过承揽合同履行其物流服务合同的加工义务，即物流企业通过与承揽人签订分合同的形式将其加工义务分包出去。对此，物流企业通常处在承揽合同中定作人的地位。因此，作为定作人，物流企业应当了解与其有关的承揽合同的法律适用等内容。

能力知识点 1 ▸ 承揽合同的含义和类型

一、承揽合同的含义

承揽合同是指承揽人按照定作人的要求完成一定工作，并交付工作成果，定作人接受承揽人的工作成果并给付报酬的合同。完成工作的一方称为承揽人，接受工作成果并支付报酬的一方称为定作人。承揽合同具有以下法律特征。

1. 承揽合同以一定工作的完成为目的

合同的标的是承揽人的工作成果，而不是承揽人完成工作的过程本身。

2. 承揽合同的标的具有特定性

承揽合同是为了满足定作人的特殊要求而订立的，因而作为承揽合同标的的工作成果是由定作人确定的，或者是按定作人的要求来完成的。

3. 在承揽合同中，承揽人的工作具有独立性

承揽人工作的独立性，即承揽人以自己的设备、技术、劳力等完成工作任务，不受定作人的指挥管理，当事人另有约定的除外。

但是，承揽人在完成工作的过程中应接受定作人必要的监督和检查。在承揽人未按约定的条件和期限进行工作，显然不能按时按质交付工作成果时，定作人有权解除合同，并要求赔偿损失。

4. 承揽合同是具有一定人身性质的合同

承揽人应当以自己的设备、技术和劳力，完成主要工作，但是当事人另有约定的除外。承揽人将其承揽的主要工作交由第三人完成的，应当就该第三人完成的工作成果向定作人负责；未经定作人同意的，定作人也可以解除合同。

5. 承揽合同是诺成、双务、有偿合同

承揽合同自双方当事人意思表示一致即告成立，故为诺成合同。承揽合同的双方当事人均负有一定的义务，一方的义务即是另一方的权利，故为双务合同。定作人须对承揽人完成的工作成果支付报酬，故为有偿合同。

二、承揽合同的类型

承揽合同主要包括加工合同、定做合同、修理合同。

1. 加工合同

加工合同是指承揽人按照定作人的具体要求，使用自己的设备、技术和劳力对定作人提供的原材料或者半成品进行加工，并将成果交给定作人，定作人支付价款的合同。它由定作人提供大部分或全部的原材料，承揽人只提供辅助材料，并且仅收取加工费用。这种合同是物流中常见的合同。

2. 定做合同

定做合同是指由承揽人根据定作人的需要，利用自己的设备、技术、材料和劳力，为定作人制作成品，由定作人支付报酬的合同。在定做合同中，原材料全部由承揽人提供，定作人则支付相应的价款。定做合同的价款包括加工费和原材料费用。

3. 修理合同

修理合同是指承揽人为定作人修理功能不良、缺失或外观被损坏的物品，使其恢复原状，由定作人支付报酬的承揽合同。在修理合同中，定作人可以提供原材料，也可以不提供原材料。在不提供原材料的情况下，定作人所支付的价款主要是原材料的价值。修理合同在物流过程中也很常见。由于物流过程中产品和包装的破损不可避免，所以修理合同履行的好坏将影响物流的效率。

能力知识点 2　承揽合同的主要内容

合同的内容是双方当事人关于权利和义务所做的具体约定，它体现在合同的条款上。根据我国《民法典》，承揽合同包括以下内容。

一、承揽合同的标的条款

承揽合同的标的是定作人和承揽人权利和义务指向的对象，是加工承揽合同必须具备的条款。承揽标的是将承揽合同特定化的重要因素，在合同中应该将定做的物品名称和项目写清楚。承揽合同的标的应该具有合法性，标的不合法将导致合同无效。

二、承揽标的的数量条款

数量包括两个方面，即数字和计量单位。在合同的数量条款中，数字应当清楚、明确，数量的多少直接关系到双方当事人的权利和义务，也与价款或酬金有密切的关系。在计量单位的使用上，应该采用国家法定的计量单位，如 m、m^3、kg 等。

三、承揽标的的质量条款

质量是定做物适合一定用途、满足一定需要的特征，它不仅包括定做物本身的物理、化学和工艺性能等特性，还包括形状、外观及色彩等。在承揽合同中，标的质量通常由定作人提出要求。标的质量条款需订得详细具体，如标的的技术指标、质量要求、规格、型号等都要明确。

四、报酬条款

报酬条款应当在合同中明确约定，包括报酬的金额、货币种类、支付期限、支付方式等。

五、履行条款

履行条款包括履行期限、履行地点、履行方式三部分。

1. 履行期限

履行期限是指合同当事人履行合同义务的期限。承揽合同的履行期限包括提供原材料、技术资料、图纸及支付定金、预付款等义务的期限。

2. 履行地点

履行地点是指履行合同义务和接受对方履行成果的地点。履行地点直接关系到履行合同的时间和费用。

3. 履行方式

履行方式是指当事人采用什么样的方法履行合同规定的义务。在承揽合同中，履行方式指的是定做物的交付方式，如是一次交清还是分期分批履行，定做物是定作人自己提取还是由承揽人送货等。

六、验收标准和验收方法条款

验收标准和验收方法是指对承揽人所完成的工作成果进行验收的标准和方法。验收标准用于确定工作成果是否达到定作人所规定的质量要求和技术标准。在承揽合同中，这一条款应该规定得具体明确。

七、材料提供条款

承揽合同中的原材料既可以由承揽人提供，也可以由定作人提供。原材料的提供会影响价款的确定，原材料的质量也会直接影响定做物的质量，从而影响合同是否得到完全履行。流通加工是在流通的过程中对货物进行加工，加工的对象是货物，所以在由物流企业进行流通加工的情况下，原材料通常是由物流需求方提供。但是，在一定的情况下，如将货物进行分包装，包装物有可能由物流企业提供。

八、样品条款

凭样品确定定做物的质量是承揽合同中的一种常见现象。在这种情况下，定作人完成的工作成果的质量应该达到样品的水平。样品可以由定作人提供，也可以由承揽人提供。提供的样品应封存，由双方当场确认并签字，以作为成果完成后的检验依据。

九、保密条款

由于承揽合同的特殊性，定作人有时会向承揽人提供一定的技术资料和图纸，这可能涉及定作人不愿被他人所知的商业秘密或技术秘密。所以，在合同中规定保密条款是十分必要的。保密条款应该对保密的范围、程度、期限、违约责任进行详细约定。

我国有关承揽合同的法律规范主要是《民法典》。因此，有关承揽合同的争议，应首先适用《民法典》关于承揽合同的规定。

能力知识点 3 ▶ 承揽合同的效力

一、承揽人的主要权利和义务

1. 承揽人的主要权利

承揽人的主要权利为收取报酬的权利和留置权。按照合同的约定，承揽人有权向定作人索取报酬和有关材料的费用。在定作人没有按照约定支付报酬和费用时，承揽人可以对其定做物和材料行使留置权。留置经过一定的时间（不少于 2 个月）后，定作人仍未支付报酬和费用的，承揽人有权将定做物或材料变卖或拍卖，以所得价款优先清偿其报酬和费用。另外，当定作人无正当理由拒绝受领定做物或无法交付定做物时，承揽人有权将定做物提交给提存机关提存，以免除自己的交付义务。

2. 承揽人的主要义务

（1）承揽人应完成合同约定的工作任务。承揽人应当以自己的设备、技术和劳力，完成主要工作，但当事人另有约定的除外。所谓主要工作，是指对定做物的质量起决定性作用的工作部分，一般来说，是指工作中技术要求高的部分；如果质量在工作中不起决定作用，定做物为一般人均可完成的工作时，那么主要工作则是指数量上的大部分。承揽人将其承揽的主要工作交由第三人完成的，应当就该第三人完成的工作成果向定作人负责。根据合同约定或者合同性质、交易习惯，承揽的工作不得转让的，承揽人转让时，定作人可以解除合同。

承揽人应按照合同约定的时间进行工作，并于规定的期限内完成工作。承揽人因可归责于自己的事由不能按期完成工作任务的，定作人可于履行期限届满后请求解除合同。

承揽人应按照合同的约定的技术条件和质量标准完成工作。如合同对此无约定，应依国家规定的技术条件和质量标准；如无国家规定，则应当按照通常标准或者符合合同目的的特定标准履行。非经定作人同意，承揽人不得擅自修改技术要求和质量标准。

（2）提供或接受材料。承揽人应按合同的约定提供材料或接受、检验、保管、使用定作人提供的材料。合同约定由承揽人提供材料的，承揽人应当按照合同约定的质量标准选用材料；没有约定质量标准的，承揽人应当选用符合定做物使用目的的材料，并接受定作人的检验。定作人未及时检验的，视为同意。用定作人提供的材料完成工作的，承揽人应接受定作人提供的材料并及时检验，发现不符合要求的，应当及时通知定作人调换或补交。因承揽人不及时检验而使用不合格材料的，或因承揽人怠于通知的，承揽人仍应对定做物的质量负责。承揽人应当妥善保管定作人提供的材料。定作人提供的材料在承揽人占有期间毁损、灭失的，由承揽人承担责任。

（3）交付工作成果的义务。承揽人应按合同约定的期限交付工作成果。承揽人要求提前或延期交付工作成果的，应事先与定作人达成协议，并按协议执行。擅自提前或延迟交付的，应承担违约责任。承揽人在交付定做物时，还须交付定做物的附从物。同时，工作完成后，如果定作人提供的材料、零配件等尚有剩余，则承揽人应退还给定作人。

（4）对工作成果的瑕疵担保的义务。承揽人在向定作人交付工作成果时，应对定做物的质量负瑕疵担保责任，即承揽人应担保所交付的定做物符合合同所约定的质量要求。如交付的定做物不符合合同约定的质量标准，即为有瑕疵，这时定作人同意利用的，可以按质论价，减少相应的报酬；定作人不同意利用的，承揽人应负责修整、调换或重做，并承担逾期交付的责任；经过修整或调换后，仍不符合合同规定的，定作人有权拒收，可以解除合同，要求赔偿损失。但是，在法定的质量保证期限已过的情况下，承揽人可免除承担瑕疵担保责任。

承揽人所交付的定做物的数量不得少于合同的规定，否则，定作人若坚持按合同规定的数量交付，承揽人应当照数补齐，并承担补齐部分逾期交付的责任。对少交部分，定作人不再需要的，有权就该部分解除合同，要求赔偿损失。

（5）包装定做物的义务。承揽人应按合同规定包装定做物，包装不合格的，定作人有权要求重新包装。因包装不符合合同约定造成定做物毁损、灭失的，承揽人应负赔偿责任。

（6）及时通知和保密的义务。承揽人在完成工作的过程中，如发现定作人提供的设计图纸有错误或者技术要求不合理，定作人提供的材料不符合约定，以及可能影响工作质量或者履行期限的其他情形，应当及时通知定作人。定作人接到通知后，应当及时答复并采取相应措施。定作人因怠于答复等原因造成承揽人损失的，应当赔偿损失。因承揽人怠于通知造成损失的，应当由承揽人承担损失。定作人对承揽工作要求保密的，承揽人应当保守秘密。承揽人未经定作人许可，不得留存复制品或者技术资料。

（7）接受定作人必要监督的义务。承揽人在工作期间，应当接受定作人必要的监督检验和指示，但当事人另有约定的除外。定作人监督检验和指示时不得妨碍承揽人的正常工作。定作人中途变更设计图纸、工作要求，或者指示错误，给承揽人造成损失的，应当赔偿损失。

二、定作人的主要权利和义务

1. 定作人的主要权利

定作人的权利与承揽人的义务是相对应的，即承揽人的义务就是定作人的权利。这些权利主要包括按合同约定受领工作成果的权利，对交付的工作成果按约定验收的权利，以及对承揽人进行必要监督的权利等。

2. 定作人的主要义务

（1）定作人应协助承揽人完成工作任务。根据合同性质需要定作人协助的，定作人有协助义务。定作人不履行协助义务致使承揽工作不能完成的，承揽人可以催告定作人在合理期限内履行义务，并可以顺延履行期限；定作人逾期不履行的，承揽人可以解除合同。

（2）定作人按照约定提供材料、设计图纸、技术资料等的义务。在定作人有特殊要求或者承揽工作具有一定复杂性的情形下，合同往往约定由定作人提供相关材料、设计图纸、技术资料等。定作人应及时按合同约定的时间、地点、数量和质量向承揽人提供。没按约定提供的，承揽人有权解除合同，并要求赔偿损失。

（3）定作人应按照合同约定受领定做物。定作人应按照合同约定的时间、地点受领定做物。合同规定定作人自提的，应按时提取。定作人无故拒收定做物的，应负赔偿责任；定作人超过规定期限领取定做物的，应负违约责任，并承担承揽人支付的保管、保养费。定作人在领取定做物时，应当依照合同规定进行验收。定作人应当在约定的期限内提出质量异议，超过约定的期限提出质量异议的，承揽人不承担责任。定作人和承揽人对质量异议的期限没有约定，工作成果明显不符合约定质量的，应当在工作成果交付之日起15 日内提出；需经检验或者安装运转才能检验的，应当在工作成果交付之日起 6 个月内提出。

（4）按期支付报酬、材料费和其他费用。定作人应当按照约定期限、数额向承揽人支付报酬。定作人逾期支付报酬或费用的，承揽人有权请求定作人支付利息。定作人未按约定期限支付报酬或材料费等价款的，承揽人对完成的工作成果享有留置权或者有权拒绝交付，但是当事人另有约定的除外。

> **? 想一想**
> 　承揽合同有哪些风险需要承担？

学习实践活动

步骤一：组建小组，解读实践活动。

将班级学生分成若干小组，每组选出一名组长，由组长带领小组成员共同解读"情景导入"及"情景要求"。

步骤二：分工合作，完成实践活动。

小组成员进行分工，课堂上设计调查问卷或表格，课下通过电话、网络、走访或个人生活经历等理解承揽合同的含义、类型，掌握承揽合同的主要内容，分组整理，填入设计好的问卷或表格。

步骤三：共同分享，交流成果。

将以上收集的资料、设计的表格等内容做成 PPT，每组选出一位发言人代表本组进行展示和分享，其他小组可以对其展示进行提问和质疑，发言人或者本组其他成员可以解释回答。

步骤四：教师总结，点评成果。

教师对各小组的展示情况进行总结点评，并完成"素养与能力测评表"（见表 9-1）的填写。

素养与能力测评

表 9-1 素养与能力测评表

名称						
组别		组员			班级	
考核项目	评价标准		参考分值	考核得分		
				自评	其他组评（平均）	教师评价
基本素养（15分）	按时到岗，学习准备就绪		5			
	自觉遵守纪律，有责任心和荣誉感		5			
	积极主动，不怕困难，勇于探索		5			
职业素养（15分）	有较强的沟通能力和团队合作精神		10			
	能够熟知岗位职责，具备法律意识		5			
专业素养（30分）	了解流通加工的含义、类型和作用		10			
	掌握与流通加工相关的法律		10			
	掌握承揽合同的主要内容、效力		10			
学习实践活动完成（40分）	按时正确完成学习实践活动		10			
	PPT 内容完整、美观，表达清晰、流畅		10			
	能积极发现其他小组展示中的问题并大胆提出质疑		10			
	能正确回答其他组的提问		10			
小计			100			
合计（自评 30%＋互评 30%＋教师评 40%）						

拓展提升

一、知识拓展

（一）实现流通加工合理化的途径

1. 加工和配送结合

加工和配送结合就是将流通加工设置在配送点中。一方面按配送的需要进行加工，另一方面加工又是配送作业流程中分货、拣货、配货作业的重要一环，加工后的产品直接投入配货作业，这就无须单独设置一个加工的中间环节，使流通加工与中转流通巧妙地结合在一起。同时，配送之前有必要的加工，可以使配送服务水平大大提高，这是当前对流通加工合理选择的重要形式，在煤炭、水泥等产品的流通中已经表现出较大的优势。

2．加工和配套结合

"配套"是指对使用上有联系的用品集合成套地供应给用户使用，如方便食品的配套。当然，配套的主体来自各个生产企业，如方便食品中的方便面，就是由其生产企业配套生产的。但是，有的配套不能由某个生产企业全部完成，如方便食品中的盘菜、汤料等。物流企业进行适当的流通加工，可以有效地促成配套，大大提高流通作为供需桥梁与纽带的能力。

3．加工和运输结合

流通加工能有效衔接干线运输和支线运输，促进两种运输形式的合理化。利用流通加工，在支线运输转干线运输或干线运输转支线运输等这些必须停顿的环节，不进行一般的支转干或干转支，而是按干线或支线运输合理的要求进行适当加工，加工完成后再进行中转作业，可以大大提高运输效率及运输转载水平。

4．加工和商流结合

流通加工也能起到促进销售的作用，从而使商流合理化，这也是流通加工合理化的方向之一。加工和配送相结合，通过流通加工，提高了配送水平，促进了销售，使加工与商流合理结合。此外，通过简单地改变包装，方便用户购买；通过组装加工，解除用户使用前进行组装、调试的难题，都是有效促进商流的很好例证。

5．加工和节约结合

节约能源、节约设备、节约人力、减少耗费是流通加工合理化的重要考虑因素，也是目前我国设置流通加工并考虑其合理化的较普遍形式。

对于流通加工合理化的最终判断，应看其是否能实现社会和企业本身的两个效益，而且应看其是否取得了最优效益。流通企业更应该树立社会效益第一的观念，以实现产品生产的最终利益为原则。如果只是追求企业的局部效益，不适当地进行加工，甚至与生产企业争利，这就有违于流通加工的初衷，或者其本身已不属于流通加工的范畴。

（二）承揽合同纠纷的解决方式

1．协商解决

协商就是承揽合同的双方当事人，在合同纠纷发生后，通过相互协商达成协议，确立纠纷解决的方法、步骤及各自承担的民事责任，最终解决合同纠纷。由于承揽合同的签订，是双方当事人协商的结果，因而，纠纷发生后，双方当事人彼此谅解，通过互相协商解决纠纷是可行的，它是我国解决合同纠纷最主要、最常见的方法。

协商解决承揽合同纠纷，可以节省时间，尽快解决纠纷；可以节省大量的仲裁或诉讼费用及仲裁或诉讼所耗费的人力；还可以避免因长时间诉讼或仲裁造成的经济损失。

采用协商方式解决纠纷要坚持原则性与灵活性相结合的原则。双方协商的基础是国家有关的一系列法律、法规；其前提是双方平等、自愿。在此条件下，双方本着实事求是、互相谅解的态度，达到求大同存小异，使分歧顺利得到解决。

争议双方在协商不能达到意见统一时，可以向合同管理机关申请调解，也可以依据合同中的仲裁条款或事后达成的仲裁协议向仲裁机构申请仲裁,还可以直接向人民法院起诉。

2. 调解解决

调解就是通过调停疏导,使承揽合同的当事人双方通过互谅互让,使争议得到圆满解决的办法,是通过合同当事人以外的第三人的行为实现的。广义的调解包括人民调解、行政调解、仲裁调解和诉讼调解等。狭义的调解仅指行政调解,即当事人上级主管部门的调解。

3. 仲裁解决

仲裁是指争议双方根据争议发生前或争议发生后达成的协议,自愿将争议交给第三者做出裁决,双方有义务履行裁决的一种解决争议的方法。仲裁是我国解决合同争议的一种重要法律制度。

仲裁分国内仲裁与涉外仲裁。《中华人民共和国仲裁法》(以下简称《仲裁法》)是国内仲裁与涉外仲裁都适用的法律。根据《仲裁法》,裁决书自做出之日起发生法律效力。当事人应当履行裁决。一方当事人不履行的,另一方当事人可以依照民事诉讼法的有关规定向人民法院申请执行。受申请的人民法院应当执行。

根据《仲裁法》,当事人采取仲裁方式解决争议,必须在双方自愿并达成协议的前提下。双方当事人可以在承揽合同中订立仲裁条款,也可以在争议发生前或发生后就请求仲裁达成协议。仲裁协议应写明请求仲裁的意愿、仲裁的事项、双方所选定的仲裁委员会。没有仲裁协议,一方申请仲裁,仲裁委员会不予受理。双方当事人达成了仲裁协议,一方当事人向人民法院起诉的,人民法院不予受理。当事人选择仲裁委员会,不受级别与地域限制。承揽合同中具有涉外因素的,涉及对外贸易、涉外运输和海事纠纷的,应向中国国际商会组织设立的中国国际经济贸易仲裁委员会或海事仲裁委员会申请仲裁。

4. 诉讼解决

诉讼就是当事人将争议提交人民法院,人民法院在检察院的监督下解决该争议的活动。诉讼包括起诉、审判和执行三个阶段:第一阶段起诉和受理;第二阶段审理和判决;第三阶段执行。

二、技能提升

实训 参观物流加工企业

【实训内容描述】

让学生一起参观一家物流加工企业,分析总结流通加工的含义、类型和作用,在全面把握流通加工相关法律的基础上,掌握承揽合同的主要内容和效力。此实训内容一方面可以加深学生对所学知识的理解,另一方面可以培养学生搜集信息、总结归纳的能力。

【实训步骤】

步骤一:将班级学生分成若干小组,选出一名组长,由组长带领小组成员共同解读实训内容。

步骤二:小组成员分工、查找资料。课堂上设计调查项目,课下通过网络、调查等形式搜集流通加工的相关资料,小组成员共同分析、汇总、讨论流通加工的含义、类型和作用,并熟悉流通加工相关法律。

步骤三：将查找到的资料、总结得出的流通加工的含义、类型和作用，以及承揽合同的主要内容、效力，做成 PPT、Word 文档或者卡片等形式，每组选出一位发言人代表本组进行展示、分享，其他小组可以进行提问和质疑，资料的搜集要能够充分体现学过的知识点。

步骤四：教师对各小组的展示情况进行总结点评。

【考核要求】

小组内部交流过程中，要求每位成员独立思考、积极参与。教师全程指导，观察每位小组成员在活动中的表现，及时给予帮助。各小组交流互评，教师点评，给予学生正面、积极的肯定，同时指出不足之处。

巩固提高

一、名词解释
1. 流通加工
2. 承揽合同
3. 加工合同
4. 定做合同

二、填空题
1. 承揽合同中，完成工作的一方称为＿＿＿＿＿，接受工作成果并支付报酬的一方称为＿＿＿＿＿。
2. 履行条款包括＿＿＿＿、＿＿＿＿、＿＿＿＿三部分。

三、单项选择题
1. 承揽合同的特征不包括（　　）。
    A. 承揽合同是以一定工作的完成为目的
    B. 承揽合同的标的具有特定性
    C. 承揽合同中定作人的工作具有独立性
    D. 承揽合同是具有一定人身性质的合同
2. 承揽人在规定期限内交付已完成的工作成果，但因定作人拒收或受领迟延而未交付时，定做物意外灭失的风险由（　　）负担。
    A. 定作人　　　　　　　　　　B. 承揽人
    C. 定作人和承揽人共同　　　　D. 物流企业

四、多项选择题
1. 流通加工的类型包括（　　）。
    A. 为弥补生产领域加工不足进行的流通加工
    B. 为满足需求多样化进行的服务性加工
    C. 为保护产品进行的流通加工
    D. 为提高物流效率，降低物流损失的流通加工

2. 承揽合同的类型包括（　　　　）。

    A. 加工合同　　　　B. 定做合同　　　　C. 修理合同　　　　D. 改造、改建合同

3. 承揽合同是（　　　）。

    A. 诺成合同　　　　B. 双务合同　　　　C. 有偿合同　　　　D. 要式合同

五、简答题

1. 简述承揽合同的法律特征。

2. 简述承揽合同当事人的义务。

六、案例分析题

案例一

某物流公司和某客户签订运输茶叶的物流合同。合同中规定，运输前由某物流公司提供包装材料并进行运输包装，把小包装的茶叶装入 5 层的瓦楞纸纸箱内，每箱 100 小包。但物流公司无 5 层的瓦楞纸纸箱，最后用 3 层的瓦楞纸纸箱。此批货物在运输途中纸箱破裂，损失 500 小包茶叶，并发生运输包装修理费 500 元。

问题：茶叶损失和包装修理费应由谁承担？为什么？

案例二

2022 年 4 月 13 日，平安机械厂与光明钢铁公司订立了一份购销合同。光明钢铁公司从平安机械厂购买应用于 M 设备的部件三套，每套单价 1 000 元。因为平安机械厂生产的部件不能完全符合 M 设备的要求，故光明钢铁公司要求平安机械厂按其提供的图纸进行生产，平安机械厂同意，并在合同中注明这一点。2022 年 6 月 23 日，三套部件送到光明钢铁公司。光明钢铁公司随即按合同支付了货款。可是光明钢铁公司 7 月初在安装配件之前进行测试时发现部件存在一些问题，即要求平安机械厂来人处理。经修理后，光明钢铁公司安装发现 M 设备远远达不到技术要求，原因是平安机械厂的部件没有完全按光明钢铁公司提供的图纸制作，由于部件存在以上问题，致使 M 设备无法正常投入使用。光明钢铁公司只能将其拆下来。

问题：（1）该案例中的合同是买卖合同，还是承揽合同？合同性质的不同对案件的结果有否影响？

        （2）本案应该怎么处理？

知识链接　"画一条线"一万美元

电机专家斯坦门茨刚移居美国时，在一家很小的公司任职。美国福特公司的一台电机出了故障，很多人两个月都没有修好。在束手无策的情况下，公司请来斯坦门茨修理。斯坦门茨在电机旁边仔细观察了两天后，就查出了故障原因。他用粉笔在电机外壳上画了一条线，说："打开电机，在记号处把里面的线圈减少 16 圈就好。"人们半信半疑地去做，结果，问题确实出在那里。

电机修好后，福特公司老板问他要多少酬金，他说："一万美元。"老板请他列个合理的明细表，说明费用的出处。斯坦门茨写道："用粉笔画一条线价值 1 美元，知道在哪儿画

线价值 9 999 美元。"福特公司照付了，并且重金聘用了他。

　　画线虽然很简单，但要"知道在哪儿画线"，却不是谁都能做到的。在日常工作中，要做好一件事，必须具有精益求精的工作态度、严谨务实的工作作风和精湛过硬的工作能力。

单 元 评 估

单元课程评估表见表 9-2。

表 9-2　单元课程评估表

单元名称：　　　　　　　　　姓名：　　　　　班级：　　　　　日期：

1. 本单元我学到的知识：

2. 本单元我掌握的技能：

3. 教师讲授思路是否清晰？是否有没讲清楚的内容？如有，请列出：

4. 教师的教学方法对你的学习是否起到帮助作用？

5. 你是否有学习目标？是否制订了学习计划？

6. 为更有效地学习，你对本单元的教学有何建议？

教师评语：

学生签字：　　　　　　　　　教师签字：

物流保险法律法规

学习目标

知识目标

→ 了解物流风险与物流保险基础知识

→ 了解保险合同相关知识

→ 了解国际贸易货物运输保险

技能目标

→ 能够利用学到的物流保险合同订立、解除和转让相关知识，解决现实工作中遇到的问题

素养目标

→ 使学生掌握物流保险法律法规，提升学生对物流保险业务的认知，多维度提升学生综合素质

情景导入

　　黑龙江农垦农资公司（下称农垦公司）于 2022 年 7 月 10 日与阳光保险公司签订了保险合同，对农垦公司的货物进行投保，保险单号码为"黑货承 09/019"，保险单对货物名称、数量、价值、运输方式、保险责任期间、保险金额等作了规定。之后，农垦公司将被保险货物交由黑龙江省佳木斯飞鸢海运公司所属的"鸢江"轮承运。7 月 13 日，当该轮航行至哈尔滨流域时，船体遇强力震动，造成货仓进水，并湿损货物。根据保险条款，该损失属阳光保险公司保险责任范围，农垦公司即提交出险通知书及有关单证向阳光保险公司索赔。

情景要求

结合以上案例，完成下列问题：

阳光保险公司会赔偿农垦公司吗？

以上问题的完成要求以小组为单位，使用 PPT 的形式进行成果展示，每小组上交一份。

模块一 ▶ 物流风险与物流保险基础知识

能力知识点 1 ▶ 物流风险的概念和特点

一、物流风险的概念

物流风险就是物流企业在提供物流服务过程中所面临的各种风险的总称。物流活动中，不管是仓储、运输还是装卸搬运、包装和流通加工，其各个环节中，都会存在潜在的风险，这些风险远远高于其他行业。物流风险是物流保险存在的前提和基础，没有物流风险就不存在物流保险。物流保险和物流风险密不可分，只有充分认识物流风险，才能理解物流保险中的法律规定。

二、物流风险的特点

（1）物流风险具有多样性和复杂性。

（2）物流风险的发生比率具有不易确定性。

对于风险的防控，一定要提前做好防范，避免因为对风险控制不当给企业带来损失，甚至是人员伤亡。防控风险的最好办法就是保险。

能力知识点 2 ▶ 物流保险的概念及特征

一、物流保险的概念

保险是指投保人根据合同约定，向保险人支付保险费，保险人对于合同约定的可能发生的事故因其发生所造成的财产损失承担赔偿保险金责任，或者被保险人死亡、伤残、疾病或者达到合同约定的年龄、期限等条件时承担给付保险金责任的商业保险行为。

物流保险是指保险公司根据物流保险合同，对被保险人在从事物流业务过程中，因其发生意外事故造成的货物损失，或第三者人身伤亡、财产的直接损毁等依法应当由被保险人承担的经济赔偿责任，进行及时、足额赔付的保险。

物流保险的险种主要有两大类，一类是财产保险，一类是责任保险。财产保险包括运输保险、仓储保险、配送保险、装卸搬运保险等。责任保险包括第三者责任保险、产品责任保险、雇主责任保险、职业责任保险、公众责任保险等。

简单地说，物流保险就是对物流活动过程当中各个主要环节运作风险的保障和理赔。从社会角度来看，物流保险是分散物流风险、消化损失的一种经济制度；从法律角度来看，物流保险是一种契约或是因契约而产生的权利义务关系，这种契约即是物流保险合同。

二、物流保险的特征

（1）投保人对保险标的具有保险利益。

（2）保险金额不能超过保险价值。

（3）经济补偿性。

（4）代位追偿。

（5）保险合同当事人具有告知义务。

目前，从我国相关的法律法规现状来看，还没有一部专门的、统一的物流法或物流保险法，国际上也没有一个关于物流保险的统一的国际公约。

模块二 ▶ 保险合同相关知识

物流活动涉及生产、流通等各个方面，包括运输、储存、装卸、搬运、包装、流通加工、配送、信息处理等诸多环节，在每一个环节中偶尔会有一些事故发生，物流活动双方为了使损失降到最小，往往都会参加保险，这样必然会受到物流保险合同的约束和调整，因此，有必要对物流保险合同知识进行学习。

能力知识点 1 ▶ 保险合同的概念、法律特征及分类

一、保险合同的概念

保险合同是指由被保险人支付保险费，保险人按照约定，对被保险人遭受保险事故造成保险标的的损失和产生的责任负责赔偿的合同。

下面对保险合同基本用语的含义按照习惯加以简要说明：

1. 保险合同的当事人

保险合同的当事人是指保险合同中保险权利义务的承担者，包括保险人和投保人两类。

（1）保险人。保险人是指收取保险费并在保险事故发生后依照合同约定支付保险赔偿金的人。在我国，保险人必须是由有关机构批准设立的，专门经营保险业务的保险公司及其分公司，或是经国家批准的办理保险业务的其他法人，或者是外国的保险公司或保险机构。

（2）投保人。投保人是向保险人缴纳保险费并与之签订保险合同的人。投保人可以是被保险人本人，也可以是其代理人或代表。

2. 保险合同的关系人

保险合同的关系人是指保险合同的当事人以外与保险合同的成立和履行有重大利害关系的自然人、法人和其他社会组织。保险合同的关系人包括被保险人和受益人。

（1）被保险人。被保险人是指其财产或人身受保险合同保障，并在保险事故发生后可以取得约定保险赔偿金的人。

（2）受益人。受益人是指人身保险合同中由被保险人或者投保人指定的享有保险金请求权的人。

3. 保险标的

保险标的是指作为保险对象的财产、利益或责任。

4. 保险利益

保险利益是指被保险人对财产、利益或责任所具有的经济上的利害关系。这种利害关系有两种含义：①保险事故的发生会使被保险人失去某种经济利益。②保险事故的发生会使被保险人承担某种经济责任。所以，保险利益不一定是投保时就存在的，但必须是保险事故发生后事实上存在的。只有对某种财产、利益或责任具有真正的保险利益的人，才能作为被保险人订立保险合同。

5. 保险事故

保险事故是指为防止其引起的后果而进行保险的事件，即保险人负责赔偿的事由。

6. 保险价值

保险价值是指保险标的的实际价值，即保险单中标明的货物价值。

7. 保险金额

保险金额是指保险人根据保险单对保险标的所受损失给予赔偿的最高数额。保险金额一般由双方当事人约定，但约定的保险金额不得超过保险价值，否则，超过部分无效。保险金额可以低于保险价值，这种情况通常称为不足额保险。

8. 保险责任期间

保险责任期间是指保险人对所发生的事故负损失赔偿责任的时间段。实践中，对保险责任期间常通过两种方法加以确定：①以具体日历的年、月、日区间来确定。②以某一事件的发生或消灭来确定。保险人为了有效地限制责任，往往把上述两种方法结合起来使用。

二、保险合同的法律特征

1. 保险合同是双务有偿合同

保险合同的双方当事人互负义务，且投保人取得保险的经济保障，是以支付保险费为代价的。

2. 保险合同是格式合同

保险合同的基本条款是由保险人事前依法拟订的。

3. 保险合同是射幸合同

射幸合同是指以将来可能发生的事件（机会）作为标的的合同。保险合同的投保人交付保险费的义务是确定的，保险人仅在不可预料的保险事故发生时，承担支付保险金的义务。由于承保的危险具有不确定性，决定了当事人分担保险标的的损失只是一个机会。当然，保险合同的射幸性并不影响保险事故发生时保险人给付保险金义务的确定性。

4. 保险合同是诺成、非要式合同

投保人提出保险要求，经保险人同意承保，并就合同的条款达成协议，保险合同即告成立。至于保险人应当及时向投保人签发的保险单或其他保险凭证等，并不是保险合同本身，也不影响合同的效力，只不过是记载该合同的正式书面凭证。因此，保险合同是诺成、非要式合同。

5. 保险合同是最大诚意合同

保险合同的缔结与履行须基于当事人的最大诚意。投保人的告知义务、担保义务、危险通知义务等，都是诚意的集中体现。违反上述义务，保险人有权解除合同，或者不负赔偿义务。

6. 保险合同主体的限定性

投保人对保险标的应当具有保险利益，否则保险合同无效。

7. 保险合同具有补偿性和受益性，它的目的在于稳定社会经济

保险赔偿金的支付不是基于保险人的过错，也不以其责任为前提。它的实质只是一种补偿金，是对因为自然原因或意外事故而造成的保险标的的损失进行补偿。这种自然灾害或意外事故是可能发生的或偶然发生的，或者在投保当时仍未发生或未能预见的，其发生与否不以保险人或被保险人的意志为转移。因其发生而产生的补偿，不同于由于侵权或违约等引起的赔偿。

三、保险合同的分类

（1）财产保险合同与人身保险合同。

（2）强制保险合同与自愿保险合同。

（3）原保险合同和再保险合同。

（4）单保险合同与复保险合同。

（5）足额保险合同、不足额保险合同和超额保险合同。

能力知识点 2 ▶ **保险合同的订立、变更、解除、终止和转让**

一、保险合同的订立

保险合同的订立是保险人与投保人双方之间的法律行为，一方要约，另一方承诺，保险合同即告成立。即投保人提出保险要求，经保险人同意承保，并就保险合同的条款达成并签订协议，合同即告成立。

合同成立后，保险人应当及时签发保险单或其他保险单证，并在其中载明约定的内容，以作为合同的证明。当合同内容与上述保险单证上载明的内容相矛盾时，应以合同内容为准，因为合同的法律地位优于保险单或保险单证的地位。

二、保险合同的变更

保险合同的变更是指在保险合同存续期间，保险合同的主体变化、内容发生变化等。

在合同的有效期内，投保人和保险人经协商同意，可以变更保险合同的有关内容，保险合同的变更应当依法进行。

合同的变更主要包括以下几种：主体的变更、客体的变更、内容的变更和期限的变更。

三、保险合同的解除

保险合同的解除是指在保险合同存续期间，保险合同依法或依照约定提前终止其效力。

除《中华人民共和国保险法》（以下简称《保险法》）另有规定或者保险合同另有约定外，保险合同成立后，投保人可以解除合同，保险人不得解除合同。

订立保险合同，保险人就保险标的或者被保险人的有关情况提出询问的，投保人应当如实告知。

投保人故意或者因重大过失未履行规定的如实告知义务，足以影响保险人决定是否同意承保或者提高保险费率的，保险人有权解除合同。

合同解除权自保险人知道有解除事由之日起，超过30日不行使而消灭。自合同成立之日起超过两年的，保险人不得解除合同；发生保险事故的，保险人应当承担赔偿或者给付保险金的责任。

投保人故意不履行如实告知义务的，保险人对于合同解除前发生的保险事故，不承担赔偿或者给付保险金的责任，并不退还保险费。

投保人因重大过失未履行如实告知义务，对保险事故的发生有严重影响的，保险人对于合同解除前发生的保险事故，不承担赔偿或者给付保险金的责任，但应当退还保险费。

保险人在合同订立时已经知道投保人未如实告知的情况的，保险人不得解除合同；发生保险事故的，保险人应当承担赔偿或者给付保险金的责任。

保险责任开始前，投保人要求解除合同的，应当按照合同约定向保险人支付手续费，保险人应当退还保险费。保险责任开始后，投保人要求解除合同的，保险人应当将已收取的保险费，按照合同约定扣除自保险责任开始之日起至合同解除之日止应收的部分后，退还投保人。

对于保险合同的解除，法律规定了一定的限制。如《保险法》第五十条规定，货物运输保险合同和运输工具航程保险合同，保险责任开始后，合同当事人不得解除合同。

四、保险合同的终止

保险合同的终止是指因一定事由的产生或者出现而使合同的权利义务归于消灭，也就是保险合同当事人之间权利义务消灭。

保险合同的终止主要有以下原因：

（1）保险合同期限届满。

（2）保险合同解除。

（3）保险人已经按照保险合同的约定履行了支付全部保险金的义务。

（4）保险标的非因保险事故而全部灭失等。

五、保险合同的转让

保险合同可以由被保险人在保险单上背书或者以其他方式转让，合同的权利和义务随之转移。合同转让时尚未支付保险费的，被保险人和合同受让人负连带责任。背书转让方式在保险中经常被采用，保险单经转让后成为正式的保险合同。

能力知识点 3 ► 保险合同条款及保险合同当事人的主要义务

一、保险合同的条款

1. 保险合同的基本条款

保险合同一般应当包括下列事项：保险人的名称和住所；投保人、被保险人的名称和住所；保险标的；保险责任和责任免除；保险期间和保险责任开始时间；保险价值；保险金额；

保险费及支付方法；保险金赔偿或者给付办法；违约责任和争议处理；订立合同的年、月、日。

2. 保险合同的特约条款

保险合同的特约条款，是保险合同当事人于基本条款之外，自行约定履行特种义务的条款。特约条款依其性质可分为协会条款、保证条款和附加条款。

3. 保险合同的免责条款

保险合同中规定有关保险人责任免除条款的，保险人在订立保险合同时应当向投保人明确说明，未说明的，该条款不产生效力。

二、保险合同当事人的主要义务

1. 投保人的义务

（1）如实告知的义务。投保人应当将其知道的或者在通常业务中应当知道的有关影响保险人据以确定保险费率或者确定是否同意承保的重要情况，如实告知保险人。

（2）支付保险费的义务。除合同另有约定外，保险费应当在合同订立后立即支付给保险人。

（3）减损义务。一旦发生保险事故，投保人应立即通知保险人，并采取必要的合理措施，防止或减少损失；或者，当其收到保险人要求采取防止或减少损失的合理措施的特别通知后，应当按照通知的要求处理。

（4）协助保险人行使代位求偿权的义务。保险事故发生后，按照保险合同请求保险人赔偿或者给付保险金时，投保人应当向保险人提供必要的文件和其所需要知道的情况，使保险人得以向有责任的第三人实际行使追偿权。

2. 保险人的义务

（1）赔偿和给付保险金的义务。当发生保险事故造成损失后，保险人应当及时向被保险人支付保险赔偿，这是保险赔偿原则最重要的体现。

（2）保险标的损失赔偿之外的支付义务。在保险标的损失赔偿之外，另行支付被保险人为防止或者减少根据合同可以得到赔偿的损失而支出的必要的合理费用，为确定保险事故的性质、程度而支出的检验、估价的合理费用，以及为执行保险人的特别通知而支出的费用。

（3）告知义务。对保险合同中免除保险人责任的条款，保险人在订立合同时应当在投保单、保险单或者其他保险凭证上做出足以引起投保人注意的提示，并对该条款的内容以书面或者口头形式向投保人做出明确说明；未作提示或者明确说明的，该条款不产生效力。

（4）保密义务。保险人对于投保人、被保险人的信息和保险条款相关内容等负有保密义务。

由于保险合同为格式合同，因此，对于保险合同的条款，保险人与投保人、被保险人有争议时，人民法院或者仲裁机关应当做出有利于被保险人的解释。

能力知识点4 → 物流保险合同相关规定

一、货物运输保险合同的概念和种类

1. 物流保险合同的概念

物流保险合同是指在运输过程中，货物作为保险标的，保险人对保险标的因自然灾害或意外事故造成的损失承担赔偿责任而订立的保险合同。

2. 物流保险合同的种类

（1）按照运输工具不同，物流保险合同可分为水路货物运输保险合同、公路货物运输保险合同、铁路货物运输保险合同和航空货物运输保险合同等。

（2）按照适用范围不同，物流保险合同可以分为国内货物运输保险合同和涉外货物运输保险合同。

（3）按照保险人承担的责任不同，物流保险合同可以分为基本保险合同和综合保险合同。

二、物流保险合同的保险责任

1. 基本责任

物流保险合同的基本责任包括：因火灾、爆炸、雷电、冰雹、暴风、暴雨、洪水、破坏性地震、地面突然塌陷所造成的损失；因运输工具发生火灾、爆炸、碰撞造成所载被保险货物的损失，以及运输工具在危险中发生卸载对所载货物造成的损失及支付的合理费用；在装货、卸货或转载时发生意外事故所造成的损失；利用船舶运输时，因船舶搁浅、触礁、倾覆、沉没或遇到码头坍塌所造成的损失。

2. 附加或特别责任

附加或特别责任分为一切险、单独附加险、综合险和特别附加险四种。

3. 责任免除

物流保险合同的责任免除事项包括：被保险人的故意行为或过失；发货人不履行贸易合同规定的责任；保险责任开始前被保险货物早已存在的品质不良和数量短差；被保险货物的自然损耗、市价跌落和本质上的缺陷；货物发生保险责任范围内的损失，根据法律规定或有关约定应由承运人或第三者负责赔偿的部分；战争、军事行动、核辐射或核污染等。

三、物流保险理赔

1. 物流保险理赔的一般流程

（1）止险（尤其是财产保险事故发生时）。被保险人有施救的义务，《中华人民共和国保险法》（以下简称《保险法》）规定："保险事故发生时，被保险人应当尽力采取必要的措施，防止或减少损失。"如果不履行此义务，保险公司可以拒赔。

（2）保护现场。在保险事故发生之后，未经保险人查勘、核损或同意之前，被保险人或受益人有义务保护好事故现场，等待保险人核实事故原因及损失状况。

（3）报案。《保险法》规定了被保险人有及时通知保险事故的义务。止险后，投保人、被保险人或受益人应立即通知保险人，以便保险人及时派工作人员到现场调查检验，并采取施救措施，避免损失继续扩大。

出险报案一般应采用书面形式，也可以先口头或电话通知，然后补交书面通知。出险通知的内容一般包括被保险人的姓名、地址、保险单号码、出险日期、出险原因、受损财产的项目或受损人身的部位、受损财产的金额等。

（4）提出索赔。

1）提出索赔要求。除了根据保险合同的约定，索赔权由被保险人指定的受益人享有外，被保险人本人拥有索赔权。如果被保险人履行了所承担的各项义务，就有权在保险单许可的范围内要求保险人赔偿保险事故造成的损失和给付保险金。

2）接受保险人的检验。保险人有调查权，调查核实事故原因及损失状况。而被保险人负有接受检验的义务，接受保险人或其委托的其他人员（如保险代理人、检验机关）的检验，并为其进行检验提供方便条件，用以保证保险人及时、准确地查明事故原因，保险公司确认损害程度和损失数额等。

3）提供索赔单证。所谓索赔单证，就是能证明事故原因、性质及损失金额的文件。《保险法》规定被保险人有提供索赔单证和证明材料的义务。

4）领取保险赔款或保险金。被保险人或受益人领取了保险赔款或保险金之后，其据以索赔的保险单可能继续有效，这个要视具体情况来处理。

2. 保险损害赔偿原则

（1）被保险人对保险标的必须具有保险权益，否则不能依据保险合同提出赔偿。

（2）保险合同内的标的必须具有损害发生的事实，而且所发生的损害与运输风险有关。

（3）赔偿不是保险标的的归还，而是在经济上给予补偿。

（4）同一标的不能向两家以上不同的保险公司投保，否则属重复保险，保单无效。如果投保人在不了解具体做法的情况下，同时在两家以上保险公司投保，则应在从其中一家得到赔偿后做出声明，否则会构成欺诈行为。

> **小知识**
>
> 损害赔偿保险责任范围包括平安险的责任范围、水渍险的责任范围、一切险的责任范围。

3. 在保险理赔中涉及第三者责任的索赔

（1）凡属发货人的过失所致，如货物残损、数量短缺、包装不牢等，则由收货人直接申请检验出证，并及时将商检证书和有关单证备妥，在规定的期限内向发货人提出索赔。

（2）如货物的损害是由于承运人过失所致，收货人根据承运人的签证，申请检验出证，连同有关货运单证交卸货口岸的保险公司或船公司代理。

（3）涉及国内装卸和运输部门责任的货损事故，收货人应立即向有关责任方取得货运记录，直接向其提出索赔，或向保险人提出索赔。

（4）在国内负责中转由于运输安排过失造成的货损货差事故，收货人应向责任方提出索赔，保险人不负责任。

模块三 ▶ 国际贸易货物运输保险

国际贸易货物运输保险是指保险人与投保人双方约定由投保人将国际贸易运输中的货物作为保险标的向保险人投保，当保险标的遭到意外损失时保险人按照保险单的规定给予被保险人经济赔偿的一种补偿性措施。

国际贸易货物的运送有海运、陆运、空运邮政送递等多种方式。国际贸易中，交易的货物从卖方转移到买方，一般都要经过长途运输，在这一过程中可能遇到各种风险，从而使货物遭受损失。为了保障货物受损后能获得经济上的补偿，货主一般都要投保货物运输险。国际上没有统一的货物运输保险法，实践中保险人与被保险人的权利和义务是由各国的国内法和当事人双方订立的保险合同确定的。

国际贸易货物运输保险根据保险标的的运输工具种类相应地分为四类：海上货物运输保险、陆上货物运输保险、航空货物运输保险和邮包保险。国际贸易中，货物的运输全过程有时使用两种或两种以上的运输工具，这时往往以货运全过程中主要的运输工具来确定投保何种保险。

能力知识点 1 ▶ 海上货物运输保险

海上货物运输保险通常又称水险，是指对运输中的货物因海上自然灾害或意外事故所导致的损失给予补偿的一种保险，这种保险基本属于财产保险范畴。海上货物运输保险虽然具有保险的基本性质，但与其他保险存在着区别，主要表现为它与海上航运密不可分，其保险标的主要是海运船舶和海运货物及其相关责任，其承保的风险主要是海上风险和外来风险。

一、海上货物运输保险承保的风险

1. 海上风险

海上风险是海上保险所承保的主要风险。海上风险又称海难，是保险业的专门用语，它包括海上发生的自然灾害和意外事故。

自然灾害是指由于自然界变化引起的破坏力量所造成的灾害，如恶劣气候、雷电、洪水、流冰、地震、海啸、火山爆发等人力不可抗拒的灾害。

意外事故是指由于偶然的、非意料之中的原因所造成的事故。如运输工具搁浅、触礁、沉没、与流冰或其他物体碰撞，以及失踪、失火、爆炸等。

2. 外来风险

外来风险是指由外来原因引起的风险。保险领域中所说的外来原因，是指不是必然发生的，而是由外部因素导致的，例如，由被保险货物的自然属性、内在缺陷所引起的自然损耗，就属于必然的损失。

外来风险又可分为一般外来风险与特殊外来风险。

一般外来风险是指一般外来原因所造成的风险，如偷窃、雨淋、短量、玷污、残漏、破碎、受潮、受热、串味、生锈等。

特殊外来风险是指由于战争、罢工、交货不到、拒收、政府禁令等特殊外来原因所造成的风险。

二、海上货物运输保险承保的损失

在海上货物运输保险中，保险公司承保的损失是由于海上风险与外来风险所造成的损坏或灭失，简称海损。按照各国海运保险业务的习惯和国际保险市场的解释，与海运连接的陆运和内河运输过程中所发生的损害或灭失，也属于海损范围。就货物损失的程度而言，海损可分为全部损失与部分损失。

1. 全部损失

全部损失是指运输过程中的整批货物或不可分割的一批货物的全部损坏或灭失，简称全损。全损具体又可分为实际全损和推定全损。

（1）实际全损是指被保险货物在物质形式或者经济价值上已经完全灭失的损失。实际全损包括四种情况：①保险标的物完全灭失；②保险标的物完全变质，商业价值和原有用途受到损害；③被保险人对保险标的物的所有权已无可挽回地被完全剥夺；④载货船舶失踪已达到一定期限（6个月），仍杳无音讯。

（2）推定全损是指被保险货物受损后，实际全损已不可避免；或者恢复、修复受损货物加上继续运至目的地所需费用总和将超过货物完好运达目的地的实际价值。

在发生推定全损时，投保人可要求保险人按部分损失赔偿，也可要求作为推定全损赔偿全部损失。但是，如果要求按推定全损赔付，投保人必须向保险人发出委付通知。所谓委付，是指投保人表示愿意将保险标的物的全部权利和义务转移给保险人，并要求保险人按全损赔偿的一种行为。委付必须经保险人同意接受后才能生效。

2. 部分损失

部分损失是指被保险货物的一部分损坏或灭失，具体又分为共同海损和单独海损。

（1）共同海损。载货船舶在海洋运输途中，遇到危及船、货的共同危险，船长为了维护船舶和所有货物的共同安全或使航程得以继续完成，有意识地并且合理地做出某些特殊牺牲或支付一定的费用，这些特殊牺牲和费用称为共同海损。

共同海损是因采取救难措施而引起的，它的成立必须具备三个条件：①船方在采取紧急措施时，危及船、货共同安全的危险实际存在或不可避免。②船方采取的解除船、货共同风险的措施，必须是有意识且合理的。③所做的牺牲是特殊性质的，支出的费用是额外支付的，而且牺牲和费用的支出必须是有效果的。

共同海损的牺牲和费用都是为了使船舶及所载货物免于遭受损失而付出的，因而应由船舶、货物或代理等方按最后获救价值的多少依比例分摊，即共同海损分摊。由于船舶发生共同海损所涉及因素较为复杂，因而一般都委托专门机构和人员办理其理算工作。

目前，世界上大多数海运国家都设有自己的海损理算工作机构，我国的海损理算工作由中国国际贸易促进委员会海损理算处负责办理。国际上影响最大的海损理算规则是《约克—安特卫普规则》，该规则内容详细、方法合理，已被许多国家采用，成为具有国际性质的海损理算规则。

（2）单独海损。单独海损是指共同海损以外的部分损失。它与共同海损的主要区别是：

1）造成海损的原因不同。单独海损是承保风险所直接导致的船、货损失；而共同海损则是为了解除或减轻共同危险而人为地造成的损失。

2）承担损失的责任不同。单独海损的损失一般由受损方自行承担；而共同海损的损失，则应由受益的各方按其受益大小的比例共同分摊。

三、海上货物运输保险承保的费用

被保险货物遭受保险责任范围以内的灾害或事故，除了会使货物本身受到损失外，还会造成费用方面的支出。这些费用保险人也给予赔偿，主要包括以下两个方面。

1. 施救费用

施救费用是指当保险标的物遭受保险责任范围以内的灾害或事故时，由被保险人或其代理人、雇佣人员和受让人等采取措施，施救被保险货物，以避免或减轻损失所支付的费用。

2. 救助费用

救助费用是指保险标的物遭受承保责任范围内的灾害或事故时，由保险人和被保险人以外的第三者采取救助措施，被救方向救助方支付的报酬。

四、海上货物运输保险合同的形式

海上货物运输保险合同的形式主要有以下几种。

1. 保险单

保险单是投保人与保险人之间订立的正式保险合同的书面凭证。它是一种正规的保险合同，也是使用最多的保险单据形式。

2. 保险凭证

保险凭证是一种简化的保险合同，仅载明被保险人名称，被保险标的的名称、数量、标记，载货船名，承保险别，起讫地点和保险金额等。而对保险人、被保险人的权利、义务等方面的详细条款则不予说明，通常按保险单所载条款办理。

3. 联合凭证

保险公司将保险编号、承保险别和保险金额加注在外贸公司开具的出口货物商业发票上，作为承保的凭证。

4. 预约保险单

预约保险单是保险公司承保投保人 / 被保险人在一定时期内发运的，以 CIF 价格条件成交的进口货物或以 FOB 价格条件成交的出口货物时使用的保险凭证。这种保险单载明预约保险货物的范围、保险险别和保险费率，以及整批货物的最高保险金额、保险费结算办法等。

五、海上货物运输保险险别

保险险别是指保险公司对风险和损失的承担责任范围，是保险人与投保人行使或履行权利与义务的基础，也是保险人承担责任大小和投保人缴付保险费多少的依据。中国人民保险公司参照国际保险市场的一般习惯做法，并结合我国实际情况，制定了各种保险条款，总称为"中国保险条款"，其中包括《海洋运输货物保险条款》和《海洋运输货物战争险条款》。

中国人民保险公司根据《海洋运输货物保险条款》承保的保险险别有基本险与附加险之分。基本险是可以独立承保的保险险别，分为平安险、水渍险和一切险三种；附加险是不能单独投保的险别，包括一般附加险和特殊附加险。

1. 基本险

（1）平安险。这是最常见的一种险别。其原意是"对单独海损不赔"，即对部分损失不负责赔偿，只赔全部损失。但是，经过长期实践，平安险的责任范围已进行了补充和修订。当前平安险的责任范围已经超过只赔全损的限制，它对下列损失和费用负责赔偿。

1）被保险货物在运输途中由于恶劣气候、雷电、海啸、地震、洪水等自然灾害造成整批货物的全部损失或推定全损。

2）由于运输工具遭受搁浅、触礁、沉没、互撞、与流冰或其他物体碰撞以及失火、爆炸等意外事故造成货物的全部或部分损失。

3）在运输工具已经发生搁浅、触礁、沉没、焚毁等意外事故的情况下，货物在此前后又在海上遭受恶劣气候、雷电、海啸等自然灾害所造成的部分损失。

4）在装卸或转运时由于一件或数件整件货物落海造成的全部或部分损失。

5）被保险人对遭受承保责任内危险的货物采取抢救、防止或减少货损的措施而支付的合理费用（以不超过该批货物的保险金额为限）。

6）运输工具遭遇海难后，在避难港由于卸货所引起的损失以及在中途港、避难港由于卸货、存仓以及运送货物所产生的特别费用。

7）共同海损的牺牲、分摊和救助费用。

8）运输契约订有"船舶互撞责任"条款时，根据该条款规定应由货方偿还船方的损失。

（2）水渍险。水渍险的责任范围除包括上列平安险的各项责任外，还包括被保险货物由于恶劣气候、雷电、海啸、地震、洪水等自然灾害所造成的部分损失。

（3）一切险。一切险的责任范围除包括平安险和水渍险的所有责任外，还包括货物在运输过程中，因各种外来原因所造成的保险货物的损失。

上述三种基本险，后者的责任范围包括了前者的责任范围。实践中，由投保人根据货物的运输要求，选择其中一种投保。

2. 附加险

（1）一般附加险。一般附加险是附加在平安险、水渍险之上的险别，是投保人为了寻求对货物更完善的保障，而在投保平安险或水渍险之后选择附加投保的非独立险别。一般附加险承保的风险都包括在一切险之内，所以投保了一切险之后，便不需投保一般附加险。一般附加险包括偷窃提不着货险、淡水雨淋险、短量险、混杂或玷污险、渗漏险、碰损或破碎险、串味险、受热或受潮险、钩损险、包装破裂险和锈损险等11个险别。它们的含义分别是在保险责任期间内发生偷窃提不着货、淡水雨淋、短量、混杂玷污或渗漏、串味等情况造成货物损失时，保险人负责相应赔偿。

上述11种一般附加险不能独立投保，它们只能附加于平安险或水渍险项目之下。但是，它们可以重叠，即投保人可以在投保了平安险或水渍险后，附加投保上述一种或几种一般附加险。

（2）特别附加险。特别附加险主要承保由于社会原因、行政原因等特殊人为原因造成的损失。它也属于一种附加险，但不属于一切险的责任范围。它包括交货不到险、进口关税险、拒收险、黄曲霉素险、舱面险、战争险和罢工险等。

六、海上货物运输保险的索赔和理赔

被保险货物如果发生保险责任范围内的损失，被保险人可以按照保险合同向保险公司提出索赔。

1. 索赔

（1）被保险人提出索赔应当具备的条件。①被保险人是保险单的合法持有人。②被保险人要求赔偿的损失必须是承保责任范围内风险所造成的。③被保险人必须拥有保险利益。

（2）索赔程序。①被保险人获悉保险标的发生损失应当通知保险公司，申请检验。②提出索赔。被保险人向保险公司提出索赔时，应当提供规定的单据。主要单据有：保险单或保险凭证；运输凭证；发票；装箱单；向责任方要求赔偿的文件；货损、货差证明；海事报告；索赔清单等。

2. 理赔

保险理赔时，保险人根据保险合同或有关法律法规，受理被保险人提出的赔偿损失的请求，对损失进行查勘、检验、定损、理算、赔偿等一系列业务活动。

保险理赔基本程序包括：确定损失原因；根据保险条款中的保险险别以及保险期限的规定，确定是否属于保险责任；如果确定损失是属于保险责任，保险人应当计算出赔偿金额，对被保险人及时进行经济补偿。

能力知识点 2 ▶ 陆上、航空货物运输保险及邮包保险

一、陆上货物运输保险

1. 陆上货物运输保险的险别

陆上货物运输保险分为陆运险和陆运一切险两种。

（1）陆运险。陆运险的承保责任范围与海上货物运输保险条款中的"水渍险"相似，即被保险货物在运输途中由于遭遇暴雨、雷电、地震、洪水等自然灾害，或由于运输工具遭受碰撞、倾覆、出轨，或在驳运过程中，驳运工具由于遭受搁浅、触礁、沉没、碰撞，或由于遭受隧道坍塌、崖崩，或由于失火、爆炸等意外事故所造成的全部损失或部分损失，保险公司均负责赔偿。此外，被保险人对遭受承保责任内风险的货物采取抢救、防止或减少货物损失的措施而支付的合理费用，保险公司也负责赔偿，但以不超过该批被救货物的保险金额为限。

（2）陆运一切险。陆运一切险的承保责任范围与海上货物运输保险中的"一切险"相似，即保险公司在承担上述陆运险的赔偿责任外，还负责赔偿被保险货物在运输途中由于外来原因所造成的短少、短量、偷窃、渗漏、破损、破碎、钩损、雨淋、生锈、受热、发霉、串味、玷污等的全部或部分损失。

2. 陆上运输货物险保险责任的起讫

陆上运输货物险的责任起讫采用"仓至仓"责任条款。保险自被保险货物运离保险单所载明的起运地仓库或储存处所开始运输时生效，包括正常运输过程中的陆上和与其有关的水上驳运在内，直至该项货物运达保险单所载目的地收货人的最后仓库或储存处所或被保险人用作分配、分派的其他储存处所为止。

3. 陆上运输冷藏货物险

陆上运输冷藏货物险是陆上运输货物保险中的一种专门保险。其主要责任范围是：保

险公司除负责陆运险所列举的各项损失外，还负责赔偿在运输途中由于冷藏机器或隔湿设备的损坏或者车厢内贮存冰块的溶化所造成的被保险货物解冻溶化以致腐败的损失。但对由于战争、罢工或运输延迟而造成的被保险冷藏货物腐败的损失，以及被保险冷藏货物在保险责任开始时未能保持良好状态，包括整理加工和包扎不妥，或冷冻上的不合规定及骨头变质所造成的腐败和损失则不负责任。至于一般的除外责任条款，也适用于本险别。

二、航空货物运输保险

1. 航空货物运输保险的险别

航空货物运输保险分为航空运输险和航空运输一切险两种。

（1）航空运输险。航空运输险的承保责任范围与海上货物运输保险条款的"水渍险"大体相同，即保险公司负责赔偿被保险货物在运输途中由于遭受雷电、火灾、爆炸，或由于飞机遭受碰撞、倾覆、坠落、失踪等意外事故所造成的全部或部分损失。

（2）航空运输一切险。航空运输一切险的承保责任范围除包括上述航空运输险的责任外，保险人对被保险货物在运输途中由于被偷窃、短少等外来原因所造成的全部或部分损失也负责赔偿。

2. 航空运输货物险的除外责任

存在以下情况的，保险人不承担赔偿责任。

（1）被保险人的故意行为或者过失所造成的损失。

（2）属于发货人责任所引起的损失。

（3）保险责任开始前，被保险货物已经存在的品质不良或数量短差所造成的损失。

（4）被保险货物的自然损耗、本质缺陷、特征以及市价跌落、运输延迟所引起的损失或费用。

（5）航空运输货物战争险条款和货物运输罢工险条款规定的责任范围和除外责任。

3. 航空运输货物险保险责任的起讫

航空运输货物险两种基本险的保险责任也采用"仓至仓"条款。

三、邮包保险

1. 邮包保险的险别

邮包保险承保邮包在运输途中因自然灾害、意外事故和外来原因所造成的损失。由于邮包货物的运送通常采用海、陆、空三种运输方式中的一种、两种或三种，并且在邮包运输过程中可能遭受各种风险或损失，因此，通过邮包运输的进出口货物一般都要向保险公司投保。邮包保险包括邮包险和邮包一切险两种基本险别。

（1）邮包险。被保险的邮包在运输途中，由于恶劣气候、雷电、海啸、地震、洪水等自然灾害，或者由于运输工具搁浅、触礁、沉没、碰撞、倾覆、出轨、坠落、失踪，或由于失火、爆炸等意外事故所造成的全部或部分损失，保险公司均负责赔偿。此外，被保险人对遭受承保责任内风险的货物采取抢救措施、防止或减少货物损失的措施而支付的合理费用，保险公司也负责赔偿，但以不超过该批被救货物的保险金额为限。

（2）邮包一切险。除上述邮包险的责任外，保险人对被保险货物在运输途中由于被偷窃、短少等外来原因所造成的全部或部分损失也负责赔偿。

2. 邮包险和邮包一切险的保险责任起讫

邮包险和邮包一切险的保险责任起讫是自被保险邮包离开保险单所载起运地点寄件人的处所运往邮局时开始生效，直至被保险邮包运达保险单所载明的目的地邮局，自邮局签发到货通知书当日午夜起算满15天为止，但在此期限内邮包一经递交收件人的处所时，保险责任即行终止。

能力知识点 3 ▶ 《伦敦保险协会航空货物运输保险条款》的主要内容

一、保险责任

航空货物运输保险通常采用一切险承保责任，保险公司负责承担包括航空运输险的全部责任，还负责被保险货物由于外来原因所致的全部或部分损失。航空货物运输保险的责任范围与海运保险及陆运保险的一切险雷同。

二、除外责任

《伦敦保险协会航空货物运输保险条款》规定，因战争、罢工和下列原因所致的灭失、毁损或费用均不负责。

（1）可归属于被保险人的故意或违法行为所造成的灭失、损毁或费用。

（2）保险标的物的自然渗漏，容量或重量的自然损耗，或自然磨损。

（3）由于保险标的物的包装不固或包装不当或搭配不当造成的损失和费用。

（4）保险标的物的本质缺陷或特性所引起的灭失、毁损或费用。

（5）直接由延迟所致的灭失、毁损或费用。

（6）由于运输飞机的所有人、经理人、租用人或营运人破产或不履行债务所引起的灭失、毁损或费用。

（7）由于使用任何原子或核子裂变和（或）聚变或其他类似反应或放射性作用或放射性物质的战争武器造成的灭失、毁损或费用。

三、保险期限

《伦敦保险协会航空货物运输保险条款》规定：保险责任自保险标的物离开保险单所载起运地点的仓库或储存处所时开始生效，并在正常的运输过程中继续有效，出现下列情形之一时终止。

（1）货物运至保险单所载明的目的地收货人或其他最后仓库或储存处所。

（2）货物运至保险单所载明的目的地或中途的任何其他仓库或储存处所，由被保险人用作以下用途：①正常运输过程以外的储存；②分配或分送货物。

（3）保险标的物在最终卸载地全部卸离飞机后届满30天。

学习实践活动

步骤一：组建小组，解读实践活动。

将班级学生分成若干小组，每组选出一名组长，由组长带领小组成员共同解读"情景导入"及"情景要求"。

步骤二：分工合作，完成实践活动。

小组成员进行分工，课堂上设计调查问卷或表格，课下通过电话、网络、走访或个人生活经历等了解保险合同的相关知识，明确保险合同条款及保险合同当事人的主要义务，分组整理，填入设计好的问卷或表格。

步骤三：共同分享，交流成果。

将以上收集的资料、设计的表格等内容做成PPT，每组选出一位发言人代表本组进行展示和分享，其他小组可以对其展示进行提问和质疑，发言人或者本组其他成员可以解释回答。

步骤四：教师总结，点评成果。

教师对各小组的展示情况进行总结点评，并完成"素养与能力测评表"（见表10-1）的填写。

素养与能力测评

表 10-1　素养与能力测评表

名称					
组别		组员		班级	
考核项目	评价标准	参考分值	考核得分		
			自评	其他组评（平均）	教师评价
基本素养（15分）	按时到岗，学习准备就绪	5			
	自觉遵守纪律，有责任心和荣誉感	5			
	积极主动，不怕困难，勇于探索	5			
职业素养（15分）	有较强的沟通能力和团队合作精神	10			
	能够熟知岗位职责，具备法律意识	5			
专业素养（30分）	学会保险合同的订立、解除和转让	15			
	明确保险合同条款及保险合同当事人的主要义务	15			
学习实践活动完成（40分）	按时正确完成学习实践活动	10			
	PPT内容完整、美观，表达清晰、流畅	10			
	能积极发现其他小组展示中的问题并大胆提出质疑	10			
	能正确回答其他组的提问	10			
小计		100			
合计（自评30%+ 互评30%+ 教师评40%）					

拓展提升

一、知识拓展

国际贸易货物运输保险程序

在国际贸易中，由哪一方负责办理投保国际贸易货物运输保险，应根据买卖双方商订的价格条件来确定。办理国际贸易货物运输保险的一般程序如下。

1. 确定投保国际贸易货物运输保险的金额

投保金额是计算保险费的依据，也是货物发生损失后计算赔偿的依据。按照国际惯例，投保金额应按发票上的到岸价格加投保加成率计算。但是，各国市场情况不尽相同，对进出口贸易的管理办法也各有不同。

2. 填写国际贸易货物运输保险投保单

投保保单是投保人向保险人提出投保的书面申请，其主要内容包括被保险人的姓名，被保险货物的品名、标记、数量及包装，保险金额，运输工具名称，开航日期及起讫地点，投保险别，投保日期及签章等。

3. 支付保险费

保险费按投保险别的保险费率计算。保险费率是根据不同的险别、不同的商品、不同的运输方式、不同的目的地，并参照国际上的费率水平而制订的。它分为一般货物费率和指明货物加费费率两种。前者是一般商品的费率，后者是指特别列明的货物（如某些易碎、易损商品）在一般费率的基础上另行加收的费率。

4. 取得保险单

交付保险费后，投保人即可取得保险单。保险单实际上已构成保险人与投保人之间的保险契约，是保险人的承保证明。在发生保险范围内的损失或灭失时，投保人可凭保险单要求赔偿。

5. 提出索赔

当被保险的货物发生属于保险责任范围内的损失时，投保人可以向保险人提出赔偿要求。

被保险货物运抵目的地后，收货人如发现整件短少或有明显残损，应立即向承运人或有关方面索取货损或货差证明，并联系保险公司指定的检验理赔代理人申请检验，提出检验报告，确定损失程度；同时向承运人或有关责任方提出索赔。属于保险责任的，可填写索赔清单，连同提单副本、装箱单、保险单正本、磅码单、修理配置费凭证、第三者责任方的签证或商务记录以及向第三者责任方索赔的来往函件等向保险公司索赔。索赔应当在保险有效期内提出并办理，否则保险公司可以不予办理。

二、技能提升

实训　走访你所在地区的保险公司，了解物流保险情况

【实训内容描述】

让学生到所在地区的保险公司进行走访，了解货物保险情况，掌握保险合同条款及其主

要内容，学会保险合同的订立、解除和转让，掌握物流保险合同的概念和种类。此实训内容一方面可以加深学生对所学知识的理解，另一方面可以培养学生搜集信息、总结归纳的能力。

【实训步骤】

步骤一： 将班级学生分成若干小组，选出一名组长，由组长带领小组成员共同解读实训内容。

步骤二： 小组成员分工、查找资料。课堂上设计调查项目，课下通过网络、调查等形式搜集物流保险的相关资料，小组成员共同分析、汇总、讨论保险合同条款及保险合同当事人的主要义务，学会保险合同的订立、解除和转让。

步骤三： 将查找到的资料、总结得出的保险合同条款及保险合同当事人的主要义务、物流保险合同的概念和种类，做成 PPT、Word 文档或者卡片等形式，每组选出一位发言人代表本组进行展示、分享，其他小组可以进行提问和质疑，资料的搜集要能够充分体现学过的知识点。

步骤四： 教师对各小组的展示情况进行总结点评。

【考核要求】

小组内部交流过程中，要求每位成员独立思考、积极参与。教师全程指导，观察每位小组成员在活动中的表现，及时给予帮助。各小组交流互评，教师点评，给予学生正面、积极的肯定，同时指出不足之处。

巩固提高

一、名词解释

1. 保险
2. 保险合同
3. 保险利益
4. 国际贸易货物运输保险
5. 海上货物运输保险
6. 保险金额

二、填空题

1. _____是指收取保险费并在保险事故发生后依合同约定支付保险赔偿金的人。

2. _____是指保险人根据保险单对保险标的所受损失给予赔偿的最高数额。

三、单项选择题

1. （　　　）是指其财产或人身受保险合同保障，并在保险事故发生后可以取得约定保险赔偿金的人。

    A. 被保险人　　　　　B. 保险人　　　　　C. 投保人　　　　　D. 受益人

2. 全部损失是指运输过程中的整批货物或不可分割的一批货物的全部损坏或灭失，简称全损。全损具体又可分为（　　　）。

    A. 实际全损和推定全损　　　　　　　B. 全部损失和实际损失

C. 推定损失和部分损失　　　　　　　D. 全部损失和部分损失

3.（　　　）是最常见的一种险别。其原意是"对单独海损不赔"，即对部分损失不负责赔偿，只赔全部损失。

A. 平安险　　　　　B. 水渍险　　　　　C. 一切险　　　　　D. 战争险

四、多项选择题

1. 按保险标的的不同，保险主要可分为（　　　）。

A. 财产保险　　　　B. 人身保险　　　　C. 责任保险　　　　D. 保证保险

2. 保险合同的法律特征包括（　　　）。

A. 格式合同　　　　B. 射幸合同　　　　C. 双务合同　　　　D. 有偿合同

3. 在国际贸易中，被保险人在提出索赔时，应向保险人或其有理赔权的代理人提交索赔的必要单证，通常包括（　　　）。

A. 保险单　　　　　　　　　　　　　B. 发票

C. 装箱单　　　　　　　　　　　　　D. 货损、货差证明

4. 国际海上货物运输过程中可能遇到各种各样的风险，这些风险大体上包括（　　　）。

A. 固有风险　　　　B. 海上风险　　　　C. 外来风险　　　　D. 自然灾害

5. 海损一般包括（　　　）。

A. 实际全损　　　　B. 推定全损　　　　C. 共同海损　　　　D. 单独海损

6. 国际海上货物运输保险合同的形式主要有（　　　）。

A. 投保单　　　　　B. 保险单　　　　　C. 保险凭证　　　　D. 海损证明

五、简答题

1. 简述保险合同的主要条款。

2. 简述我国海上货物运输保险中的基本险。

六、案例分析题

📖 案例

国内某公司向银行申请开立信用证，以 CIF 条件向法国采购奶酪 3 吨，价值 3 万美元，提单已经收到，但货轮到达目的港后却无货可提。经查，该轮在航行中因遇暴风雨袭击，奶酪被水浸泡，船方将其弃于海中。于是我方凭保险单向保险公司索赔，保险公司拒赔。

问题：保险公司能否拒赔？我方应向何方索赔？

📋 知识链接　　保险制度好，切不可骗保

2021 年 7 月，北京市医疗保障局收到举报线索，密云区参保人马某某涉嫌多次使用本人和他人社保卡就医、购药并出售药品。北京市医保局立即对涉案人员进行立案调查，发现马某某从 2019 年 4 月至 2020 年 10 月期间多次使用本人、刘某、李某以及张某的社保卡在多家医院就医、购药，并将药品出售。经询问，马某某承认违法事实。经核算，查实马某某

累计骗取医保基金 51 624 元。

依据《中华人民共和国社会保险法》，北京市医保局对当事人马某某送达《行政处罚决定书》，责令其退回骗取的医保基金，并处骗取金额二倍行政罚款。依据《中华人民共和国刑法》，密云区人民法院依法做出判决，被告人马某某犯诈骗罪，判处有期徒刑一年。损失的医保基金 51 624 元已全部追回，二倍行政罚款 103 248 元已全部收缴。

单元评估

单元课程评估表见表 10-2。

表 10-2 单元课程评估表

单元名称：　　　　　　姓名：　　　　班级：　　　　日期：

1. 本单元我学到的知识：

2. 本单元我掌握的技能：

3. 教师讲授思路是否清晰？是否有没讲清楚的内容？如有，请列出：

4. 教师的教学方法对你的学习是否起到帮助作用？

5. 你是否有学习目标？是否制订了学习计划？

6. 为更有效地学习，你对本单元的教学有何建议？

教师评语：

学生签字：　　　　　　　教师签字：

单元十一

国际物流法律法规

学习目标

知识目标

→ 了解国际物流的概念
→ 理解国际物流与国际贸易的关系
→ 了解国际货物运输的国际公约与惯例

技能目标

→ 学会运用国际物流法律法规正确处理国际贸易中的物流纠纷

素养目标

→ 使学生了解国际物流法律法规，培养学生的国际化视野

情景导入

中国 H 公司与德国 M 公司签订一份 CIF 合同，由 H 公司（卖方）向 M 公司（买方）出售一批大米，货物从中国天津装运，目的地为德国汉堡。后该船因触礁沉没，当卖方凭手中的提单、发票、保险单等装运单据要求买方付款时，买方以货物全部灭失为由，拒不接受单据和付款。

情景要求

结合以上案例，完成下列问题：

卖方有无权利凭规定的单据要求买方付款？

以上问题的完成要求以小组为单位，使用 PPT 的形式进行成果展示，每小组上交一份。

模块一 ▶ 国际物流与国际贸易相关法律基础知识

能力知识点 1 ▶ 国际物流的概念和特点

一、国际物流的概念

我国国家标准《物流术语》（GB/T 18354—2021）对国际物流的定义为："跨越不同国家（地区）之间的物流活动。"

国际物流是国内物流的跨国延伸和扩展，是按照国际分工协作的原则，依照国际惯例，利用国际化的物流网络、物流设施和技术，实现货物在国家间的流动和交换，以促进区域经济的发展和世界资源的优化配置。

广义的国际物流是指各种形式的物资在国与国之间的流入和流出。

狭义的国际物流是指与一国进出口贸易相关的物流活动。

二、国际物流的特点

国际物流具有以下特点：①国际物流环境复杂；②国际物流法律关系复杂；③国际物流系统范围广，风险大；④国际物流需要国际化信息系统的支持；⑤国际物流的标准化要求较高。

> **资料卡**
>
> **国际物流与国际贸易的关系**
> （1）国际贸易是国际物流产生和发展的基础和条件。
> （2）国际贸易促进物流国际化。
> （3）国际贸易不断对国际物流提出新的要求。

能力知识点 2 ▶ 调整国际贸易的法律制度

一、协调国际贸易的法律

为了防止国际贸易冲突的产生，促进国际贸易的发展，维护国际经济秩序，国际上不断出台一些法律法规来保障国际贸易行为。协调国际贸易行为的法律主要包括以下四种类型。

（1）有关的国际协定、条约或公约。

（2）国际贸易惯例。

（3）各国有关国际贸易的国内立法。

（4）国际组织制订的国际商务法律文件。

　　调整国际贸易关系的国际公约有三个:《国际货物买卖统一法公约》《国际货物买卖合同成立统一法公约》《联合国国际货物销售合同公约》。前两个公约均由国际统一私法协会拟定,并于1964年海牙会议通过,于1972年生效;第三个是目前最主要的国际公约之一。

　　成文的国际贸易惯例主要有《1932年华沙—牛津规则》《国际贸易术语解释通则》《1941年美国对外贸易定义修订本》。其中最重要、适用范围最广泛的是《国际贸易术语解释通则》。

二、国际贸易合同双方的义务

国际贸易合同一经订立,当事人之间的合同关系形成,双方互负义务,互享权利。

1. 国际贸易合同卖方的主要义务

合同卖方的主要义务是交付货物、移交一切与货物有关的单据、把货物的所有权转移于买方。卖方履行交货义务,有时是实际交货,有时是象征性交货。所谓交货,不一定专指交付实物,也不能认为必须交给买方本人才算卖方履行了交货义务。此外,卖方还负有品质担保义务和权利担保义务(包括所有权担保和知识产权担保)。

2. 国际贸易合同买方的主要义务

合同买方的主要义务是支付货款和收取货物。买方在未有机会检验货物前,无义务支付货款,除非这种机会与双方当事人议定的交货或支付程序相抵触。比如,当事人议定的是象征性交货或以信用证方式付款,则在卖方将控制货物处置权的单据交给买方处置时,买方即应支付货款。

国际贸易合同执行过程中,如果当事人任何一方违反合同,使另一方当事人受损害,受损害的一方有权要求解除合同或要求损害赔偿。

模块二 ▶ 国际货物运输公约与惯例

能力知识点 1 ▶ 国际货物运输的含义及方式

一、国际货物运输的含义

国际货物运输是指不同国家之间的当事人为转移国际贸易标的物,采用一种或多种运输方式,把货物从一国的某一地点运至另一国的某一地点的运输。

二、国际货物运输的方式

国际贸易货物运输的方式很多,主要有海洋运输、铁路运输、航空运输、邮政运输、公路运输、河流运输、管道运输、大陆桥运输以及由各种运输方式组合的国际多式联运等。

能力知识点 2 → **相关公约与惯例**

一、海上货物运输的国际公约

1.《海牙规则》

《海牙规则》(全称《统一提单的若干法律规定的国际公约》)共十六条,其中第一至第十条是实质性条款,第十一至第十六条是程序性条款,主要是有关公约的批准、加入和修改程序性条款。主要内容如下。

……

第三条

(1)承运人须在开航前和开航时克尽职责:

(a)使船舶适于航行。

(b)适当地配备船员、装备船舶和供应船舶。

(c)使货舱、冷藏舱和该船其他载货处所能适宜和安全地收受、运送和保管货物。

(2)除遵照第四条规定外,承运人应适当和谨慎地装卸、搬运、配载、运送、保管、照料和卸载所运货物。

(3)承运人或船长或承运人的代理人在收受货物归其照管后,经托运人的请求,应向托运人签发提单,其上载明下列各项:

(a)与开始装货前由托运人书面提供者相同的、为辨认货物所需的主要唛头,如果这项唛头是以印戳或其他方式标示在不带包装的货物上,或在其中装有货物的箱子或包装物上,该项唛头通常应在航程终了时仍能保持清晰可认。

(b)托运人用书面提供的包数或件数,或数量,或重量。

(c)货物的表面状况。

但是,承运人、船长或承运人的代理人,不一定必须将任何货物的唛头、号码、数量或重量表明或标示在提单上,如果他有合理根据怀疑提单不能正确代表实际收到的货物,或无适当方法进行核对的话。

(4)依照第3款(a)、(b)、(c)项所载内容的这样一张提单,应作为承运人收到该提单中所载货物的初步证据。

(5)托运人应被视为已在装船时向承运人保证,由他提供的唛头、号码、数量和重量均正确无误;并应赔偿给承运人由于这些项目不正确所引起或导致的一切灭失、损坏和费用。承运人的这种赔偿权利,并不减轻其根据运输合同对托运人以外的任何人所承担的责任和义务。

(6)在将货物移交给根据运输合同有权收货的人之前或当时,除非在卸货港将货物的灭失和损害的一般情况,已用书面通知承运人或其代理人,则这种移交应作为承运人已按照提单规定交付货物的初步证据。

如果灭失或损坏不明显,则这种通知应于交付货物之日起的三天内提交。如果货物状况在收受时已经进行联合检验或检查,就无须再提交书面通知。

除非从货物交付之日或应交付之日起一年内提出诉讼，承运人和船舶在任何情况下都免除对灭失或损害所负的一切责任。遇有任何实际的或推定的灭失或损害，承运人与收货人必须为检验和清点货物相互给予一切合理便利。

……

第四条

……

（2）不论承运人或船舶，对由于下列原因引起或造成的灭失或损坏，都不负责：

（a）船长、船员、引水员或承运人的雇佣人员，在航行或管理船舶中的行为、疏忽或不履行义务。（b）火灾，但由于承运人的实际过失或私谋所引起的除外。（c）海上或其他能航水域的灾难、危险和意外事故。（d）天灾。（e）战争行为。（f）公敌行为。（g）君主、当权者或人民的扣留或管制，或依法扣押。（h）检疫限制。（i）托运人或货主、其代理人或代表的行为或不行为。（j）不论由于任何原因所引起的局部或全面罢工、关厂停止或限制工作。（k）暴动和骚乱。（l）救助或企图救助海上人命或财产。（m）由于货物的固有缺点、性质或缺陷引起的体积或重量亏损，或任何其他灭失或损坏。（n）包装不善。（o）唛头不清或不当。（p）虽克尽职责亦不能发现的潜在缺点。（q）非由于承运人的实际过失或私谋，或者承运人的代理人，或雇佣人员的过失或疏忽所引起的其他任何原因；但是要求引用这条免责利益的人应负责举证，证明有关的灭失或损坏既非由于承运人的实际过失或私谋，亦非承运人的代理人或雇佣人员的过失或疏忽所造成。

（3）对于任何非因托运人、托运人的代理人或其雇佣人员的行为、过失或疏忽所引起的使承运人或船舶遭受的灭失或损坏，托运人不负责任。

……

（5）承运人或是船舶，在任何情况下对货物或与货物有关的灭失或损害，每件或每计费单位超过一百英镑或与其等值的其他货币的部分，都不负责；但托运人于装货前已就该项货物的性质和价值提出声明，并已在提单中注明的，不在此限。

该项声明如经载入提单，即作为初步证据，但它对承运人并不具有约束力或最终效力。

经承运人、船长或承运人的代理人与托运人双方协议，可规定不同于本款规定的另一最高限额，但该最高限额不得低于上述数额。

如托运人在提单中，故意谎报货物性质或价值，则在任何情况下，承运人或是船舶，对货物或与货物有关的灭失或损害，都不负责。

（6）承运人、船长或承运人的代理人对于事先不知性质而装载的具有易燃、爆炸或危险性的货物，可在卸货前的任何时候将其卸在任何地点，或将其销毁，或使之无害，而不予赔偿；该项货物的托运人，应对由于装载该项货物而直接或间接引起的一切损害或费用负责。如果承运人知道该项货物的性质，并已同意装载，则在该项货物对船舶或货载发生危险时，亦得同样将该项货物卸在任何地点，或将其销毁，或使之无害，而不负赔偿责任，但如发生共同海损不在此限。

第五条

承运人可以自由地全部或部分放弃本公约中所规定的他的权利和豁免，或增加他所应承担的任何一项责任和义务。但是这种放弃或增加，须在签发给托运人的提单上注明。

本公约的规定，不适用于租船合同，但如果提单是根据租船合同签发的，则上述提单应符合本公约的规定。本公约中的任何规定，都不得妨碍在提单中加注有关共同海损的任何合法条款。

……

第七条

本条约中的任何规定，都不妨碍承运人或托运人就承运人或船舶对海运船舶所载货物于装船以前或卸船以后所受灭失或损害，或与货物的保管、照料和搬运有关的灭失或损害所应承担的责任与义务，订立任何协议、规定、条件、保留或免责条款。

……

第九条

本公约所提到的货币单位为金价。

凡缔约国中不以英镑作为货币单位的，得保留其将本公约所指的英镑数额以四舍五入的方式折合为本国货币的权利。

各国法律可以为债务人保留按船舶抵达卸货港之日通知的兑换率，以本国货币偿清其有关货物的债务的权利。

第十条

本公约和各项规定，适用于在任何缔约国所签发的一切提单。

……

2.《维斯比规则》

《维斯比规则》共十七条，但只有前六条才是实质性的规定，对《海牙规则》的第三、四、九、十条进行了修改。其主要修改内容如下。

（1）扩大了规则的适用范围。《海牙规则》的各条规定仅适用于缔约国所签发的提单。《维斯比规则》扩大了其适用范围，其中的第五条第三款规定：①在缔约国签发的提单；②货物在一个缔约国的港口起运；③提单载明或为提单所证明的合同规定，该合同受公约的各项规则或者使其生效的任何一个国家的立法所约束，不论承运人、托运人、收货人或任何其他有关人员的国籍如何。该规定的意思是只要提单或为提单所证明的运输合同上有适用《维斯比规则》的规定，该提单或运输合同就要受《维斯比规则》的约束。

（2）明确了提单的证据效力。《海牙规则》第三条第四款规定，提单上载明的货物主要标志、件数或重量和表面状况应作为承运人按其上所载内容收到货物的初步证据。至于提单转让至第三人的证据效力，未作进一步的规定。《维斯比规则》为了弥补上述的缺陷，在第一条第一款则补充规定："……但是，当提单转让至善意的第三人时，与此相反的证据将不能接受。"这表明对于善意行事的提单受让人来说，提单载明的内容具有最终证据效力。所谓"善意行事"是指提单受让人在接受提单时并不知道装运的货物与提单的内容有何不符之处，而是出于善意完全相信提单记载的内容。这就是说，《维斯比规则》确立了一项在法律上禁止翻供的原则，即当提单背书转让给第三者后，该提单就是货物已按上面记载的状况装船的最终证据。承运人不得借口在签发清洁提单前货物就已存在缺陷或包装不当来对抗提单持有人。

　　这一补充规定，有利于进一步保护提单的流通与转让，也有利于维持提单受让人或收货人的合法权益。一旦收货人发现货物与提单记载不符，承运人只能负责赔偿，不得提出任何抗辩的理由。

　　（3）强调了承运人及其受雇人员的责任限制。海上货物运输合同当事人涉讼多因一方当事人的违约而引起。但在有些国家承认双重诉讼的权利，即货主在其货物遭受损害时，可以以承运人违反运输合同或以其侵权为由向承运人起诉。在货主以侵权为由提出诉讼时，承运人便不能引用《海牙规则》中的免责和责任限制的规定。如果不能对此加以限制，运输法规中的责任限制规定就形同虚设，为进一步强调承运人及其受雇人员享有该权利，《维斯比规则》第三条规定："本公约规定的抗辩和责任限制，应适用于就运输合同涉及的有关货物的灭失或损坏对承运人提出的任何诉讼，不论该诉讼是以合同为根据还是以侵权行为为根据。""如果诉讼是对承运人的受雇人员或代理人（该受雇人员或代理人不是独立订约人）提起的，该受雇人员或代理人也有权援引《海牙规则》规定的承运人的各项抗辩和责任限制。""向承运人及其受雇人员或代理人索赔的数额，在任何情况下都不得超过本公约规定的赔偿限额。"根据以上规定，使得合同之诉和侵权之诉处于相同的地位：承运人的受雇人员或代理人也享有责任限制的权利。英国法院在审理"喜马拉雅"轮一案时，曾对承运人的受雇人员或代理人能否享受承运人所享受的权利做出否定的判决，认为承运人的受雇人员或代理人无权援引承运人与他人签订的合同中的条款。所以在此案后，承运人纷纷在提单上规定承运人的受雇人员或代理人可以援引承运人的免责或责任限制。人们称这一条款为"喜马拉雅条款"。显然《维斯比规则》的这一规定有利于保护船东的利益。

　　（4）提高了承运人对货物损害赔偿的限额。《海牙规则》规定承运人对每件或每单位的货物损失的赔偿限额为 100 英镑，而《维斯比规则》第二条则规定，每件或每单位的赔偿限额提高到 10 000 金法郎，同时还增加一项以受损货物毛重为标准的计算方法，即每公斤为 30 金法郎，以两者中较高者为准。采用的金法郎仍以金本位为基础，目的在于防止日后法郎纸币的贬值，一个金法郎是含金纯度为 900/1 000 的黄金 65.5 毫克的单位。一旦法郎贬值，仍以上述的黄金含量为计算基础，在《维斯比规则》通过时，10 000 金法郎大约等于 431 英镑，与《海牙规则》规定的 100 英镑相比，这一赔偿限额显然是大大提高了。

　　这一规定不但提高了赔偿限额，而且创造了一项新的双重限额制度，不但维护了货主的利益，而且这种制度也为以后《汉堡规则》和我国《海商法》所接受。

　　另外，该规则还规定了丧失赔偿责任限制权利的条件，即如经证实损失是由于承运人蓄意造成，或者知道很可能会造成这一损害而毫不在意的行为或不行为所引起，则承运人无权享受责任限制的权利。

　　（5）增加了"集装箱条款"。《海牙规则》没有关于集装箱运输的规定。《维斯比规则》增加"集装箱条款"，以适应国际集装箱运输发展的需要。该规则第二条第三款规定："如果货物是用集装箱、托盘或类似的装运器具集装时，则提单中所载明的装在这种装运器具中的包数或件数，应视为本款中所述的包或件数；如果不在提单上注明件数，则以整个集装箱或托盘为一件计算。"该条款的意思是，如果提单上具体载明在集装箱内的货物包数或件数，计算责任限制的单位就按提单上所列的件数为准；否则，则将一个集装箱或一个托盘视为一件货物。

（6）诉讼时效的延长。《海牙规则》规定，货物灭失或损害的诉讼时效为一年，从交付货物或应当交付货物之日起算。《维斯比规则》第一条第二款、第三款则补充规定，诉讼事由发生后，只要双方当事人同意，这一期限可以延长，明确了诉讼时效可经双方当事人协议延长的规定。对于追偿时效则规定，即使在规定的一年期满之后，只要是在受法院法律准许期间之内，便可向第三方提起索赔诉讼。但是准许的时间自提起诉讼的人已经解决索赔案件，或向其本人送达起诉状之日起算，不得少于三个月。

3. 《汉堡规则》

《汉堡规则》（全称《联合国海上货物运输公约》），全文共分七章三十四条，在《汉堡规则》的制定中，除保留了《维斯比规则》对《海牙规则》修改的内容外，对《海牙规则》进行了根本性的修改，是一个较为完备的国际海上货物运输公约。

《汉堡规则》对《海牙规则》做了根本性的修改，扩大了承运人责任，具体规定如下。

（1）进一步提高赔偿责任限额。《汉堡规则》第六条规定了承运人的赔偿责任限额，对于货物灭失损坏的限额为每件或每单位 835 特别提款权（SDR）或者毛重每公斤 2.5 特别提款权，两者中以高者为准。对于延迟交货的赔偿责任，为该延迟交付货物应付运费的 2.5 倍，但不得超过合同规定应付运费的总额。对于货物灭失、损坏及延迟交付均有的情形，以每件或每单位 835 特别提款权或毛重每公斤 2.5 特别提款权为准。对于集装箱货物，赔偿原则等同于《维斯比规则》，只是数额采用了《汉堡规则》的上述数额，对于承运人及其受雇人或代理人丧失赔偿责任限制的，同《维斯比规则》。

《汉堡规则》大幅提高了承运人的责任限额，是与国际政治经济形势的发展变化相适应的。提高责任限额，是对《维斯比规则》过分维护承运人利益的一种纠正，是为了合理分担风险的需要。从长远看，也是促进航运发展，建立国际经济新秩序的需要，是有其公正合理之处的。

（2）管辖权和仲裁规定。《汉堡规则》规定了《海牙规则》以及《维斯比规则》所没有规定的管辖权和仲裁条款。对于管辖权，原告可以选择下列法院起诉：被告主营业所，无主营业所时，为通常住所；合同订立地，而合同是通过被告在该地的营业所、分支或代理机构订立；装货港或卸货港；或海上运输合同为此目的而指定的任何地点。如果船舶在缔约国港口被扣，原告亦可向该港口所在地法院起诉。但此种情形下，原告需将诉讼转移到前述有管辖权的法院之一进行，转移前，被告必须提供足够的担保。对于仲裁，索赔方可选择下列地点仲裁：被诉人有营业所或通常住所的一国某一地点；装货港、卸货港；合同订立地，且合同是通过被诉人在该地的营业所、分支、代理机构订立的；或仲裁条款协议中为此目的而指定的地点。

（3）货损索赔书面通知和诉讼时效。《汉堡规则》相对于《海牙规则》，延长了上述时间限制。对于提供书面货损索赔通知，《海牙规则》确定了收货前或当时，《汉堡规则》为收货后的次日；货损不明显，《海牙规则》为收货后 3 日内，《汉堡规则》则为货物交付后连续 15 日；对于延迟交付，《海牙规则》未规定，《汉堡规则》规定为货物交付之日后连续 60 日，否则，承运人不负赔偿责任。对于诉讼时效，《海牙规则》规定了货物交付或应交付之日起 1 年的时间，而《汉堡规则》规定了 2 年的诉讼时效，并规定负有赔偿责任的人向他人提起追偿之诉的时间为 90 日，自提起诉讼一方已处理其索赔案件或已接到向其本人送交的起诉传票之日起算。《汉堡规则》作为平衡船货双方利益的一项国际公约，应当说其制定是相对完备的，也是体现了公正合理的主旨。

二、航空运输关系的国际公约

1.《华沙公约》

华沙公约（全称《关于统一国际航空运输某些规则的公约》）于 1929 年 10 月 12 日在华沙签订，1933 年 2 月 13 日起生效，是国际空运的一项基本公约。《华沙公约》规定了以航空运输承运人为一方和以旅客和货物托运人与收货人为另一方的法律义务和相互关系，共分 5 章 41 条，对空中承运人应负的责任确立了三个原则：①负过失责任；②限定赔偿责任的最高限额；③加重空中承运人的责任，禁止滥用免责条款。我国于 1958 年正式加入该公约。

2.《海牙议定书》

1955 年 9 月 28 日，为了进一步完善《华沙公约》在确定航空承运人赔偿责任方面未能妥善解决的若干问题，一些国家在海牙签署了《海牙议定书》（全称《修改 1929 年 10 月 12 日在华沙签订的统一国际航空运输某些规则的公约的议定书》）。这是一份关于国际航空运输凭证和承运人责任的协议，是对《华沙公约》的修改和补充。《海牙议定书》于 1963 年 8 月 1 日生效，共 3 章 27 条。

三、铁路运输关系的国际公约

关于国际铁路货物运输的公约有两个：《国际货协》和《国际货约》。

1951 年，苏联、东欧等 8 国在华沙签订《国际铁路货物联运协定》（简称《国际货协》）。

1961 年，奥地利、法国、德国、比利时等西欧国家在伯尔尼签订《关于铁路货物运输的国际公约》（简称《国际货约》）。

四、货物多式联运国际公约

1980 年 5 月 24 日，在日内瓦召开了由 84 个贸发会议成员国参加的国际多式联运会议，通过了《联合国国际货物多式联运公约》。该公约包括总则、多式联运单证、多式联运经营的赔偿责任、发货人的赔偿责任、索赔和诉讼、补充规定、海关事项、最后条款 8 个组成部分，共 40 条规定。

五、货物多式联运关系的国际惯例

1.《联合运输单证统一规则》主要内容

国际商会 1973 年制定、1975 年修订的《联合运输单证统一规则》规定了多式联运经营人的责任制度，主要内容如下。

（1）联运经营人的责任和义务。

1）从掌管货物时起至交付货物时止，负责从事和 / 或以他自己的名义组织货物联运工作，包括这种联运所需要的一切服务工作，并在本规则所规定的范围内，承担这种联运和这种服务工作的责任。

2）对于他们的代理人或雇佣人员的行为和不行为犹如这种行为和不行为是他自身的那样，承担责任，如果这些代理人或雇佣人员是在他们职责内行事。

3）对于他所使用的为其履行以联运单证作为证明的合同而提供服务的任何其他人的行为和不行为，承担责任。

4）负责从事或组织为确保货物交付所必需的一切工作。

5）对于从他掌管货物到交付货物期间发生的关于货物灭失或损害，承担本规则规定范围内的责任，并负责支付规则规定的有关这种灭失或损害的赔偿金。

6）承担规定范围内关于延迟交货的责任，并负责支付该规则所规定的赔偿金。

（2）延迟责任。联运经营人只有在知道延迟所由发生的运输阶段，并在国际公约或国内法对此所订赔偿责任范围之内，才有责任支付延迟赔偿金。该项国际公约或国内法的规定：

1）在商业合同中不得与其背离，从而损害提赔人的利益。

2）应适用于：如果提赔人已与作为该运输阶段经营人的联运经营人订有单独的直接的合同，并已收到为使这种国际公约或国内法得以适用而必须签发的任何特定单证作为凭证的话。

然而，这种赔偿金额不得超过该运输阶段的运费，但以这一限额不与任何适用的国际公约或国内法相抵触为限。

（3）时限。除非诉讼是在下列期限后9个月内提出，联运经营人应被解除其在本规则中所规定的一切责任：

1）货物交付之日。

2）货物应当交付之日。

3）按照《联合运输单证统一规则》"规则十五"的规定，在未提出与此相反证据的情况下，不能交付货物，便赋予有权提到货物的人以将该货视为灭失的权利之日。

2. 国际多式联运经营人的赔偿责任制分类

国际多式联运经营人的赔偿责任制分为网状责任制、统一责任制和责任分担制三种。

（1）网状责任制。网状责任制是多式联运经营人对全程运输负责，而各实际承运人仅对自己完成的运输区段的货物灭失或损坏负责的一种责任制度。各区段适用的责任原则按适用于该区段的法律予以确定。按这种规定，货物损失不论发生在哪个运输区段中，货物损失方可以向多式联运经营人提起索赔，也可以向货物损失区段的承运人提起索赔。无论向谁索赔，适用赔偿责任的法律应是规范该区段的法律。如果不能确定货损区段，只能向多式联运经营人提出索赔。

（2）统一责任制。多式联运经营人对全程负责，各区段的承运人负责自己的运输区段。无论货物损失发生在哪一区段，多式联运经营人或各区段承运人都按统一的规则负责赔偿。

（3）责任分担制。责任分担制是对统一责任制的修正，其责任范围实行统一责任制，但是赔偿责任按各区段的法律规定办理。

学习实践活动

步骤一：组建小组，解读实践活动。

将班级学生分成若干小组，每组选出一名组长，由组长带领小组成员共同解读"情景导入"及"情景要求"。

步骤二：分工合作，完成实践活动。

小组成员进行分工，课堂上设计调查问卷或表格，课下通过电话、网络、走访或个人生活经历等了解调整国际贸易的法律制度，熟悉常用的国际货物运输公约与惯例，分组整理，填入设计好的问卷或表格。

步骤三：共同分享，交流成果。

将以上收集的资料、设计的表格等内容做成PPT，每组选出一位发言人代表本组进行展示和分享，其他小组可以对其展示进行提问和质疑，发言人或者本组其他成员可以解释回答。

步骤四：教师总结，点评成果。

教师对各小组的展示情况进行总结点评，并完成"素养与能力测评表"（见表11-1）的填写。

素养与能力测评

表11-1 素养与能力测评表

名称					
组别		组员		班级	
考核项目	评价标准	参考分值	考核得分		
			自评	其他组评（平均）	教师评价
基本素养（15分）	按时到岗，学习准备就绪	5			
	自觉遵守纪律，有责任心和荣誉感	5			
	积极主动，不怕困难，勇于探索	5			
职业素养（15分）	有较强的沟通能力和团队合作精神	10			
	能够熟知岗位职责，具备法律意识	5			
专业素养（30分）	了解国际物流的概念	10			
	了解调整国际贸易的法律制度	10			
	了解国际货物运输公约与惯例	10			
学习实践活动完成（40分）	按时正确完成学习实践活动	10			
	PPT内容完整、美观，表达清晰、流畅	10			
	能积极发现其他小组展示中的问题并大胆提出质疑	10			
	能正确回答其他组的提问	10			
小计		100			
合计（自评30%+互评30%+教师评40%）					

拓展提升

一、知识拓展

（一）物流争议解决方式

物流争议是民事争议中的一种，当双方当事人产生矛盾，发生纠纷时，需要解决。物流争议的主要解决方式有协商和解、调解、仲裁、诉讼等。

（二）仲裁法律制度

仲裁亦称公断，是指双方当事人达成协议，自愿地将双方之间发生的纠纷，提交仲裁机构进行审理，由仲裁机构做出对双方当事人都具有约束力的裁决的制度。

仲裁法是由国家制定的调整仲裁关系的法律规范的总称。1994 年 8 月 31 日，第八届全国人大常委会第九次会议通过了《中华人民共和国仲裁法》（以下简称《仲裁法》），于 1995 年 9 月 1 日起施行。《仲裁法》规定，平等主体的公民、法人和其他组织之间发生的合同纠纷和其他财产权益纠纷，可以仲裁。

二、技能提升

实训 网络查询国际贸易货物运输的公约与惯例

【实训内容描述】

让学生上网查询国际货物运输公约与惯例，分析总结海上、航空、铁路、多式联运国际公约与惯例。此实训内容一方面可以加深学生对所学知识的理解，另一方面可以培养学生搜集信息、总结归纳的能力。

【实训步骤】

步骤一：将班级学生分成若干小组，选出一名组长，由组长带领小组成员共同解读实训内容。

步骤二：小组成员分工、查找资料。课堂上设计调查项目，课下通过网络、调查等形式搜集国际货物运输公约与惯例的相关资料，小组成员共同分析、汇总、讨论国际货物运输的含义及方式，并熟悉调整国际贸易的法律制度。

步骤三：将查找到的资料，总结得出的国际物流的概念和特点，国际货物运输的含义及方式等内容，做成 PPT、Word 文档或者卡片等形式，每组选出一位发言人代表本组进行展示、分享，其他小组可以进行提问和质疑，资料的搜集要能够充分体现学过的知识点。

步骤四：教师对各小组的展示情况进行总结点评。

【考核要求】

小组内部交流过程中，要求每位成员独立思考、积极参与。教师全程指导，观察每位小组成员在活动中的表现，及时给予帮助。各小组交流互评，教师点评，给予学生正面、积极的肯定，同时指出不足之处。

巩固提高

一、名词解释

1. 国际物流
2. 国际货物运输

二、填空题

1. 国际贸易合同一经订立，当事人间的合同关系形成，当事人双方互负_____，互享_____。

2. 承运人须在开航前和开航时克尽职责：使船舶_____；适当地_____、装备船舶和供应船舶；使货舱、冷藏舱和该船其他载货处所能适宜和安全地_____、_____和_____。

3. 《海牙规则》规定承运人对每件或每单位的货物损失的赔偿限额为_____，而《维斯比规则》第二条则规定，每件或每单位的赔偿限额提高到_____金法郎，同时还增加一项以受损货物毛重为标准的计算方法，即每公斤为_____，以两者中较高者为准。

三、单项选择题

1. 《海牙规则》规定，货物灭失或损害的诉讼时效为（　　　），从交付货物或应当交付货物之日起算。

    A. 3 个月　　　　　B. 6 个月　　　　　C. 12 个月　　　　　D. 18 个月

2. （　　　）是指多式联运经营人对全程运输负责，而各实际承运人仅对自己完成的运输区段的货物灭失或损坏负责的一种责任制度。

    A. 网状责任制　　　　　　　　　B. 统一责任制

    C. 责任分担制　　　　　　　　　D. 统一分担制

3. 华沙公约于（　　　）在华沙签订。

    A. 1933 年 2 月 13 日　　　　　　　B. 1929 年 10 月 12 日

    C. 1955 年 9 月 28 日　　　　　　　D. 1963 年 8 月 1 日

四、多项选择题

1. 协调国际贸易行为的法律主要包括（　　　　）。

    A. 有关的国际协定、条约或公约

    B. 国际贸易惯例

    C. 各国有关国际贸易的国内立法

    D. 国际组织制订的国际商务法律文件

2. 《汉堡规则》对《海牙规则》做了根本性的修改，扩大了承运人责任，具体规定包括（　　　　）。

    A. 进一步提高赔偿责任限额

    B. 管辖权和仲裁规定

    C. 货损索赔书面通知和诉讼时效

    D. 保函的法律地位

3. 调整铁路运输关系的国际公约包括（　　　　）。

　　A.《国际货协》

　　B.《国际货约》

　　C.《联合运输单证统一规则》

　　D.《联合国国际货物多式联运公约》

4.《维斯比规则》对《海牙规则》的第三、四、九、十条进行了修改，其主要修改内容包括（　　　　）。

　　A. 扩大了规则的适用范围

　　B. 明确了提单的证据效力

　　C. 强调了承运人及其受雇人员的责任限制

　　D. 增加了集装箱条款

五、简答题

1. 简述国际物流的特点。

2. 简述国际贸易合同买方和卖方的主要义务。

3. 简述国际多式联运经营人的赔偿责任制。

知识链接 **跨境电商成为外贸增长新引擎，国际物流功不可没**

2023 年，越来越多的外贸企业"掘金"跨境电商新赛道。国内跨境电商平台快速发展、海外客户采购习惯向线上转移等因素，推动跨境电商新业态加速发展，已成为外贸增长的新引擎。

"2022 年我们通过跨境电商渠道，仅用 3 天时间就拿下了一个 300 多万的订单，这在传统外贸模式下是不可能发生的。"深圳硕腾科技有限公司 CEO 说，通过跨境电商、跨境直播等方式，海外客户能够快速、直观地了解企业生产能力，从而快速做出下样品单的决定。

硕腾科技只是众多外贸企业中的一个缩影。跨境电商已成为不少外贸企业获取订单的重要途径。

"跨境电商起步相对容易，从公司成立之初，我们就将跨境电商作为企业主要获客渠道。"深圳免成科技有限公司创始人说，2023 年，企业的客户订单和询盘量都保持快速增长，预估年底营收较 2022 年有 2 倍至 3 倍的增长。

"2022 年，我们在跨境电商的基础上，进一步扩展了跨境直播业务，效果非常好。2023 年公司在跨境直播中获得了 100 多个客户。"深圳市脉威时代科技有限公司营销总监说，跨境直播已经成为企业重要的获客渠道。

海关总署的数据显示，2023 年上半年，我国跨境电商进出口 1.1 万亿元，同比增长 16%，有效助力了我国外贸稳规模优结构。我国跨境电商增长潜力巨大，日益成为外贸增长和经济发展的新动能。

在新技术的推动下，海外企业的采购习惯正在快速向线上转移，数字外贸已经成为全球贸易的必选项和不可逆转的大趋势。

单 元 评 估

单元课程评估表见表 11-2。

表 11-2　单元课程评估表

单元名称：　　　　　　　　　　姓名：　　　　班级：　　　　　日期：

1. 本单元我学到的知识：

2. 本单元我掌握的技能：

3. 教师讲授思路是否清晰？是否有没讲清楚的内容？如有，请列出：

4. 教师的教学方法对你的学习是否起到帮助作用？

5. 你是否有学习目标？是否制订了学习计划？

6. 为更有效地学习，你对本单元的教学有何建议？

教师评语：

学生签字：　　　　　　　　　　教师签字：

参 考 文 献

[1] 朱军兰. 物流法律与法规 [M]. 2 版. 上海：上海交通大学出版社，2021.

[2] 苏彩，李学强. 物流法律法规 [M]. 2 版. 北京：北京理工大学出版社，2017.

[3] 张冬云. 物流法律法规概论与案例 [M]. 3 版. 北京：清华大学出版社，2023.

[4] 孙秋高，甄小明，刘亚梅. 物流法规 [M]. 5 版. 大连：大连理工大学出版社，2021.

[5] 王玫. 物流法律法规 [M]. 3 版. 武汉：华中科技大学出版社，2019.

[6] 姬中英，王亚男. 物流法律法规 [M]. 北京：高等教育出版社，2021.

[7] 李爱华，王宝生. 物流法律法规 [M]. 2 版. 北京：清华大学出版社，2018.

[8] 罗佩华，郭可. 物流法律法规 [M]. 3 版. 北京：清华大学出版社，2021.

[9] 刘常宝. 现代仓储与配送管理：基于仓配一体化 [M]. 北京：机械工业出版社，2020.

[10] 周兴建，冷凯君. 现代仓储管理与实务 [M]. 3 版. 北京：北京大学出版社，2021.

[11] 操露. 智慧仓储实务：规划、建设与运营 [M]. 北京：机械工业出版社，2023.

[12] 李志文，邓丽娟. 物流法规：理实一体化教程 [M]. 5 版. 大连：东北财经大学出版社，2022.

[13] 阮洪. 物流法教程 [M]. 北京：中国人民大学出版社，2021.

[14] 孟琪. 物流法教程 [M]. 2 版. 上海：复旦大学出版社，2023.

[15] 赵阳. 物流法律法规 [M]. 2 版. 北京：机械工业出版社，2010.